Cannabis heute

Bestandsaufnahme zum
Haschischproblem
Hrsg.: Wilhelm Feuerlein

Bericht über die 1. Wissenschaftliche Tagung der Deutschen Gesellschaft für Suchtforschung und Suchttherapie in Nürnberg 1979.

Cannabis heute

Bestandsaufnahme zum Haschischproblem

Herausgegeben von Wilhelm Feuerlein im Auftrag des Vorstands der Deutschen Gesellschaft für Suchtforschung und Suchttherapie

Akademische Verlagsgesellschaft
Wiesbaden 1980

Prof. Dr. med. Wilhelm Feuerlein
Max-Planck-Institut für Psychiatrie
Kraepelinstraße 10
8000 München 40

CIP-Kurztitelaufnahme der Deutschen Bibliothek

Cannabis heute: Bestandsaufnahme zum Haschischproblem; [Bericht über d. 1. wissenschaftl. Tagung d. Dt. Ges. für Suchtforschung u. Suchttherapie in Nürnberg 1979] / hrsg. von Wilhelm Feuerlein im Auftr. d. Vorstands d. Dt. Ges. für Suchtforschung u. Suchttherapie. – Wiesbaden : Akademische Verlagsgesellschaft, 1980.
ISBN 3-400-00428-6

NE: Feuerlein, Wilhelm [Hrsg.]; Deutsche Gesellschaft für Suchtforschung und Suchttherapie

Printed in Germany / Imprimé en Allemagne
Druck: Brandstetter, Wiesbaden
ISBN 3-400-00428-6

INHALT

Seite

Begrüßungsansprache Prof. Feuerlein anläßlich der Tagung "Cannabis heute" der Deutschen Gesellschaft für Suchtforschung und Suchttherapie e.V., am 12./13.10.1979 in Nürnberg

Im Namen des Vorstandes der Deutschen Gesellschaft für Suchtforschung und Suchttherapie e.V. heiße ich Sie in der alten Reichsstadt Nürnberg zu dieser Tagung herzlich willkommen. Dieser Kongreß, der unter das Thema "Cannabis heute" gestellt ist, ist der erste der 1978 gegründeten Gesellschaft. Ich möchte deswegen zu Beginn meiner Ausführungen die Deutsche Gesellschaft für Suchtforschung und Suchttherapie e.V. kurz vorstellen, da ich annehme, daß ein großer Teil der Anwesenden keine näheren Informationen über sie besitzt.

Die Deutsche Gesellschaft für Suchtforschung und Suchttherapie e.V. hat sich zum Ziel gesetzt, wissenschaftliche Bemühungen um die Erforschung, Erkennung, Behandlung und Vorbeugung der Ursachen und Erscheinungsformen von Abhängigkeit und Mißbrauch von psychoaktiven Substanzen zu unterstützen. Sie wendet sich an alle, die auf diesem Gebiet auf wissenschaftlicher Grundlage praktisch oder rein theoretisch tätig sind, gleich welcher Fachdisziplin sie entstammen und in welchen Institutionen sie arbeiten. Zur Erreichung ihrer Ziele will sich die Gesellschaft vor allen Dingen die Förderung des Erfahrungsaustausches zwischen den Fachleuten und der wissenschaftlichen Forschung angelegen sein lassen. Ein weiterer Schwerpunkt liegt auf dem Gebiet der Öffentlichkeitsarbeit. In der Verfolgung dieser Ziele will sich die Gesellschaft in erster Linie an der Aktualität der Problematik orientieren. Wissenschaftlich oder sozial relevante Fragen sollen einer Diskussion unter den verschiedensten Aspekten zugeführt werden, neue Wege einer Lösung sollen versucht werden. Diese Tagung soll ein erster Schritt auf diesem Wege sein. Das Thema "Cannabis heute" soll die noch immer aktuelle Bedeutung einer Droge unterstreichen, die in verschiedenen Teilen der Erde seit Jahrtausenden benutzt wird, in Mitteleuropa aber erst seit etwa 10 Jahren eine bis dahin ungeahnte Verbreitung fand. Inzwischen ist sie wieder weitgehend dem Interesse der Öffentlichkeit entschwunden, da andere, sog. harte Drogen ihr den Rang abgelaufen zu haben scheinen. In den letzten 10 Jahren scheint tatsächlich ein Wandel in dem Konsummuster von Cannabis eingetreten zu sein; die epidemiologische Struktur der Konsumentenschichten hat sich geändert. Andererseits haben sich unsere Kenntnisse über Cannabis durch intensive Forschungen auf den verschiedensten Gebieten wesentlich vermehrt. Es ist jetzt an der Zeit, diese Ergebnisse zu sichten und zu diskutieren, vor allem unter dem Gesichtspunkt, welche Kurz- oder Langzeitschäden durch Cannabis-Konsum in somatischer, psychischer und sozialer Hinsicht zu erwarten sind. Wenn diese wissenschaftlichen Ergebnisse die Grundlage für neue sozialpolitische und gesundheitspolitische Debatten werden könnten, die offenbar von mancher Seite angestrebt werden, so hätte diese Tagung auch in dieser Hinsicht ihre Aufgabe voll erfüllt. Eine solche Diskussion, die aber in andere Gremien als dieses hier in Nürnberg gehört, wird sich vielleicht jetzt anderer Argumente bedienen, als dies noch vor 10 Jahren der Fall gewesen wäre. Der rein wissenschaftliche Rahmen, wie ihn die Naturwissenschaften und die Humanwissenschaften bieten können, dürfte für eine sozialpolitische und gesundheitspolitische Diskussion heutzutage nicht mehr ausreichen. Inzwischen sind neue Gesichtspunkte hinzugekommen: ich denke hier nur an die Sensibilisierung der Gesellschaft in allem, was in das Gebiet des Umweltschutzes und der Beseitigung und der Verhütung vermeidbarer Gefährdungen fällt.

Ich freue mich, daß diese Tagung ein so großes Interesse in der Bundesrepublik Deutschland, aber darüber hinaus auch im Ausland gefunden hat. Insbesondere möchte ich die Vertreter des Bundesministeriums für Jugend, Familie und Gesundheit, Herrn Prof. Dr. Franke, sowie der Bayerischen Staatsministerien für Inneres, Herrn Dr. Kleemann, und für Arbeit und Sozialordnung, Herrn Dr. Schuster, begrüßen. Diese Ministerien haben die Tagung durch beträchtliche Geldmittel unterstützt, wofür ich ihnen im Namen der Gesellschaft besonders danke. Mein weiterer Dank gilt der Erziehungswissenschaftlichen Fakultät der Universität Erlangen-Nürnberg, die uns diese Räume für die Tagung zur Verfügung gestellt hat. Ich freue mich besonders, daß der Dekan dieser Fakultät, Herr Prof. Dr. Liedtke, zur Eröffnung dieser Tagung erschienen ist. Des weiteren begrüße ich die Vertreter der Stadt Nürnberg, die Vertreter der Presse und anderer Medien und danke ihnen für ihre Aufmerksamkeit, die sie der Tagung entgegenbringen. Besonderen Dank möchte ich auch all denen sagen, die durch ihre Arbeit das Zustandekommen der Tagung unterstützt haben, insbesondere den Mitgliedern des Vorstandes der Deutschen Gesellschaft für Suchtforschung und Suchttherapie e.V., der Deutschen Hauptstelle gegen die Suchtgefahren unter ihrem Direktor Herrn Ziegler und insbesondere dessen Mitarbeiterin, Frau Göcke. Dem Idis-Verlag Bielefeld möchte ich besonderen Dank und Anerkennung für die Dokumentation über Literatur zum Thema Cannabis aussprechen, die für diese Tagung angefertigt worden ist. Allen Mitgliedern der Gesellschaft wird diese Dokumentation kostenlos übersandt, Nichtmitglieder können sie in der Pause im Tagungsbüro erwerben. Last but not least möchte ich die Mitarbeiter unseres Institutes dankend erwähnen, die an dem Zustandekommen der Tagung mitgeholfen haben, insbesondere meine langjährige Sekretärin, Frau Vogl.

Grußwort zur Tagung "Cannabis heute" am 12.10.1979 in Nürnberg
von Prof. Dr. M. Franke, Bundesministerium f. Jugend, Familie und Gesundheit, Bonn

Die Gelegenheit, als der im Bundesministerium für Jugend, Familie und Gesundheit für die Bekämpfung des Drogen- und Rauschmittelmißbrauchs im Aktionsprogramm der Bundesregierung zuständige Fachbeamte an Ihrer Tagung teilzunehmen, benutze ich gerne, um Ihnen in durchaus eigenem Interesse unseres Hauses die besten Wünsche für ein gutes Gelingen und für eine große Resonanz zu überbringen. Das allein aber würde es nicht rechtfertigen, hier an das Podium zu treten, denn das ist letztlich wohl eine Selbstverständlichkeit, die nicht noch einmal artikuliert werden müßte.

Wichtig aber erscheint mir die Gelegenheit zu benutzen etwas zu sagen, zu den Bestrebungen, die sich hinter Formulierungen wie Liberalisierung oder auch Entkriminalisierung des Gebrauchs von Haschisch und Marihuana verbergen, wie sie zuletzt von den Jungdemokraten formuliert worden sind, davor von dem Bundestagsabgeordneten Zumpfort und die sicher nicht völlig ohne Zusammenhang mit gewissen Urlaubserlebnissen eines bekannten deutschen Publizisten gesehen werden können.

Um Mißverständnissen vorzubeugen, möchte ich sagen, daß in unserem Hause keine Überlegungen dieser Art angestellt worden sind, sondern lediglich auf solche Vorstellungen in der Form reagiert worden ist, einmal die Konsequenzen zu bedenken, die sich bei Erfüllung solcher Vorstellungen ergeben würden.

7 Punkte möchte ich zu einer Skizze hier kurz ansprechen.

1. Soweit es die Entkriminalisierung betrifft, sollte man die tatsächliche Rechtspraxis genauer ansehen, und man wird feststellen, daß es eine Kriminalisierung einfacher Haschisch-Konsumenten gar nicht oder nur als wirklich seltene Ausnahme gibt. Von daher sind diese Vorstellungen kaum zu begründen.

   Wenn man jedoch aus der Begründung solcher Vorstellungen aufnimmt, daß Haschisch nicht schädlicher sei als Alkohol, dann muß man den Eindruck haben, hier wird von Liberalisierung gesprochen, also von einer möglicherweise kontrollierten Freigabe. Eine derartige Freigabe von Cannabis aber gibt es nach unserer Kenntnis in keinem

Land der Welt. Überall dreht es sich um die Entpoenalisierung, weil die Rechtspraxis in anderen Ländern offensichtlich Ausnahmeregelungen, wie sie bei uns möglich sind, nicht in gleichem Maße vorsieht. Die "Duldungspraxis" in den Niederlanden kommt einer solchen Liberalisierung noch am nächsten, sie ist rechtlich auf dem Hintergrund der gültigen internationalen Abkommen allerdings ein Trick.

2. Wenn man den Besitz zum eigenen Konsum nicht mehr unter Strafe stellen will, ergibt sich daraus die innere Logik - weil der Konsum toleriert werden soll - daß auch der Erwerb straffrei bleiben muß und letztlich dann auch der Handel. Da könnte es Stimmen geben, die sagen, dann könnte Cannabis nicht mehr verfälscht und unter Kontrolle abgegeben werden. Bleibt die Frage offen, wie man überhaupt an Cannabis kommt, dessen Anbau und Handel durch internationale Abkommen weltweit verboten sind.

3. Selbst wenn man annimmt, man könne sich über diese "Weltmeinung" hinwegsetzen, müßten die gesetzlichen Bestimmungen greifen, die wir allgemein für Substanzen haben, die zum Verzehr bestimmt sind und für den Handel zugelassen werden sollen. Und hier würde sich zeigen, daß der Grundsatz, nur solche Stoffe zuzulassen, deren gesundheitliche Unbedenklichkeit erwiesen ist, bei Cannabis nicht erfüllt werden kann.

4. Die Gleichsetzung zur Schädlichkeit von Alkohol steht auf tönernen Füßen. Es gibt nach unserer Kenntnis keine Studien nach definiertem Langzeitkonsum, die dem heutigen Anspruch an klinische Studien gerecht werden. Was wir jedoch derzeit wissen oder gesichert vermuten dürfen und uns in einer "Verdachtsliste" vorliegt, die auf eine Expertise von KEUP zurückgeht und die von der Möglichkeit genetischer Schädigungen, über solche von Hirnatrophien bis zu Psychosen geht, reicht aus, Cannabis zuzulassen, nicht freizugeben.
   Auch darüber könnte man sich hinwegsetzen und sagen, andere Genußmittel einschließlich Alkohol seien auch schädlich. Nur für die haben wir Abgabe- und Verkaufsverbote z.B. an Kinder und Jugendliche. Wenn wir denken, daß THC vielleicht doch etwas gefährlicher sein könnte als Alkohol, weil es in weit geringeren Dosierungen wirkt als dieser, könnten wir an den üblichen "präventiven Gesundheitsschutz" denken und Cannabis erst für Leute oberhalb von 20 Jahren freigeben. Immerhin gilt bislang die Argumentation, daß der wachsende Organismus, insbesondere sein zentrales Nervensystem, schneller geschädigt werden können, als im späteren Lebensalter. Nun ist aber Haschisch gerade für die älteren Kinder und die jüngeren Jugendlichen interessant, die es dann wegen der Schutzbestimmungen doch wieder nicht bekommen dürften.

5. Die durch THC bewirkten Stoffwechselstörungen des Gehirns mit der daraus folgenden Irritation, die als Sinnestäuschungen empfunden werden und manchem als

Bewußtseinserweiterung erscheinen, dürften uns zusätzliche Probleme z.B. im Straßenverkehr bescheren. Alkohol im Straßenverkehr aber bringt uns eigentlich schon genügend Probleme, immerhin gibt es dafür wenigstens Routineuntersuchungen, für THC nicht. Das Schnelltestverfahren der Firma Merck ist noch in der Entwicklung.

6. THC wird langsamer abgebaut als Alkohol. In welchem Umfange es über die gesamte Verweildauer wirkt, ist unklar, allerdings spricht für die Dauerwirkung, daß Gewohnheitskonsumenten ihren "Spiegel" offenbar mit geringen Dosen auffüllen können. In diesem Zusammenhang könnte man auch an die Horrortrips denken und an die ausgeklinkten Psychosen. Das alles schafft neue, durchaus ernste zusätzliche Probleme, wenn man sich einmal daran erinnert, was "Restalkohol" auch bewirkt, etwa am Arbeitsplatz.

7. Die Vorstellung, daß Haschisch-Konsumenten wegen der Strafandrohung oder bei erfolgter Bestrafung in die Fixerszene gedrängt würden, ist nach unseren Erfahrungen nicht überzeugend. Unser Eindruck ist, daß die neu in die Drogenszene Kommenden nur relativ kurz Haschisch konsumieren, weil ihre Rauscherwartungshaltung davon nicht befriedigt wird und sie deshalb zunächst weitere Drogen ausprobieren, polytoxikoman werden, bis sie zum Heroin gefunden haben. Die Freigabe von Haschisch würde deshalb sicher auch nicht den Einstieg in die harten Drogen eingrenzen, diese "Karrieren" bekommen ihren Schub aus den besonderen Problemaufladungen jener, die dann zur Spritze greifen.

Dies waren nur einige Hinweise auf Konsequenzen, die sich aus einer Liberalisierung von Cannabis ergeben könnten, und wir denken, gut beraten zu sein, wenn wir unserem Standpunkt treu bleiben und wie vorgesehen, auch in dem jetzt neu gefaßten Betäubungsmittelgesetz beibehalten, daß Cannabis nicht verkehrsfähig ist und deshalb verboten bleiben muß. Das ist eine klare und, wie ich denke, begründete Position.
Diese Veranstaltung kann unsere Position bestätigen, bekräftigen oder auch entkräften. Meine Damen und Herren, diese Veranstaltung wird, ob Sie das wollen oder nicht, gesundheitspolitisch Einfluß nehmen; auch daran sollte man denken.

Cannabis und die Hirnfunktionen - zum Stand der Forschung
von W. KEUP

Zu den Fragen der psychischen Wirkung, der Beeinflussung der Hirnfunktionen und der möglichen Schädigung des Nervensystems durch Cannabis und seine Präparate gibt es etwa 1200 verwertbare Publikationen, die verständlicherweise hier nicht erschöpfend behandelt werden können. Sie reichen von anekdotenhaften Selbsterfahrungsberichten bis hin zu exakten und kontrollierten wissenschaftlichen Studien. Die ältere Literatur ist oft nicht mehr nachzuvollziehen, geht von teilweise überholten Einteilungen psychopathologischer Phänomene aus und berichtet über die Befunde emotional wertend oder auch tendenziös abschreckend. Die neue Literatur ist zuweilen exakt in einer auch in klinischen Fragen labormäßigen Weise, so daß die Aussagen, auf wenigen reinen Fällen basierend, durch die geringe Zahl an Aussagekraft wieder verlieren. Dazu kommt, daß reiner Cannabis-Mißbrauch längst zur Seltenheit geworden ist, so daß sich das Studienobjekt im polyvalenten Mißbrauch aufzulösen begonnen hat. Damit allerdings sind die Fragen um die Beeinflussung des Nervensystems durch den Cannabis-Wirkstoff nicht gelöst. Wenn bei den folgenden Betrachtungen auch experimentelle Kritik aufsteigen mag, dürfen wir dabei doch nicht vergessen, daß den meisten Beobachtungen nicht ideale sondern eben nur bestmögliche Versuchsbedingungen zugrundeliegen konnten.

Bei der Sichtung des bisher erarbeiteten Materials soll die folgende Einteilung benutzt werden:

1. Symptome im Rausch, insbesondere diejenigen, die ein hirnorganisches Psychosyndrom vermuten lassen.
2. Die durch Cannabis bedingten und/oder mitbedingten psychotischen Zustandsbilder.
3. Veränderungen im Elektroencephalogramm (EEG); das akute Bild und die Frage bleibender Veränderungen.
4. Pathologische Gewebsveränderungen des Gehirns, die Frage der klinisch faßbaren Hirnatrophie, Befunde an Vergiftungsfällen und experimentell ausgelöste Gewebeschädigungen.
5. Allgemeine Veränderungen nach chronischem Haschisch-Mißbrauch; die Fragen um Langzeitschäden, Leistungsabbau des Gehirns und Demenz.

Aus dieser Fülle werde ich nur die wichtigsten Befunde berühren können.

Symptome im Cannabis-Rausch

Die WHO hat - unter dem bestimmenden Einfluß von Nathan EDDY (12), dessen Hauptinteresse im Opiatmißbrauch lag - vor allem aber wohl aus praktischen Gründen der internationalen Kontrolle den Cannabispräparaten einen eigenen Platz eingeräumt, die "Abhängigkeit vom Cannabis-Typ", wenn auch eine Einordnung unter die "Abhängigkeit vom Halluzinogen-Typ" ohne Schwierigkeiten möglich gewesen wäre. Andererseits bestehen unverkennbare Beziehungen auch zum "Amphetamin-Typ" und zum "Khat-Typ", insbesondere in den chronetischen, die Zeitabläufe beeinflussenden, und das Selbstgefühl steigernden Wirkungen. Überdies ist beim Cannabis-Typ wie bei den anderen verwandten Typen zwischen akuten und langfristigen Wirkungen deutlicher zu unterscheiden, als dies bei den anderen WHO-Typen der Fall ist. Basierend auf seinen eigenen zweijährigen Erfahrungen in Marokko und den klassischen Berichten aus der Bevölkerung, über gezielte Versuche und Selbstversuche in der Lieratur (BERINGER (1), BOUQUET (2), BOURHILL (3), BROMBERG (4,5), DHUNJIBHOY (10), SKLIAR (29), STRINGARIS (33), TULL-WALSH (36), WARNOCK (38) u.v.a.) hat VIERTH (37) 1967 die chronische Wirkung wie folgt zusammengefaßt:

> "Es fallen Menschen auf, die im Antriebsverhalten verlangsamt und zähflüssig sind, eine leichte Affektlabilität zeigen, eine vermehrte Reizbarkeit oder eine übertriebene, unechte Freundlichkeit im Kontaktverhalten. Sie sind meist haftend oder querulatorisch-unwirsch. Typisch ist der unvermittelt und ohne adäquaten Anlaß aufschießende Zornausbruch. Im Gedankenablauf kann man eine allgemeine Unsicherheit, leichte Wortfindungsstörungen, Perseverationen, das Vertauschen von Begriffen beobachten; das entsprechende Denkziel wird oft verfehlt, es wird in umständlicher Weise vorbeigeredet, Füllworte werden benutzt. Oft ist eine weitgehende Lenkung auf das ganz Konkrete eingetreten. Am Arbeitsplatz wird eine zunehmende Unzuverlässigkeit beobachtet, ebenso im privaten Leben."

Und wenig später faßt VIERTH den Verlauf so zusammen:

> "Schließlich kommt es zu bleibenden Veränderungen im Sinne des oben geschilderten veränderten Ich-Erlebens und des organischen Psychosyndroms".

Diese Beschreibung erscheint treffend, ist aber eher praktisch-klinisch als wissenschaftlich orientiert und berücksichtigt nosologische Gesichtspunkte kaum.

Etwa zur gleichen Zeit gelang ISBELL et al. (18) erstmals die Beschreibung dosisabhängiger Wirkungen von Delta-9-Tetrahydrocannabinol (THC), nachdem reine Substanz zur Verfügung stand.

Dosis in mg Delta-9-THC inha-liert	oral	Wirkungen
2	5	Leichte Euphorie
7	17	Wahrnehmungsstörungen Zeitsinnesänderungen
15	25	Änderung der Wahrnehmung des eigenen Körpers Wahrnehmungsverzerrungen Wahngedanken, Halluzinationen

Daß unter Mißbrauchsbedingungen die Wirkung erheblichen Schwankungen unterliegt, ist in erster Linie in starken Konzentrationsunterschieden von THC in dem gerade konsumierten "Stoff" begründet; die THC-Synthese in der Pflanze ist abhängig von der Intensität der UV-Strahlung im Anbaugebiet, außerdem wird durch ungünstige Lagerung und beim Transport durch Zerstörung des Wirkstoffs die Aktivität rasch und nachhaltig vermindert. Dazu kommt, daß die psychische Rezeptivität des Benutzers gegenüber den Wirkungen wie bei allen anderen Halluzinogenen von großem Einfluß ist, und zwar sowohl aus seiner Umgebung ("setting") wie auch aus seiner eigenen inneren Stimmung und allgemeinen Disposition ("set").Das Ausbleiben der Wirkung an einem Tag aber mag zur Dosierungssteigerung führen, der dann, unter anderen Bedingungen am nächsten Tag, eine Intoxikation folgt, zumal Haschisch gewöhnlich in kleinen, voneinander im THC-Gehalt abweichenden, Mengen beschafft wird.

Für eine starke psychische Überlagerung der psychotomimetischen Wirkung des THC beim Gebrauch in der Szene spricht auch, daß ein "Horror-Trip" (bad trip) offenbar weitgehend dosisunabhängig auftritt, daß seine Behandlung am sichersten mit rein psychologisch-psychiatrischen Mitteln gelingt, und daß er, wie Erregungszustände und psychotische Symptome, häufiger bei Anfängern auftritt. Beim Cannabis-Geübten treten psychoorganische Symptome stärker in den Vordergrund, wobei übrigens Gelassenheit und Dösigkeit als Grundstimmung vorherrschen.

Psychotische Zustandsbilder

Vor dem Ausbrechen der Drogenwelle in den USA im Jahre 1964 waren in der Literatur zahlreiche Beschreibungen über psychotische Zustände im Zusammenhang mit Cannabis-Konsum erschienen, die zwar unter dem Begriff "Cannabis-Psychose" gesammelt wurden, die aber bei näherem Hinsehen heterogen erschienen.

1965 haben wir daher begonnen, alle Drogenabhängigen in mehrstündigem Gespräch intensiv über ihre Erfahrungen auch im Zusammenhang mit Marihuana und Haschisch zu befragen (19,20). Unter 126 Abhängigen aus New York City fanden wir in 14 Fällen psychiatrische Auffälligkeiten im Zusammenhang mit Cannabis, meist Marihuana. Sie sind in der folgenden Tabelle geordnet dargestellt.

- Tabelle 1 -

Seitdem sind in mehreren neueren Arbeiten weitere Fälle beschrieben worden, über die Ätiologie der Erscheinungsbilder sind darin jedoch unterschiedliche Meinungen geäußert worden. So spricht MEYER (24) von einem "akuten Hirnsyndrom in Verbindung mit Cannabis-Intoxikation", mit Benommenheit, Desorientiertheit, Verwirrtheit und Merkfähigkeitsstörungen, Symptome, die offenbar dosisabhängig waren, aber wenig von vorbestehenden Persönlichkeitsmerkmalen bestimmt wurden. TALBOTT und TEAGUE (34) zitieren aus ihren Erfahrungen mit US-Soldaten in Vietnam überwiegend psychologische Gesichtspunkte als ätiologische Faktoren. Auch PIETZCKER (25) unterstreicht das Vorbestehen psychologischer Schwierigkeiten, berichtet indessen nur über 3 Fälle. TENNANT und GROESBECK (35) weisen als ätiologischen Faktor auf die plötzliche Überdosierung hin, die sie bei amerikanischen Soldaten in Deutschland beobachteten, die von Marihuana, das hier nicht zu erhalten war, auf verfügbares Haschisch umstiegen, dessen Dosierung ihnen jedoch nicht vertraut war.

Es handelt sich hier wohl weniger um gegenläufige Meinungen als mehr um die Tatsache, daß recht unterschiedliche Bilder beschrieben werden, für die die Meinung der Autoren zutreffen mag. Dabei spielen solche Auswahlmechanismen, wie die Aufnahme in einem US-Militärkrankenhaus oder einer deutschen Universitätsklinik mit völlig anderer Clientel, und viele andere eine bestimmende Rolle. Es kann jedoch kein Zweifel mehr daran sein, daß von e i n e r Cannabis-Psychose nicht gesprochen werden kann. Wie andere Halluzinogene, so greift auch Haschisch, und dieses durch seine Eigenarten noch in besonderer Weise, vielfältig in normale psychische Vorgänge ein und erzeugt auch nosologisch gesehen unterschiedliche Bilder. Symptomatisch sind diese Bilder dann allerdings nicht immer voneinander klar differenzierbar. So ist das Erscheinungsbild einer paranoiden Haschisch-Psychose von einer durch Cannabis präzipitierten Schizophrenie u.U. nicht zu unterscheiden; der Verlauf muß hier differentialdiagnostisch herangezogen werden.
Das folgende Schema versucht, die verschiedenen Erscheinungsformen in ihrem Zusammenhang graphisch darzustellen. Hierbei sind psychotische und psychoseähnliche Bilder mit einem Punkt markiert worden. Gleichzeitig wurde in vorbestimmende Einflüsse sowie in akute und chronische Zustandsbilder der Cannabiswirkung gegliedert.

- Schema -

Die folgenden Bilder lassen sich prinzipiell unterscheiden, wobei betont werden muß, daß erstens in der Praxis Überschneidungen möglich und sogar nicht selten sind, daß zweitens in der Mehrzahl im Erscheinungsbild psychoorganische und endogen-psychotische Symptome nebeneinander vorkommen, und daß drittens einige hier beschriebene Bilder wissenschaftlich noch nicht gesichert oder ausreichend gut umschrieben worden sind. Die weitere Abklärung unter den Bedingungen der sich immer mehr ausbreitenden polyvalenten Abhängigkeit erscheint schwierig.

Wir unterscheiden:

- Die akute Intoxikation tritt unter Szene-Bedingungen nicht erst mit der experimentell ermittelten Dosis von 15 mg Delta-9-THC oral auf, wie oben schon beschrieben wurde. Die Intoxikationsbilder sind recht unterschiedlich und stark mitbestimmt von der Erwartung sowie anderen Faktoren aus "set" und "setting". Der Begriff der "Modell-Psychose" ist auch hier verfehlt, weil es sich offenbar nicht um das Modell einer endogenen Psychose, sondern um weitgehend organisch bedingte Vergiftungszustände handelt.

- Das "stoned pothead"-Syndrom stellt einen protrahierten Intoxikationszustand dar, der durch Neuaufnahme von THC in der jeweils abklingenden Phase des vorangehenden Rausches zustandekommt. Es entsteht ein über Tage und zuweilen Wochen anhaltender dauernder Rauschzustand, der in unserem Lande selten, in den USA jedoch häufiger zu beobachten ist. Man hat den Eindruck, daß hier eine Selektion im Spiele ist, indem prämorbid vorbelastete Persönlichkeiten zu diesem Mißbrauchsmuster neigen. Ähnliches trifft auch auf LSD und andere Halluzinogene zu.

- Der "Horror-Trip" durch Cannabis unterscheidet sich prinzipiell nicht von dem anderer Halluzinogene. Dasselbe gilt für das Auftreten von "Echo-Phänomenen". Cannabis ist übrigens imstande, eine schon abgeklungene LSD-Intoxikation wieder "über die Schwelle" zu heben, akut werden zu lassen. Daran ist besonders differentialdiagnostisch zu denken.

- Die Haschisch-Psychose ist ein heute nicht mehr wegzudiskutierendes reales Syndrom von überwiegend psychoorganischer Färbung mit dem Erscheinungsbild und Verlauf einer organischen Psychose, mit Angstzuständen und aus dem Erleben der Intoxikation eingeschleppten halluzinanten Erlebnissen.

- Eine Haschisch-Psychose paranoider Form ist davon abgetrennt worden. Es scheint, daß hier prämorbide Persönlichkeitsmerkmale und Entwicklungen in die Ausprägung der Psychose Eingang finden, und daß der Verlauf dieser Formen ungünstiger ist, als der der überwiegend organisch geprägten Haschisch-Psychose.

— Eine durch THC <u>präzipitierte Schizophrenie</u> unterscheidet sich in Symptomatologie und Verlauf kaum von der endogen ausgelösten Schizophrenie selbst. Eine THC-Intoxikation ist aber als auslösender Faktor anamnestisch zu erheben. Ob dies über die toxische Wirkung oder aber über die Erfahrung der psychischen Veränderungen während der THC-Intoxikation und dem vorangehenden Rauschzustand zustandekommt, ist im Prinzip unklar und offenbar im Einzelfall auch unterschiedlich. - Es sei hier darauf aufmerksam gemacht, daß der Begriff der "präzipitierten Schizophrenie" semantisch gesehen problematisch ist, indem man eine latente Schizophrenie retrograd diagnostiziert, nachdem sie nicht mehr latent ist. Außerdem bestehen zweifellos Übergänge zu der vorgenannten paranoiden Form der Haschisch-Psychose. Beide Bilder sind nicht eindeutig wissenschaftlich definiert.

— Die durch Cannabiswirkung <u>aggravierte Schizophrenie</u> existiert unbestritten. Bestimmte schizophrene Patienten neigen zum Mißbrauch von Halluzinogenen mehr als Normale, wobei dann eine Tendenz zum chronischen Mißbrauch und Einbau der Halluzinogenwirkung in das psychotische Bild vorkommen. Die Behandlung der schizophrenen Grundstörung führt nicht selten zu einem Sistieren des Halluzinogenmißbrauchs ohne spezifische Behandlung.

— Die <u>Entzugs-Psychose</u> nach chronischem Cannabis-Mißbrauch ist wissenschaftlich nicht eindeutig nachgewiesen. Die erste systematische Untersuchung hierzu stammt von FRASER (14) aus dem Jahr 1949; seitdem sind nur gelegentliche Mitteilungen hierzu erschienen. Die Frage ist als wissenschaftlich offen zu betrachten. Da chronischer Mißbrauch oft von abnormer Persönlichkeitsstruktur begleitet ist und er außerdem zu psychologischen Verhaltensstörungen führt, mögen beide formend in das Entzugs-Syndrom eingehen. Seitdem klargestellt ist, daß Cannabis-Gebrauch zu einer, wenn auch sehr kurzfristigen, Toleranz führt, ist ein Entzugs-Syndrom nicht mehr grundsätzlich abzulehnen. Wir haben selbst einen solchen Fall beobachtet.

<u>Elektroencephalogramm (EEG)</u>

<u>EEG-Veränderungen</u> im Cannabis-Rausch sind seit langem bekannt. Bei intravenöser Applikation von Delta-9-THC an Katzen lassen sich drei typische Phasen unterscheiden (SEGAL und KENNEY (28)): Eine Frühphase der Stimulation mit arousal-Anstieg, eine zweite Phase der Depression, sichtbar an corticaler Synchronisation. Dieser Phase folgt oder mischt sich mit ihr eine dritte Phase, gekennzeichnet durch high voltage spike-Aktivität. Schon aus Skalp-Ableitungen sind spezifischere Veränderungen in tiefergelegenen Hirnteilen, Amygdala, Hypothalmus und Septalregion,

vermutet worden. In Tierexperimenten und am Menschen ist das Vorkommen reversibler, dosisabhängiger EEG-Veränderungen, die nicht prinzipiell verschieden sind von denen durch andere psychoaktive Substanzen, vielfach bestätigt worden (FINK et al. (13), KLONOFF und LOW (22), u.v.a.).

Cerebrale Krampfanfälle treten nach Cannabis-Konsum praktisch nicht auf. Es ist sogar eine antiepileptische Wirkung konstatiert worden (SOFIA (30)). Delta-9-THC, als Nabilon (Lilly) unter Erprobung als Antiepileptikum, ist angeblich wegen inkonstanter Wirkung und dem Vorkommen von Krämpfen und Todesfällen bei den Versuchshunden wieder verlassen worden.

Unter der Vorstellung, vermutete Hirnveränderungen müßten sich bei chronischem Cannabis-Mißbrauch im EEG zeigen, wurden eingehende, sorgfältig geplante Untersuchungen mit computerisiertem EEG unternommen (STEFANIS et al. (32)); sie ergaben jedoch keine Unterschiede zwischen Nicht-Konsumenten und langfristigen Cannabis-Rauchern in Griechenland.

Die folgenden tierexperimentellen Untersuchungen von HEATH (16,17) sind in diesem Zusammenhang interessant: 10 Affen waren mit der von dem Autor schon früher benutzten Methode operativ mit tiefliegenden Hirnelektroden ausgestattet worden. Die Tiere erhielten im Vergleich entweder den Rauch von Marihuana-Zigaretten als Inhalation, Delta-9-THC intravenös oder den Rauch von THC-freien Marihuana-Zigaretten, und zwar jeweils in drei Dosen, entsprechend leichtem, mittlerem und schwerem menschlichen Konsum. Im mittleren und hohen Dosisbereich wurden akut keine spezifischen Veränderungen im Oberflächen-EEG gesehen, wohl aber in den Ableitungen von den tiefen Elektroden, und zwar high voltage spikes und Verlangsamung der elektrischen Aktivität. Mit den leeren Marihuana-Zigaretten fehlten diese Veränderungen. Die Störungen traten graduell nach Inhalation, jedoch innerhalb von einer Minute nach intravenösen Gaben von THC auf; sie schwanden 30-40 Minuten nach dem Experiment. Nach dreimonatiger Gabe verschwanden diese Symptome jedoch nicht mehr, sondern erwiesen sich als graduell persistierend, wobei beobachtet wurde, daß die Zeichen nach erneuter THC-Gabe zunächst unterdrückt wurden. Acht Monate nach dem 6 Monate dauernden Experiment waren die Zeichen noch immer persistierend. Diese Untersuchungen sind gewiß alarmierend; sie sind nicht unwidersprochen geblieben und Kontrollen sind nötig, zumal der Autor angedeutet hat, daß ähnliche Befunde auch beim Menschen erhoben werden konnten. - Über bleibende EEG-Veränderungen ist deshalb eine endgültige Aussage noch nicht möglich.

Pathologische Gewebsveränderungen

Wegen des in dieser Veranstaltung folgenden Referates von D. GERLACH sollen zur Frage der Gewebsveränderungen nur wenige Daten zitiert werden.

1971 hatten CAMPBELL et al. (6) mitgeteilt, daß sie bei 10 jungen Patienten, die Marihuana über 3-11 Jahre geraucht hatten, gegenüber 13 neurologisch normalen Kontrollen Hirnatrophie beobachtet hätten. Nach ihren Messungen schlossen sie: die "... Resultate legen nahe, daß die größte Schädigung im Gebiet des Nucleus caudatus, der Basalganglien und den Strukturen um den dritten Ventrikel liegt." Diese Untersuchung ist in mehrfacher Weise anfechtbar, so sind von der Cannabis-Gruppe auch andere Substanzen mißbraucht worden, etc. Dennoch haben 3 ernstzunehmende Untersuchungen diese Befunde zu reproduzieren versucht, sind aber alle zu einem negativen Resultat gekommen: In Griechenland haben STEFANIS et al. (32) in der oben bereits zitierten Untersuchung aus ethischen Gründen nicht mit Pneum-. encephalographie, wie CAMPBELL seine Patienten, sondern mit Echoencephalographie untersucht und gegenüber Kontrollen keine Unterschiede festgestellt. CO et al. (8) untersuchten 12 chronische Marihuanaraucher im Alter von 20-30 Jahren, die mindestens 5 Jahre, im Mittel jedoch 6.6 Jahre lang täglich Cannabis geraucht hatten, im Durchschnitt 9.9 Zigaretten pro Tag, mit Hilfe der Computertomographie: keine Unterschiede zur normalen Kontrollgruppe. In Boston untersuchten KUEHNLE et al. (23) ebenfalls computertomographisch 19 männliche intensive Cannabis-Konsumenten, deren Verbrauch zuvor auf einer geschlossenen Forschungsstation verifiziert worden war, gegen eine Kontrollgruppe: auch hier keine Unterschiede.

Vergiftungsfälle müssen als eine weitere Informationsquelle für die Möglichkeit von Hirnschädigungen angesehen werden. Todesfälle durch Cannabis sind extrem selten; Suicidversuche, über die berichtet worden ist, waren fast stets erfolglos, jedenfalls soweit es sich um reine Fälle handelt. Es ist ein Todesfall bei intravenöser Applikation von Haschischextrakt beschrieben worden. Vor Todesfällen im Zusammenhang mit Cannabis kommt es offenbar zuweilen zu kataleptischen Zuständen oder Erregung. Im Hirn wird eine "cirkulatorische Stauung ..." beschrieben. CARDASSIS (7) hat 1951 den Tod mehrerer Pferde und Maultiere in Griechenland mitgeteilt, die bei einer Bergrast an einem Ort, an dem nur Cannabis als Futter zur Verfügung stand, mit Erregung, Atembeschwerden und Zittern mit Temperaturabfall bei erheblichem Schwitzen in 15-30 Minuten zu Tode kamen. DURANDINA und ROMASENKO (11) haben 1971 an 14 Hunden tödliche Vergiftungen unter den Symptomen einer "toxischen Encephalopathie" nach Gaben von 1.5 - 4 g Haschisch-Harz pro kg Körpergewicht gesehen. ROIZIN et al. (26) untersuchten elektronenoptisch und histochemisch das Gehirn eines Haschisch-Spürhundes, der 3 Monate nach dem Einfressen einer großen Menge Haschisch an den Folgen dieser Vergiftung gestorben war.

Sie fanden u.a. Encymanomalien und senile Plaques in diesem Gehirn. GERLACH (15) wird in seinem Beitrag wohl selbst über seine Versuche mit Ratten berichten, denen er 20 mg eines "Haschisch-Extraktes", einer Mischung von Wirkstoffen also, appliziert hatte.

Insbesondere die russischen Untersuchungen mit dem Resultat einer toxischen Encephalopathie bedürfen dringend der Nachprüfung. Die Frage der Gewebsschädigung im Hirn ist noch nicht abschließend zu beantworten, aber von größter Wichtigkeit.

Allgemein psychiatrische Veränderungen nach chronischem Cannabis-Mißbrauch

Wenn es richtig ist, daß THC nach langjährigem Cannabis-Mißbrauch zur Einschränkung psychischer Funktionen im Sinne einer Einengung des Gesichtsfeldes, des Interessenschwundes und zahlreichen psychoorganisch anmutenden Veränderungen, wie sie oben von VIERTH zitiert wurden, kommt, so müßten bei einer sehr gründlichen Untersuchung einer ausreichend großen Zahl von chronischen Konsumenten Abweichungen von den Merkmalen einer normalen, nicht konsumierenden Kontrollgruppe festzustellen sein. Untersuchungen, die solche chronischen Veränderungen im Sinne der Einengung, des Abbaues und der Demenz, postulieren, sind besonders im älteren Schrifttum zahlreich. Die Störungen werden in der Regel als organisch bedingt und als chronische Giftwirkung aufgefaßt. Die Veröffentlichungen stammen fast alle aus den klassischen Konsumländern, Indien, Ägypten, Südafrika u.a., entsprechen aber nicht heutigen wissenschaftlichen Anforderungen. Immerhin ist zu bedenken, daß die Beobachtungen durchweg aus Umgebungen kommen, in denen chronischer Mißbrauch über Jahrzehnte unter der Bevölkerung üblich und häufig war, so daß die Gelegenheit, solche Fälle zu finden, auch dann gegeben war, wenn sie nicht häufig vorkommen mochten.

Noch 1975 hat SOUEIF (31) in einer retrospektiven Untersuchung an einer Gefängnis-Population in Ägypten, in der er 850 chronische Cannabisbenutzer gegen 839 Nicht-Benutzer als Kontrollen verglich, gefunden, daß die Konsumenten in ihrer Psychomotorik verlangsamt waren und verminderte visuelle Koordination und verschlechterte Merkfähigkeit für Muster aufwiesen.

In drei sorgfältig vorbereiteten Untersuchungen unter Aufsicht des US-Institutes für Drug Abuse ist dieser Frage näherzukommen versucht worden, in Jamaica (RUBIN und COMITAS (27)), in Costa Rica (COGGINS (9)) und in Griechenland (STEFANIS et al. (32)). Die Untersuchungen sind ausgezeichnet durch sorgfältige Paarbildung von Konsumenten und Kontrollen, durch gründliche körperliche Untersuchung und psychische Testung. Trotz und eben wohl wegen ihrer Gründlichkeit leiden sie an einer viel zu kleinen Zahl von Probanden. Nur in der griechischen

Studie wurde eine signifikant größere Zahl psychopathologischer Auffälligkeiten unter den Mißbrauchern gegenüber den Kontrollen festgestellt - wobei sich allerdings die Frage des post/propter erhebt. Sonst fanden alle drei Untersuchungsgruppen keine groben Unterschiede gegenüber Kontrollen. Diese Studien sind zwar genau, sie dürften aber gegenüber den früheren Berichten aus den Stammländern des Cannabis-Mißbrauchs wegen der kleinen Zahlen nicht aussagekräftig sein. Eine Ausweitung der Untersuchungen wäre notwendig, ist aber schwierig und zunächst nicht zu erwarten.

Es sei hier der Hinweis erlaubt, daß man in diesen Studien eigentlich den Bericht solcher Symptome erwartet hätte, die zum Syndrom der Depravation Suchtkranker gehören. Darauf ist ja gern hingewiesen worden, wenn man frühere Berichte über "Abbau" und Demenz nach chronischem Cannabis-Mißbrauch psychologisch zu erklären suchte. Solche Probanden sind aber offenbar nicht untersucht worden, so daß in dieser Beziehung die Studien wenig aussagen. Eine gezielte Untersuchung von Konsumenten mit depravationsähnlichen Symptomen wäre lohnend, wobei genaueste anamnestische Erhebungen, z.B. auf in diesen Ländern nicht gerade seltene Enzephalitiden, notwendig wären.
Das "Amotivations-Syndrom" nach chronischem Cannabis-Mißbrauch beruht auf guten Beobachtungen. Es handelt sich hierbei mit Wahrscheinlichkeit um eine Kombination der langfristigen THC-Wirkung mit einer Depravation - bzw. evtl. langfristige organische Cannabis-Wirkung, wie im vorangehenden Absatz besprochen.

Eine endgültige Stellungnahme zu der Frage des Auftretens von psychischen Allgemeinveränderungen, "Abbau" und Demenz nach chronischem Haschisch-Mißbrauch ist noch nicht möglich.

Abschließend läßt sich aus den geschilderten Untersuchungen feststellen:

Eine hirnorganische Wirkung der Cannabis-Wirkstoffe ist nicht mehr zu leugnen. Ältere, zu Anfang der Zeit der wissenschaftlich gut fundierten Untersuchungen zunächst abgelehnte Studien gewinnen, besonders auf der Basis von neueren Tierversuchen, erneut Gewicht. Der alte Verdacht, Cannabis-Mißbrauch könne zur Schädigung von Hirnfunktionen, psychischer Leistungen und des Verhaltens führen, haben sich nicht entkräften lassen. Weitere Untersuchungen sind abzuwarten, insbesondere sind zahlreiche Einzelbefunde abzuklären. Die Untersuchungen werden allerdings leider immer schwieriger dadurch, daß reine Cannabis-Mißbraucher in den westlichen Ländern kaum mehr zu finden sind, jedenfalls nicht in einer Zahl, die einen Vergleich mit den alten Untersuchungen sicherte. Es ist daher nicht zu erwarten, daß in absehbarer Zeit eine klare Entkräftung jener alten Arbeiten möglich sein wird.

Indessen ist gesichert, daß Delta-9-THC tiefgreifende Wirkungen auf das Funktionieren des Gehirns hat. Dies findet seine Bestätigung auch in einer Serie guter Untersuchungen über das Fahrverhalten im Verkehr, welches im Simulator durch Cannabis eindeutig und z.T. schwer beeinträchtigt wird (KIELHOLZ et al. (21) u.v.a.). Es ist sehr wahrscheinlich geworden, daß höhere Dosen bzw. sehr langfristiger Gebrauch eine im einzelnen noch abzuklärende schädigende Wirkung auf das Gehirn besitzen. Wegen der Unkontrollierbarkeit einmal eingeführter Medikationen und wegen der direkten Schädigungsmöglichkeit ist derzeit eine Verwendung des Delta-9-THC für therapeutische Zwecke in der Medizin nicht wünschenswert. Dies findet glücklicherweise eine Stützung durch seine inzwischen gut untersuchte recht eingeschränkte therapeutische Verwendbarkeit.

Die Zulassung von Cannabis-Präparaten als Genußmittel ist im Hinblick auf die potentielle Gefährdung heute auch weiterhin eindeutig und mit Bestimmtheit abzulehnen. Es besteht kaum eine Chance dafür, daß sich nach den bereits vorliegenden Untersuchungsbefunden hierin in Zukunft etwas ändern wird.

Literatur

1. BERINGER, K.: Zur Klinik des Haschischrausches. Nervenarzt 5 (1932) 337-342
2. BOUQUET, R.J.: Marihuana intoxication. J.Am. Med.Assoc. 124 (1944) 1010-1011
3. BOURHILL, C.J.G.: The smoking of dagga (indian hemp) among the native races of South Africa and the resultant evils. Thesis (M.D.), Univ.of Edinburgh (1913)
4. BROMBERG, W.: Marihuana intoxication. Am.J.Psychiat. 91(1934) 303-330
5. BROMBERG, W.: Marihuana: A psychiatric study. J.Am.Med.Assoc. 113(1939) 4-12
6. CAMPBELL, A.M.G., EVANS, M., THOMPSON, J.L.G. and WILLIAMS, M.R.: Cerebral atrophy in young cannabis smokers. Lancet (1971) 1219-1224; (1972) 202-203
7. CARDASSIS, J.: Intoxication des équides par cannabis indica. Rec.Méd.Vét. 127 (1951) 971
8. CO, B.T., GOODWIN, D.W., GADO, M., MIKHAEL, M. and HILL, S.Y.: Absence of cerebral atrophy in chronic cannabis users by computerized transaxial tomography. J.Am.Med.Assoc. 237 (1977) 1229-1230
9. COGGINS, W.J.: Costa Rica Cannabis Project: An interim report on the medical aspects. In: BRAUDE, M.C. and SZARA, S. (edts.): Pharmacology of Marihuana. Raven Press, New York (1976) 667-670

10. DHUNJIBHOY, J.E.: A brief resumé of the types of insanity commonly met with in India, with a full description of "Indian hemp insanity" peculiar to the country. J.Ment.Sci. 76 (1930) 254-264
11. DURANDINA, A.I. and ROMASENKO, V.A.: Functional and morphological disorders in chronic poisoning by resinous substance from Yujnochuisk cannabis resin. Bulletin on Narcotics 24 (1972) 31-37
12. EDDY, N.B., HALBACH, H., ISBELL, H. and SEEVERS,M.H.: Drug dependence: Its significance and characteristics. Bull. Wld. Hlth. Org. 32 (1965) 721-733
13. FINK, M., VOLAVKA, J., PANAGIOTOPOULOS, C.P. and STEFANIS, C.: Quantitative EEG studies of marihuana, delta-9-THC and hashish in man. In: BRAUDE, M.C. and SZARA, S. (edts.): Pharmacology of Marihuana, Raven Press, New York (1976)
14. FRASER, J.D.: Withdrawal symptoms in cannabis indica addicts. Lancet (1949/2) 747-748
15. GERLACH, D., LYCKO, E. und LUDWIG, B.: Untersuchungen über die Pathomorphologie von Organen nach Rauschmittelintoxikationen. Westdeutscher Verlag, Opladen (1978) 89 S.
16. HEATH, R.G.: Marihuana and delta-9-THC: Acute and chronic effects on brain function of monkeys. In: BRAUDE, M.C. and SZARA, S. (edts.): Pharmacology of Marihuana. Raven Press, New York (1976) 345-356
17. HEATH, R.G.: Cannabis sativa derivatives: Effects on brain function in Monkeys. In: NAHAS, G.G., PATON, D.M. and IDÄNPÄÄN-HEIKKILÄ, J.E. (edts.): Marihuana, chemistry, biochemistry, and cellular effects. Springer Vlg., New York/Heidelberg/Berlin (1976)507-519
18. ISBELL, H., GORODETZKY, C.W., JASINSKI, D.R., CLAUSSEN, U., von SPULEK, F. and KORTE, F.: Effects of (-)-Delta-9-trans-tetrahydrocannabinol in man. Psychopharmacologia (Berlin) 11 (1967) 184-188
19. KEUP, W.: Marihuana. Science 163 (1969) 1144
20. KEUP, W.: Psychotic symptoms due to cannabis abuse. Dis.Nerv.Syst. 31 (1970) 119-126
21. KIELHOLZ, P., HOBI, V., LADEWIG, D., MIEST, P. and RICHTER, R.:An experimental investigation about the effect of cannabis on car driving behavior. Pharmacopsychiat. 6 (1973)91-103
22. KLONOFF, H. and LOW, M.D.: Psychological and neurophysiological effects of marihuana in man: An interaction model. In: MILLER, L.L. (edt.) Marihuana: Effects on Human Behavior. Academic Press, New York (1974) 121-155

23. KUEHNLE, J., MENDELSON, J.H., DAVIS, K.R. and NEW, P.F.J.: Computed tomographic examination of heavy marihuana smokers. J.Am.Med. Assoc.237 (1977)1231-1232

24. MEYER, R.E.: Psychiatric consequences of marihuana usw: The state of the evidence. In: TINKLENBERG, J.R. (edt.): Marihuana and Health Hazards: Methodological issues in current research. Academic Press, New York (1975) 133-152

25. PIETZCKER, A.: Psychotische Episoden nach Haschischrauchen. Nervenarzt 46 (1975) 378-383

26. ROIZIN, L., HELPERN, M., BADEN, M. KAUFMAN, M.A., HASHIMOTO, S., LIU, J.C. and EISENBERG, B.: Neuropathology of drugs of dependence. In: MULÉ, S.J. and BRILL, H. (edts.): Chemical and biological aspects of drug dependence. CRC Press, Cleveland (1972) 389-411

27. RUBIN, V. and COMITAS, L.: Ganja in Jamaica: The effects of marihuana. Anchor/Doubleday, New York (1976)

28. SEGAL, M. and KENNEY, A.F.: Delta-1(6)-tetrahydrocannabinol: Preliminary observations on similarities and differences in central pharmacological effects in the cat. Experientia 28 (1972) 816-819

29. SKILIAR, N.: Über Anascha-Psychosen. Allg.Z. Psychiat, psych-ger.Med. 102 (1934) 304-312

30. SOFIA, R.D.: The lethal effect of Delta-1-tetrahydrocannabinol in aggregated and isolated mice following single dose administration. Europ.J.Pharmacol. 20 (1972) 139-142

31. SOUEIF, M.I.: Some determinants of psychological deficits associated with chronic cannabis consumption. Bull.on Narcotics 28 (1) (1976) 25-42

32. STEFANIS, C., BOULOUGOURIS, J. and LIAKOS, A.: Clinical and psychophysiological effects of cannabis in longterm users. In: BRAUDE, M.C. and SZARA, S. (edts.): Pharmacology of Marihuana. Raven Press, New York (1976) 659-665

33. STRINGARIS, M.G.: Die Haschischsucht. Springer-Vlg., Berlin (1972)

34. TALBOTT, J.A. and TEAGUE, J.W.: Marihuana psychosis. Acute toxic psychosis associated with use of cannabis derivatives. J.Am. Med.Assoc. 210 (1969) 299-302

35. TENNANT, F.S. and GROESBECK, D.J.: Psychiatric effects of hashish. Arch.Gen.Psychiat. 27 (1972) 133-136

36. TULL-WALSH, J.H.: On insanity produced by the abuse of ganja and other preparations of Indian hemp, with notes of cases. Indian Med.Gaz. 29 (1894)333-334, 369-372, 446-451

37. VIERTH, G.: Psychopathologische Syndrome nach Haschisch-Genuß. Beobachtungen aus Marokko. Münch.Med.Wschr.109 (1967)522-526

38. WARNOCK: Insanity from hascheesh.J.ment.Sci. 49 (1903)96-100

Anschrift des Verfassers: Prof.Dr.med. W.Keup
Jos.Schauer-Str. 16
D-8031 Puchheim b. München

Kategorie *)	Gruppe *) / Diagnose	Ia	Ib	IIa	IIb	III	Summe
		Anlaß der derzeitigen Krankenhaus-Aufnahme	beitragend zur derzeitigen Krankenhaus-Aufnahme	Anlaß der früheren psychotischen Episode	beitragend zur früheren psychotischen Episode	Anlaß oder beitrag. zu früherer psychiat. Erkrankg.	
A_2	Akutes Paranoid Panik-Reaktion "Horror-Trip"	1	1		1	1	4
C	"Echo-Reaktion"		1				1
D_1	Toxische Psychose?	1		1			2
D_2	Cannabis-mobilisierte Psychose		1	1	2	1	5
D_3	Cannabis-aggravierte Psychose		1				1
E	Cannabis-Entzugs-psychose?				1		1
	Summe	2	4	2	4	2	14

Tabelle: Vorkommen Cannabis-bedingter psychiatrischer Symptome bei 126 Patienten, die mit Drogenmißbrauch in der Anamnese in einem Psychiatrischen Krankenhaus Aufnahme fanden (New York, 1969 (20)).
*) Die Bezeichnungen beziehen sich auf die Einteilung der psychiatrischen Folgen des Cannabis-Mißbrauchs nach KEUP (20)

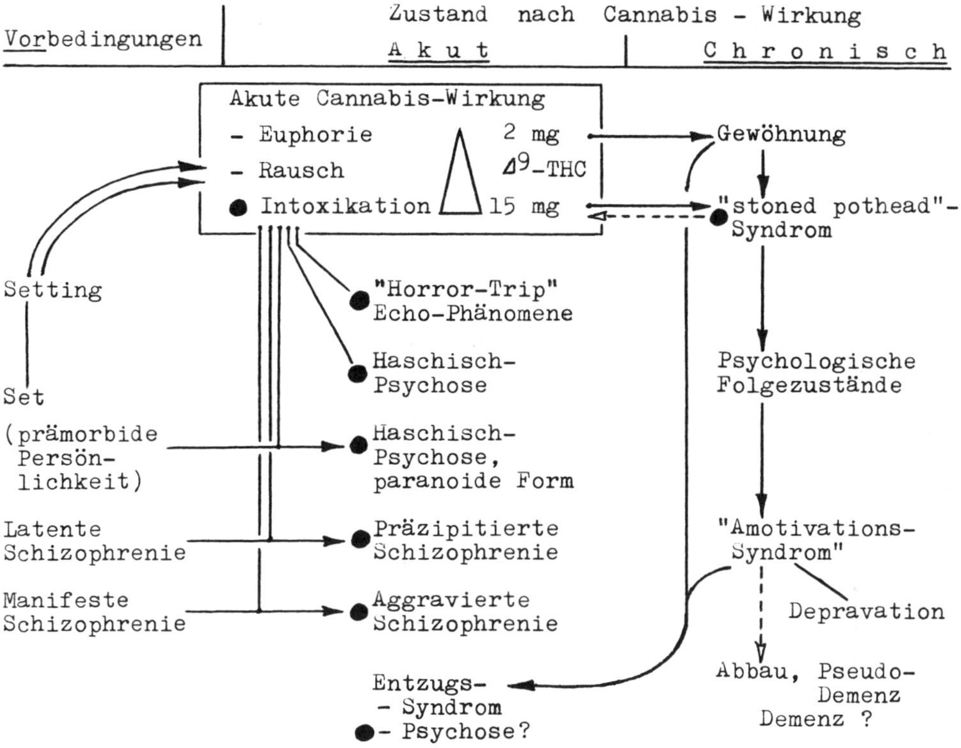

Schema (siehe Text)

Ist Drogenabhängigkeit vom Typ Cannabis eine behandlungsbedürftige Krankheit?

von E.M.BINIEK

Drogenabhängigkeit vom Typ Cannabis ist gekennzeichnet durch eine mäßige bis starke psychische Abhängigkeit, das Fehlen physischer Abhängigkeit und eine Tendenz, die Einnahmemenge zu erhöhen, jedoch ohne Anzeichen einer echten Toleranzentwicklung, mit anderen Worten: Drogenabhängigkeit vom Typ Cannabis ist eine rein psychische Abhängigkeit. Psychische Abhängigkeit wird von der Expertenkommission der WHO, der wir hier folgen, definiert als ein "innerer Zustand", eine "Verfassung", in der "man Zufriedenheit und ein starkes psychisches Bedürfnis nach periodischem oder dauerndem Genuß der Droge" empfindet, "um ein Gefühl des Wohlbefindens zu erzeugen oder Unbehagen zu vermeiden". Es heißt dazu, daß sich psychische Abhängigkeit bei "manchen" Menschen entwickelt und - in Bezug auf Cannabis - daß sich besonders "innerlich unausgeglichene Menschen" von dieser Droge angezogen fühlen (1). Die Frage, warum die einen Menschen psychisch abhängig werden und die anderen nicht, die Frage nach den individuellen Determinanten psychischer Abhängigkeit bleibt offen. Offen bleibt auch die Frage, ob Drogenabhängigkeit an sich schon eine Krankheit darstellt oder nicht. Die Definition der Drogenabhängigkeit, wie sie von der Expertenkommission der WHO gegeben wurde, besagt, was immer wieder übersehen wird, nicht, daß der beschriebene Zustand an sich krankhafter Natur ist. Es wird vielmehr betont, daß es sich um die rein formale Beschreibung einer Interaktion zwischen Droge, Individuum und Gesellschaft ohne den Versuch einer Wertung, insbesondere einer Abschätzung des gegebenen Risikos handelt (2). Unsere Frage "Ist Drogenabhängigkeit vom Typ Cannabis eine behandlungsbedürftige Krankheit?" ist damit nicht durch einen Rückgriff auf die von der WHO gegebene Definition zu beantworten. Die Definition der WHO läßt die Frage offen. Im Stich läßt uns auch das durch die Einnahme der Droge gegebene Risiko. Ließe sich unsere Frage durch das mit der Einnahme von Cannabis-Produkten gegebene Risiko beantworten, so wäre z.B. auch das Fußballspiel etwas krankhaftes, weil es mit einer gewissen Regelmäßigkeit zu Verletzungen führt. Das gleiche ließe sich dann auch von einem Sprung vom 10-Meter-Turm und vielen anderen Dingen unseres Lebens sagen, die mit einem nicht unerheblichen Risiko belastet sind.

Die Frage nach dem Krankheitswert psychischer Abhängigkeit wirft uns notwendig auf die Frage nach der Bedeutung der Drogeneinnahme für denjenigen, der die Droge einnimmt, d.h. auf unseren Patienten und seine Lebensgeschichte zurück. Was lehrt uns diese Geschichte? Ich möchte Ihnen die Frage an einem "Fall" näher bringen. Wie Sie gleich bemerken werden, bietet die Geschichte, die ich Ihnen in sehr geraffter Form darstellen möchte, an sich nichts Besonderes. Viele von Ihnen werden ähnliche Patientenschicksale kennen. Die Geschichte unseres Patienten läßt sich auch nicht verallgemeinern. Es ist die individuelle Geschichte eines Patienten. Sie läßt allerdings Verhältnisse erkennen, wie wir sie in immer wieder abgewandelter Form bei vielen Drogenabhängigen finden. Nicht zuletzt spiegelt sich in der Geschichte unseres Patienten auch ein Stück Drogengeschichte.

Den Patienten, von dem ich Ihnen berichten möchte, lernte ich vor jetzt 8 Jahren bei einer Veranstaltung, in der es um Drogen ging, kennen. Ich möchte ihn "Hans" nennen. Hans war, als ich ihn kennenlernte, 24 Jahre alt. Veranstaltungen, wie die eben erwähnte, besuchte er nur, um den Vortragenden ihre Ahnungslosigkeit, Dummheit und Unerfahrenheit vorzuhalten. Er tat dies mit dem Beifall einer großen Schar gleichgesinnter Jünger. Hans war fest mit der "Scene" verbunden. Wie ich später erfuhr, ging er gerade seinem ersten Gerichtsverfahren entgegen. Die Polizei hatte unvermutet eine Hausdurchsuchung bei ihm durchgeführt. Dabei war sie fündig geworden. Hans war ein exzessiver "User" von "weichen" Drogen, vor allem Haschisch und LSD. Er galt selbst bei seinen Freunden als "ausgeflippter Typ", den man im Grunde genommen nicht mehr für voll nehmen konnte. Niemand wollte ihm mehr ein Zimmer geben. Hans hatte eine Marokkoreise, die er zusammen mit einem Freund unternahm, "einen neuen Bezug zur Ekstase" vermittelt. Dort unten bei den Berbern hatte er eine Welt erlebt, die ihn faszinierte: "Jede Nacht Feuer und Tanz!" Das war 2 Jahre zuvor gewesen. Hans begann nach dieser Reise Drogen zu nehmen, um "transzendente Dinge" zu erleben. Er hatte nach etwas verspätetem, aber erfolgreichem Schulabschluß gerade ein musisches Studium begonnen. Die Begegnung mit Hans blieb zunächst flüchtig. Zwei Jahre später begegnete ich ihm wieder. Er hatte, wie er sagte, den Drogenkonsum "von einem zum anderen Tag" aus eigener Kraft aufgegeben, nachdem er erkannt hatte, daß er mit seinem exzessiven Konsum sich selbst verfehlte. Nun suchte er nach "alternativen Lebensstilen". Er unternahm verschiedene Versuche, Gemeinschaften aufzubauen, scheiterte aber daran, weil "zwei sich noch, drei aber nicht mehr verständigen konnten". Nach diesen Erfahrungen suchte er Anschluß an eine ambulante Gruppenarbeit für drogenabhängige Jugendliche an unserer Klinik, um in Erfahrung zu bringen, wie man so etwas macht. Er nahm mit großer Regelmäßigkeit über ein Jahr hinweg an dieser Gruppenarbeit teil, in die er ein neues Thema brachte, nämlich "Macht" und naturgemäß damit auch "Rivalität". Er gab innerhalb der Gruppe Anstoß zu wichtigen, bis dahin nicht ausgetragenen Auseinandersetzungen, insbesondere der mit dem Gruppenleiter. Erst im Gefolge dieser Auseinandersetzung entwickelte sich bei ihm zunehmend das Bedürfnis, die eigenen Probleme zu klären. Die Gruppe bot dazu Gelegenheit (3). Nach Beendigung der Gruppenarbeit riß die Verbindung mit Hans zunächst ab. Hans stellte sie nach 1 1/2 Jahren durch brieflichen Kontakt wieder her. Nach 2 Jahren wurde daraus, nachdem auch die äußeren Bedingungen dafür vorhanden waren, eine sich über 1 1/2 Jahre erstreckende individuelle Psychotherapie. Als Hans die Therapie aufnahm, stand er kurz vor dem Abschluß eines nunmehr mehr praxisorientierten Zweitstudiums. Seine Pläne, eine unabhängige Gemeinschaft von Jugendlichen aufzubauen, waren gescheitert, nach dem man ihm buchstäblich das Dach über dem Kopf abgebrannt hatte. Hans unternahm keine Versuche mehr, die Gemeinschaft neu aufzubauen.

Es ist an der Zeit, etwas mehr über Hans zu erfahren! Wer ist Hans? In seiner Lebensgeschichte springen einige Gegebenheiten ins Auge, die ich festhalten möchte: zunächst die behütete Kindheit unter der Dominanz einer warmherzigen und verzeihenden Mutter. Über den Vater ist anfangs nicht viel zu erfahren. Er sorgt als leitender Angestellter eines Großunternehmens für ständige Bewegung in der Familie. Durch ihn kommt Hans schon in jungen Jahren mit fernen, ihm fremden, geheimnisvollen Ländern in Berührung. Das ständige Umherziehen bekommt Hans in der Schule nicht so gut. Er bleibt sitzen, schafft dann aber doch noch das Abitur.
Es folgt eine Phase der Lösung aus dem Elternhaus. Sie ist gekennzeichnet durch die Aufnahme des Studiums, heterosexuelle Beziehungen, ausgedehnte Reisen und den sich rasch entwickelnden Drogenkonsum, der eine besondere Färbung durch seine enge Beziehung zum erotischen und sexuellen Lebensbereich erhält. Hier werden auch erstmals die Spannungen zum Vater deutlich. Sie entzünden sich an Hans Beziehungen zu einer wesentlich älteren Frau, die gut seine Mutter hätte sein können. In dieser Beziehung begegnet uns etwas eigentümliches: Hans hatte auch später immer intensive sexuelle Beziehungen, meist zu älteren, mütterlichen Frauen. Drogen spielten dabei anfangs eine wichtige Rolle. In die folgende Phase einer Neuorientierung fielen die Wiederaufnahme des Studiums nach Wechsel des Fachs, die Versuche eine eigene Gruppe aufzubauen und der Kontakt zu unserer Gruppenarbeit, in der langsam der Therapiewunsch reifte. In dem Maße, in dem sich Hans' soziale Situation konsolidierte, wuchs auch sein Leidensdruck. Bewegt kommt dies in den Briefen zum Ausdruck, die er vor Aufnahme seiner Therapie

an mich schrieb. In ihnen drückt er sich mit einer Deutlichkeit aus, die ihm in unmittelbarem Umgang mit anderen Menschen nicht zur Verfügung stand.
Ich möchte aus diesen Briefen einige Stellen herausgreifen, die Hans' innere Situation schildern. Gleich im ersten Brief heißt es: "Der Grund, warum ich Ihnen schreibe, liegt darin, daß ich ... mit meinen Konflikten nicht mehr allein fertig werde und immer mehr erkenne, daß ich Therapie machen muß...wie soll jemand, der seine Identität nicht gefunden hat, der nicht weiß, was er will, der wie alle anderen Hilfsbedürftigen wie ein willenloses Objekt herumirrt, getrieben von der Zerrissenheit seiner Gefühle und Gedanken, geängstigt und verunsichert durch die Reaktion seiner Umwelt, hilflos Ausschau haltend nach Bestätigung und Anerkennung, wie soll ein solcher Jemand für andere eine Orientierung und ein Vorbild sein?" Und noch im selben Brief: "Seit einem guten halben Jahr bin ich mit meiner Freundin ... zusammen ... (ihr Feingefühl) ... ist wohl der Grund, warum ich immer mehr mit meiner eigenen Problematik konfrontiert wurde und meinen Panzer von differenzierten Verdrängungs- und Abwehrmechanismen zu durchschauen begann. Dahinter sehe ich plötzlich Schwäche und Hilflosigkeit, die ich durch einen grenzenlosen Rationalismus und Narzismus zu verdecken suche, ich durchschaue die Funktion meines ... Anspruchs, die verzweifelte Suche nach Bestätigung und Anerkennung, die ich von meinem Vater nicht erhalten habe und mir als Schüler nicht gegönnt war, ich sehe, wie ich die Ängstlichkeit meiner Mutter verinnerlicht habe, wie ich sie eigentlich hasse, aber nicht hassen darf, wie jede Beziehung zu einem Mädchen darunter leidet, wie neurotisch eigentlich meine Sexualität ist, eingehüllt in einen Mantel der Ästhetik und Potenzideologie ... ich erkenne immer wieder, wie ich die eigenen Konflikte auf meine Umwelt projiziere ... wie ich gezwungen bin ... die Rolle des Wohltäters anzunehmen, der allen helfen muß ... je mehr ich meinen Panzer von Verdrängungsmechanismen abbaue, je mehr ich ehrlicher zu mir sein kann, desto mehr leide ich, denn hinter meinem Panzer bin ich ganz weich und verletzlich..."
Wenig später heißt es in einem weiteren Brief: "Manchmal fühle ich mich stark. Das ist dann, wenn ich meine Gefühle ausdrücken kann und auch den Mut habe, meiner Umwelt nichts vorspielen zu müssen. Im nächsten Moment kann ich aber wieder in ein Tief stürzen; dann habe ich Angst, daß ich die Erwartungen, die an mich gestellt werden, nicht erfüllen kann, fühle ich mich gleichzeitig unfähig, meine Angst zu formulieren ... ich kann mich nicht fallen lassen. Nur wenn ich wie ein Wilder Musik mache oder einen Joint durchziehe und mich im Vollrausch der Ekstase befinde, dann fühle ich mich so stark und überlegen, dann bin ich der Beste, dann kann mir keiner etwas anhaben, dann kann ich großzügig sein und auf jeden eingehen, dann kann ich meine Umwelt mitreißen aus ihrer Traurigkeit und Verzweiflung. Und wenn ich dann aus diesem Zustand der Göttlichkeit wieder in

meinen normalen Bewußtseinszustand zurückfalle, dann erlebe ich umso stärker meine Hilflosigkeit, da ich mit dem Rauscherlebnis die Ansprüche an mich nur noch höher gesteckt habe..."

Versuchen wir zu verdeutlichen, soweit dies noch nötig ist! Hans leidet, er sucht Hilfe. In seiner Lebensgeschichte zeichnet sich deutlich ein in den verschiedenen Lebensabschnitten immer wiederkehrender Konflikt ödipaler Prägung ab. Hans entwickelt sich in einer tiefen, ihm unbewußten Bindung an die Mutter in Rivalität zum Vater. Deutlich spürt er, daß die Güte der Mutter ihn einengt. Schon als kleines Kind unternimmt er verzweifelte Ausbruchsversuche. Letzlich kann er der Mutter aber nicht entrinnen. Alle seine späteren erotischen Beziehungen leben von der Sehnsucht nach Geborgenheit in der Mutter. Seine erste sexuelle Beziehung nimmt er zu einer wesentlich älteren Frau auf. Das erotische Erleben sucht er durch die Einnahme von Drogen zu vertiefen. Hans' Charakterstruktur zeigt zu dieser Zeit bereits deutliche hysterische Züge. Sein Konflikt ist jedoch nur vordergründig ein ödipaler. Im erotischen wie im Drogenerleben brechen "transzendentale" Dimensionen auf, Hans gibt sich Macht- und Größenphantasien hin. Die großen religiösen Gestalten - Jesus, Buddha - aber auch ihre Perversionen in Gestalten wie dem Exorzisten faszinieren ihn, in ihnen findet er sich wieder. Aber schmerzlich muß er erfahren, daß dies ein Kompensationsversuch seinerseits ist, der ihn sich selbst und seinen Mitmenschen entfremdet. Er lebt in Konflikt mit diesen Menschen. Er hat Angst, sie könnten ihn nicht annehmen. Immer fühlt er sich nicht angenommen, als Kind nicht von dem strengen, mächtigen Vater, in der Schule nicht von den Lehrern mit ihrer "Papp-Autorität", im Studium nicht von den Bürokraten, und auch in der Therapie fürchtet er, den Ansprüchen des Therapeuten nicht zu genügen. Dies treibt ihn nach seinem Sturz in die Tiefen der "Scene" in immer neuem Bemühen zu immer höheren Leistungen. Er schließt sein Studium erfolgreich ab, schließt ein Aufbaustudium an und beendet auch dieses - ihm gänzlich unfaßlich - mit lauter guten Zensuren. Er bekommt einen Lehrauftrag im Ausland und findet sich plötzlich in der etablierten Gesellschaft wieder, die ihm zutiefst verhaßt ist. Er ist angepaßt an diese Gesellschaft, sozial gesehen "geheilt", aber die alten Ängste schlummern weiter in ihm. In einem Brief, der mich nach erfolgreichem Abschluß der Therapie aus der neuen Welt erreichte, heißt es im Hinblick auf die neue ungewohnte Umgebung und den neuen ungewohnten Umgang in der etablierten Gesellschaft: "... das alles löst in mir große Unsicherheit aus. Besonders habe ich mit Autoritätsängsten zu kämpfen, mit mangelndem Selbstbewußtsein, d.h. der Angst, etwas falsch zu machen und nicht anerkannt zu werden. Diese Gefühle hindern mich besonders bei der Verbesserung ... (meiner sprachlichen Fähigkeiten) und in der Kommunikation mit Menschen. So greife ich ab und zu zu einem Marihuana-Pfeifchen, um gezielt neue Wege aus dieser Sackgasse herauszufinden. Und das geht auch ganz gut. Obwohl zu Beginn die Projektionen meiner Ängste halluzinationsartig gesteigert werden, finde ich immer zu dem Schlüsselpunkt, der mich aus dem Chaos der Verunsicherung heraus zu einer festen Basis von Selbstbewußtsein und Ausdrucksfähigkeit führt. Denn dann läuft alles wie von selbst. Plötzlich gibt es keine Kommunikationsschwierigkeiten mehr, plötzlich fühle ich mich nicht mehr fremd in einer Gruppe, plötzlich bin ich auch für die Anderen mehr als nur ein Deutscher, der zufällig in ... ist ...! "

Leitlinie unserer Therapie war die Selbstverwirklichung. Ein Stück weit ist Hans auf diesem Wege gegangen. Er hat eine beachtliche Entwicklung durchgemacht. Mit dieser Entwicklung hat sich auch sein Drogenkonsum gewandelt: aus dem ehemals exzessiven ausgeflippten "soft user" ist ein eher stiller, sozial angepaßter Haschischraucher geworden. Ist Hans abhängig? Fragen wir ihn selbst: das Haschischrauchen ist für ihn eine Stütze, deren er bisher nicht entbehren kann. Er fühlt sich den Aufgaben des Alltags ohne diese Stütze, die ihm Selbstkongruenz und soziale Kompetenz verleiht, nicht gewachsen. Er spürt den Mangel an Selbstbewußtsein, den "Defekt" im Selbst. Die Droge deckt den Defekt und verhilft ihm zu einem funktionsfähigen Ich. Wir können noch etwas weiter gehen! Hans bleibt im Unbewußten der Mutter verhaftet. Sein schwaches Ich hebt sich nur unscharf von dem der Mutter ab. "Selbst" und "Objekt" und ihre Niederschläge im Ich (4,5) erscheinen unscharf getrennt. Hans bleibt an das "Primär-Objekt" gebunden. Seine Machtphantasien sind Mythisierungen des Ichs, wie wir sie auch in der Psychologie der Psychosen wiederfinden. Sie schützen das Ich vor dem Eingeständnis der eigenen Nichtigkeit, vor dem Überflutetwerden durch unbewußte Inhalte. Was muß Hans abwehren? Er sagt es deutlich: Jenes Gefühl der Leere und Verzweiflung, das ihn überkommt, wenn er sich nicht von den Anderen angenommen fühlt.

Was bedeutet das alles nun für unsere Frage? Drogenabhängigkeit vom Typ Cannabis ist nicht eine Krankheit an sich. Sie wird es erst durch den lebensgeschichtlichen Zusammenhang, in dem sie auftritt. Sie gewinnt in diesem Zusammenhang den Charakter eines Symptoms. Symptome sind nicht die Krankheit, deren Ausdruck sie sind. Sie weisen auf das Kranksein hin, ohne es selbst zu sein. Die Krücke, deren jemand bedarf, weist auf sein Gebrechen hin. Die Krücke ist jedoch nicht dieses Gebrechen. Sie können es auch anders ausdrücken, mit den Worten jenes Weisen, der sagte: "Es ist wohl ein Finger nötig, um auf den Mond zu zeigen. Welch ein Unsinn aber wäre es, den Finger für den Mond zu halten."

L i t e r a t u r

1. EDDY, N.B., HALBACH, H., ISBELL, H., SEEVERS, M.H.: Drug dependence: its significance and characteristics. Bull.WHO (1965) 721-733.
2. BINIEK, E.: Drogenabhängigkeit, Therapie und Rehabilitation, Darmstadt: Wissenschaftliche Buchgesellschaft (1978)
3. BINIEK, E.: Gruppenarbeit mit psychisch drogenabhängigen Jugendlichen. Stuttgart: Hippokrates Verlag (1978)
4. KRYSTAL, H., RASKIN, H.A.,: Drug dependence, aspects of ego function. Detroit: Wayne State University Press (1970)
5. BLAINE, J.D., JULIUS, D.A.: Psychodynamics of drug dependence. NIDA Research Monograph 12. Washington: U.S. Department of Health, Education, and Welfare Public Health Service (1977)

Aus der psychiatrischen Klinik der Universität Tübingen,
Abteilung Allgemeine Psychiatrie und Poliklinik
(Direktor: Prof.Dr. H.Heimann)

Anschrift des Verfassers: Priv.Doz.Dr.med.E.Biniek
Universitätsnervenklinik
Osianderstraße 22
74 Tübingen

Diskussionsbemerkungen zum Vortrag Biniek

Es wurde in der lebhaften Diskussion u.a. die - rhetorische - Frage aufgeworfen, ob im Fall Hans, d.h. bei einer neurotischen Fehlentwicklung oder 'Entwicklungskrise', ein passagerer Haschischkonsum nicht eine Komplikation darstellt (Schrappe)?

Ebenfalls rethorisch wurde gefragt, ob etwa bei derartigen Patienten ein Psychopharmakon dieser Art (nämlich Cannabis) zur Selbsttherapie empfohlen werden könnte - während andererseits zu Recht eine zu weitgehende Medikation von z.B. Valium in den ärztlichen Praxen kritisiert wird?

Es wurde unterstrichen, daß der geschilderte Patient unter jugendpsychiatrischem Aspekt sicher in Psychotherapie gehört, daß ein weiter reifungsverzögernder Haschkonsum riskant ist, und daß eine reifungsbegünstigende Therapie angezeigt ist (Kleiner).

Über die Wirkung von Haschisch auf menschliche und tierische Gewebe von D. GERLACH

Einleitung

In der Kenntnis morphologischer Definitionen von rauschmittelbedingten Organveränderungen wird ein starkes Argument gegen den Rauschmittelkonsum gesehen. Nur durch mangelnde Erkenntnis, insbesondere im Bereich der Morphologie, ist es verständlich, daß LA GUARDIA (1945) den Marihuana-Konsum als einen harmlosen "Tic" bezeichnete und damit die Besorgnisse der AMERICAN MEDICAL ASSOCIATION ausräumte. LEONHARDT (1970) hielt in seinem Haschisch-Report vor wenigen Jahren die Droge "Haschisch-Marihuana" für die nach wissenschaftlichen Erkenntnissen harmloseste Droge. In seiner Veröffentlichung sind sicher viele Gegebenheiten und Sachverhalte nicht richtig dargestellt - viele auch erst durch neuere Untersuchungen widerlegt - die Frage aber, warum der moderne Staat den hemmungslosen Alkoholmißbrauch sanktioniert und den Genuß anderer Rauschmittel unter Strafe stellt, ist in hohem Maße gerechtfertigt.

Die Verharmlosung der Drogeneinnahme von Seiten der Jugendlichen war immer wieder ein beängstigendes Erlebnis beim Gespräch mit den Konsumenten. Zu Beginn der Drogenwelle konnte man als morphologisch orientierter Rechtsmediziner nur wenige überzeugende und sachlich begründbare Ablehnungsgründe für einige Arten des Drogenkonsums nennen. Die Beantwortung vieler offener Fragen erschien aber so außerordentlich wichtig, daß auch aus den Möglichkeiten der rechtsmedizinischen Praxis versucht wurde, Aufschluß über die Wirkung von Rauschdrogen auf den Organismus zu bekommen. Je mehr Todesfälle vorkamen, desto brennender wurden die Fragen.

Die Analyse von Todesfällen junger Rauschmittelkonsumenten und die histologische Untersuchung der Organe zeigte recht bald, daß bei den meisten polytoxikomanen Konsumenten bestimmte Organschäden bestimmten Drogen nicht zugeordnet werden konnten (GERLACH, 1976, 1977). Aus diesem Grunde wurde tierexperimentell versucht, durch die Gabe von Rauschdrogen an Ratten Organschäden aufzudecken. Dabei kam es in erster Linie nicht darauf an, die Schwellendosis zu ermitteln, d.h. eine Dosis, bei der überhaupt Schäden an den Organen erkennbar werden. Vielmehr galt es festzustellen, welche Art von Einwirkung ein bestimmtes Rauschmittel auf die Strukturen der verschiedenen Organe hat. Dennoch erfolgte keine wesentliche Überdosierung. Vielmehr wurden Mengen an die Tiere verabreicht, die umgerechnet auf das Körpergewicht den Mengen vergleichbar sind, die in der Drogenszene üblicherweise konsumiert werden.

Haschisch und seine Wirkungen

Über die Wirkungsweise und die Pharmakokinetik des Haschisch ist von pharmakologischer Seite in den letzten Jahren vieles bekanntgeworden. Über die Folgen eines chronischen Haschischgebrauchs besteht aber noch wenig Erfahrung, obwohl viele Haschischkonsumenten mit jahrelangem Konsum zu überblicken sind. Aussagen über Organschäden sind schwer zu treffen, weil nur in wenigen Fällen konstant beim Haschischkonsum geblieben wird und weil darüber hinaus die verschiedenen Zubereitungen unterschiedliche Arten und Konzentrationen von Inhaltsstoffen der Hanfpflanze enthalten.

Haschisch wird heute aus drei Produktformen aufgenommen:

1. Haschisch ist das Harzprodukt des Indischen Hanfes (Cannabis indica sativa L.)
2. Marihuana besteht aus zermahlenen Blüten und Blättern der Pflanze
3. Haschischöl ist ein Wirkstoffkonzentrat mit 60 - 90 % Tetrahydrocannabinolgehalt.

   Die Rauschwirkung wird überwiegend vom delta-1-THC, vom delta-8-THC und vom delta-9-THC ausgelöst. Pharmakologisch nachweisbare Reaktionen werden auch von den Tetrahydrocannabinolen, dem Cannabinol, dem Cannabidiol und den Cannabidiolsäuren bewirkt. Auch den Cannabichromen wird eine solche Wirkung zugeschrieben. Inzwischen sind mehr als 20 Cannabinoide bekannt, die je nach Provenienz des Haschisch in unterschiedlicher Menge enthalten sind. Obwohl der Anteil der Tetrahydrocannabinole nur etwa 1 - 10 % der Inhaltsstoffe ausmacht, beschränken sich die Kenntnisse über Resorption, Verteilung, Elimination und Wirkung der Haschischinhaltsstoffe überwiegend auf das delta-8- und das delta-9-THC (COOPER, 1972; STRINGARIS, 1972; WOGGON, 1974).

Wer sich über die Wirkung von Haschisch nicht nur pharmakologisch, sondern auch unter sozialen, psychischen und menschlichen individuellen Gesichtspunkten unterrichten will, der kommt nicht umhin, die Beschreibungen der alten islamischen Literatur und die Darstellungen von Dichtern wie BAUDELAIRE und BENN zu studieren. Sie haben die Erscheinungen des Rausches nicht nur eindrucksvoll beschrieben, sondern auch dichterisch zur Diskussion gestellt.

Über die Wirkungsweise, den Angriffsort und die Auswirkungen von Haschisch werden in der Literatur unterschiedliche Angaben gemacht (WOGGON, 1974, Lit.). Das wird zum Teil verständlich, wenn man die unterschiedliche Provenienz und die verschiedenen Aufbereitungen der Hanfpflanze bedenkt. Die Wirkung und der Wirkungseintritt sind sicher abhängig vom Lösungsvermittler und der Applikationsart. Einige Effekte sind reproduzierbar und werden auch regelmäßig beschrieben. Dazu gehört die Hypothermie, die Katalepsie und die Ataxie, die Einschränkung der Nahrungsaufnahme sowie ein analgetischer und krampfhemmender Effekt (BAUER, 1972; STRINGARIS, 1972; WOGGON, 1974). Auch eine Steigerung der Pulsfrequenz sowie die verstärkte Injektion der Konjunktiven ist seit langem bekannt (MARX, 1932; ISBELL u.a. 1967; WEIL u.a., 1968). Bei hoher Dosierung kommt es zu einer signifikanten Atemdepression (HOLTZMANN u.a., 1969). Andere Wirkungen scheinen mehr zufällig beobachtet zu sein und können nicht immer (nur) dem Haschisch zugeschrieben werden.

Für viele somatische Erscheinungen liegen unterschiedliche, oft entgegengesetzte Beschreibungen vor (STRINGARIS, 1972; HERHA, 1973; WOGGON, 1974). Die Erklärung von HERHA (1973) für diese unterschiedlichen Literaturangaben ist einleuchtend: Viele klinische Erscheinungen sind an Patienten erhoben worden, die als Drogen-Notfall eingeliefert wurden und von denen nicht sicher zu ermitteln war, ob sie nur Haschisch oder nicht auch andere Rauschmittel aufgenommen hatten.

Cannabisextrakte verlängern die Barbituratnarkose. Die erregende Wirkung des Amphetamins auf die Motorik wird verlängert und gesteigert.

Am anaesthesierten Hund wurde ein gesteigerter Adrenalin- und Noradrenalingehalt und am isolierten Meerschweinchenileum ein erhöhter Acetylcholineffekt gefunden (COPER, 1972).

Nach dem Rauchen von Haschisch kommt es zunächst zu einer Anreicherung der Inhaltsstoffe in der Lunge. Eine Verteilung in Leber, Niere, Nebenniere und Galle erfolgt dann aber sehr rasch (HOLTZMANN u.a., 1969; AGURELL u.a., 1970). Daraus schließt COPER (1972), daß für das THC und die Metaboliten ein enterohepatischer Kreislauf besteht.
Im Gehirn sind nur geringe Mengen (im Vergleich zu den übrigen Organen) festgestellt worden. Bei dieser ungleichen Verteilung im Körper kann bei forensischen Fragestellungen, wie bei vielen anderen Stoffen, die Blutkonzentration kein Maß für die am Wirkort Gehirn befindliche Menge sein. Über längere Zeit scheint sich ein stabiles Gleichgewicht nicht einzustellen. Die Konzentration nimmt im Blut schneller ab als im Gehirn. Die Wirkungsdauer ist besonders im Tierversuch sehr unterschiedlich und abhängig von der Tierart, der Dosis und der Applikationsart (COPER, 1972).

Daß im komplizierten Verhaltenstest bei Affen Gedächtnisleistungen und Unterscheidungsfähigkeit deutlich vermindert waren (SCHECKEL u.a., 1968), muß als eine typische Wirkung des THC auf das zentrale Nervensystem angesehen werden.
Die Erfahrungen mit Rauschmittelkonsumenten, insbesondere von Studenten, lassen diese tierexperimentellen Befunde auch auf den Menschen übertragen.

Bei dauerndem Rauschmittelkonsum sind oft unterschiedliche Wirkungen der gleichen Substanz bei gleicher Zubereitung zu beobachten. Haschischkonsumenten zeigen darüber hinaus einen dosisabhängigen Wandel der THC-Wirkung. Während bei kleinen Mengen von 5 - 7 mg delta-9-THC die sedative Komponente im Vordergrund steht, werden bei höherer Dosierung (ca. 15 mg delta-9-THC) mehr erregende Phänomene festgestellt, die sich bis zu psychotischen Zuständen steigern können (SCHECKEL u.a., 1968).

Haschisch besitzt also - wie auch andere Rauschmittel - hemmende und erregende Wirkungen. Eine Steigerung der Dosis wegen eines Gewöhnungseffektes ist bei Haschischkonsumenten allerdings im Gegensatz zu Morphin- und Amphetaminabhängigen nicht erforderlich. Dennoch entwickelt sich auch eine Toleranz. Es tritt bei regelmäßigem Konsum nach wenigen Wochen ein Gewöhnungseffekt ein, der auch experimentell nachgewiesen wurde (CARLINI u. MASUR, 1969). Psychische Effekte sind sehr variabel. Sie sind insbesondere von der psychischen Ausgangslage, von der Grundtendenz und von der jeweiligen Konzeption der Konsumenten abhängig.

Im Haschischrausch besteht immer, wie auch bei anderen Rauschdrogen - und das ist ja der gewünschte Effekt - eine Dysintegration der normalen Erregungsabläufe. Es erfolgt somit ein Eingriff in die zentrale Koordination des Gehirns. Erwünscht ist auch der Effekt der Bewußtseinsänderung. Diese kann sogar bis zur Narkose fortschreiten. Meist handelt es sich aber bei diesen Zuständen um Kreislaufdysregulationen ("black-out").

Bei längerer und stärkerer Einwirkung kann eine Restitution zur Ausgangslage nicht mehr gegeben sein. So kommt es zu irreversiblen Schäden im Zellbereich durch die massiven Stimulierungen.

Störungen der intellektuellen Funktionen, fehlender Sinn für Eigenverantwortung greifen dann um sich, und die Orientierung in der Realität schwindet (Amotivationssyndrom). In diesen Zuständen führt das Abgleiten in depressive Phasen oft zum Suizidgedanken oder gar zum Suizid. So kommt der Rauschmittelkonsument aus seiner psychischen Konstellation heraus in Gruppenkontakte, bei denen die Wertigkeit der Gruppe über Restruktion oder Destruktion der Persönlichkeit entscheidet.

Konsumarten

Die orale Aufnahme von Haschisch in Form von Harz ist am einfachsten, aber recht selten. Häufiger als die orale Aufnahme des reinen Stoffes sind aber Zubereitungen und Extrakte, die in den letzten Jahren auch in der westdeutschen und europäischen Drogenszene an Beliebtheit zugenommen haben.

Solche Zubereitungen sind manchmal mit alkoholischen Lösungen versetzt und haben Geschmackskorrigentien. Likörartige Zubereitungen und Mischungen mit Wein sind nach 1970 zunehmend beobachtet worden. In den letzten Jahren scheint diese Konsumart jedoch wieder etwas zurückgegangen zu sein.

Teeartige Aufgüsse waren früher üblich und sind auch heute noch gebräuchlich. In gekochter Form wurde das Haschisch besonders in asiatischen Ländern mit anderen Ernährungsbestandteilen gemischt. In Indien und Marokko sind kleine Kuchen mit Haschischinhaltsstoffen bekannt. Auch Zubereitungen mit Kakaobestandteilen und Fetten, also schokoladenartige Gemische, sind in Deutschland beobachtet worden, es gibt dafür viele Rezepte.

Die häufigste Konsumart ist aber das Rauchen von Haschisch als Joint, in Pfeifen oder in Zigaretten mit Tabak vermischt.

Bei allen Explorationen von Haschischkonsumenten hat sich das Rauchen in der Gruppe zumindest in der ersten Zeit als integrierendes Merkmal des Konsums ergeben.

Sehr wichtig für das Rauscherlebnis ist die psychische Ausgangslage des Konsumenten und die situative Atmosphäre. Nicht nur beim Haschisch, auch beim Konsum anderer Rauschmittel scheinen sich aus der Geschichte der kultartige Gebrauch der Rauschmittel überliefert zu haben.

Befunde

Bei der Untersuchung von Todesfällen junger Rauschmittelkonsumenten wurden rauschmittelinduzierte Schäden an verschiedenen Organen festgestellt. Die Veränderungen konnten der Wirkung einer bestimmten Droge nicht zugeordnet werden, da es sich meist um polytoxikomane Konsumenten handelte, die nebeneinander oder nacheinander verschiedene Stoffe über längere Zeit aufgenommen hatten.

Rauschmittelinduzierte Organveränderungen bei jungen Drogenkonsumenten zeigten sich als Applikationsschäden und als mittelbare oder unmittelbare toxische Schäden.

Veränderungen am Lebergewebe standen im Vordergrund der Befunde. Zelldegenerationen, teilweise mit umfangreichen Mottenfraßnekrosen und Rundzellinfiltrationen im portobiliären Feld boten das typische Bild einer Drogenhepatopathie. An den Nieren waren überwiegend toxische, degenerative Veränderungen, aber auch entzündliche Reaktionen nach unsauberen Injektionen erkennbar geworden. Am Gehirn lagen die Schäden im Zellbereich.

Schwere nekrotische Veränderungen oder Degenerationen in größerem Umfang wurden nicht beobachtet, obwohl ein allgemeiner Zelluntergang in verschiedenen Stadien erkennbar war.

Mit der Dauer des Drogenkonsums ging eine soziale Dysintegration des Drogenkonsumenten einher. Neben psychischen Alterationen bis hin zu schweren Psychosen wurden umfangreiche körperliche Vernachlässigungsschäden entdeckt.

Organschäden

1 Lunge

Zum klassischen Vergiftungstod gehört das mehr oder minder ausgeprägte Lungenödem. Dieser Befund konnte bei allen Rauschmittelkonsumenten, bei denen die Vergiftung letztlich todesursächlich war, festgestellt werden. Nach dem Konsum fast aller Rauschmittel trat letztlich ein kardial bedingtes Lungenödem auf. Kongestivtoxische Formen dagegen entstanden nach Einatmung von Lösungsmitteln und nach dem Rauchen von Haschisch.

Bei Dauerkonsumenten von Haschisch trat die klinische Symptomatik eines Lungenödems immer mehr zurück. Dafür nahm aber die Bronchitis und die Bronchiektasenbildung mit Emphysem zu. Die Feststellung einer schweren Emphysembronchitis bei jamaikanischen Arbeitern, die gewohnheitsmäßig große Mengen Marihuana rauchten, waren die ersten Erkenntnisse über Schäden am Atemtrakt durch diesen Stoff. Obwohl morphologische Definitionen fehlten, wurden jedoch mehr die Gehirnschäden und die chronischen irreversiblen Geistesstörungen durch den Haschischgenuß in den Vordergrund gestellt (PULEWKA, 1971).

Umfangreiche bronchitische Symptome waren bei Haschischrauchern immer wieder festzustellen. Da in den meisten Fällen aber auch andere Drogen genommen wurden, war die Ursache der Erkrankung schwer zu ermitteln. Dennoch bieten die Erscheinungen und Erfahrungen sowie die Ergebnisse anderer Untersucher eine Signifikanz dafür, daß das Rauchen von Haschisch als die letztlich schädigende Ursache angesehen werden kann. Wenn auch aus den morphologischen Befunden nicht exakt differenziert werden konnte zwischen einer Bronchitis, die durch Haschisch- oder Tabakkonsum entstanden ist, so weisen die schweren Schäden des Atemtraktes bei Haschischrauchern im Vergleich zu Tabakrauchern gleicher Altersgruppen auf die Gefährlichkeit des Rauchens von Haschisch hin.

Bei US-Soldaten, die einen schweren Haschischabusus betrieben, wurden schwere Bronchitisfälle mit Obstruktion der Atemwege beobachtet. Auffällig war, daß die Sputumkulturen eine normale Flora hatten, daß aber Antibiotika bei diesen Konsumenten weitgehend unwirksam waren (TENNANT u.a., 1971).

Da die Marihuanazigaretten etwa 60 % mehr Teerstoffe enthalten als ein Joint und ein Joint wieder weit über dem Teergehalt einer industriell gefertigten filterlosen

Zigarette liegt, kann man die Erscheinungen am Bronchial- und Lungengewebe durch Haschischkonsum natürlich auch weitgehend auf die Teerbeimischungen zurückführen. Bei Biopsien im Bronchusbereich von Haschischrauchern wurden charakteristische Frühstadien von Neoplasmen festgestellt, wobei in diesem Stadium starke Emphyseme meist noch nicht ausgebildet waren (PULEWKA, 1971; MAUGH, 1974).In Zellkulturen wurde die Zellteilung als stark verzögert und die DNA-Synthese als außerordentlich stark gehemmt beobachtet (TENNANT u.a., 1971).

Bei einem jungen Mann, der in einer Haschischpsychose verunfallte und von dem bekannt war, daß er außer Haschisch keine anderen Rauschdrogen genommen hatte, zeigten sich Veränderungen zunächst wie bei starken Rauchern. Die großen Pneumocyten I. Ordnung wiesen reichlich Phospholipidspeicherung auf. Strukturelle und funktionelle Unterschiede und ein Zurückdrängen der Makrophagen durch andere Zellgruppen (WOGGON, 1974) wurden dagegen nicht beobachtet. Bronchitische Erscheinungen waren aber reichhaltig, jedoch unspezifisch wie bei starken Tabakkonsumenten ausgebildet. Die Veränderungen waren aber so massiv, wie sie üblicherweise erst bei sehr viel älteren Dauerkonsumenten von Tabak ausgebildet sind. Allein die Erscheinung einkerniger Riesenzellen fiel, wie auch bei anderen Haschischkonsumenten, auf. In anderen Fällen, wo neben Haschisch auch andere Drogen genommen wurden, erschienen die Pneumocyten II. Ordnung in Verbindung mit entzündlichen Veränderungen zwischen den Leukocyten in der Alveolarlichtung und im Bronchus.

2 Leber

Aus den systematischen histologischen Untersuchungen am Lebergewebe von Drogenkonsumenten (HEILMANN u.a., 1971, 1972; WEIZEL, u.a., 1971; GERLACH, 1973; TRUBE-BECKER, 1975; GERLACH, 1976) ist bald ersichtlich, daß eine Klassifizierung der Leberschäden nicht nur wegen der zwangsweise unvollständigen Einteilungen und unterschiedlichen Auffassungen, sondern auch wegen des sehr differenten Untersuchungsgutes problematisch ist.

Der Versuch, die Befunde von gerichtlich angeordneten Obduktionen an plötzlich verstorbenen Rauschmittelkonsumenten in eines dieser Schemata einzuordnen, gelang nicht. Es ergaben sich schon bei oberflächlicher Untersuchung von anderen Autoren stark abweichende Befunde.

HEILMANN u.a. (1971, 1972) fanden - klinisch und größtenteils morphologisch untermauert - das typische Bild einer Hepatitis. Sie beschreiben die Leberbefunde von Rauschmittelkonsumenten, die einen Ikterus und abnorme blutchemische Leberwerte aufwiesen, als "buntes Bild der Hepatitis" mit hydropischer Degeneration und Ballonierung, eosinophiler Degeneration, herdförmiger, zentrolobulärer und zentroperipherer Mottenfraßnekrose mit lymphoider und monocytärer Reaktion, häufig mit zentraler Cholestase vergesellschaftet. Die Reaktionszeichen einer periportalen und portalen entzündlichen zellulären Infiltration sowie eine Sternzellaktivierung waren fast immer vorhanden. Die eigenen, von HEILMANN u.a. (1971, 1972) abweichenden Obduktionsergebnisse konnten durch das anders gestaltete eigene Obduktionsgut erklärt werden. Ätiologisch waren folgende Wirkungskreise für die Leberschäden verantwortlich zu machen:

- hepatotoxische Wirkung des Rauschmittels
- hepatotoxische Wirkung von anderen applizierten Stoffen (infektiöses Material, Fremdstoffe)
- Übertragung von Hepatitisviren
- Hypoxie (infolge Intoxikation) und Mangel an Stoffwechselsubstanzen (Mangelernährung)

Die große Zahl und Vielfalt der Schädigungsmuster an der Leber von Rauschmittelkonsumenten sprach jedenfalls dafür, daß entzündliche Reaktionen infolge hepatotoxischer Schäden sehr wahrscheinlich einen größeren Raum einnahmen als die Entzündungen der Virushepatitis (BABIOR u. DAVIDSON, 1966). Das war auch daraus ersichtlich, daß nach oraler Aufnahme der Gifte in gleicher Weise Leberveränderungen auftraten wie bei "Fixern", die für die Übertragung einer Virushepatitis mehr prädestiniert sind.

Eine direkt hepatotoxische Wirkung muß für Opiate, Haschisch und zentral stimulierende und sedierende Stoffe angenommen werden. Es ist unverständlich, daß BROOKS u.a. (1963) nach Heroingaben bei Rhesusaffen histologisch keine Auffälligkeiten an der Leber feststellten. Sie zogen den Schluß, daß nicht das Rauschmittel die Leber schädige, sondern daß immer eine infektiöse Hepatitis ursächlich für den Schaden sei. Dagegen stellten JAILLARD u.a. (1971) und EDLAND (1972) chronische Parenchymschäden der Leber als direkte Folge der Einwirkung schädigender Stoffe fest, wobei sie nicht entschieden, ob die chemischen oder enzymatischen Veränderungen den Schaden gesetzt hatten.

Neben Lochkernbildungen mit Strukturverdichtungen basophiler Substanzen am Kernrand wurden häufig zweikernige Leberzellen gesehen. Es handelte sich hier wohl um einen Regenerationsversuch der Leber auf die Noxe. Dem Organ gelang nicht mehr die Umstellung auf besondere Synthesen, die einer Zellteilung vorausgehen (THALER, 1968, 1969). Zwar liefen Mitosen und Kernvermehrungen ab, die anschließende Zellteilung blieb aber weitgehend aus. Mitosen und Vielkernigkeit waren eine Zellreaktion, welche die frühe Phase einer Parenchymschädigung anzeigte. Mit Zunahme der Kernhyperplasie und Randhyperchromasie kam es zum Auftreten von acidophilen Degenerationen.

Interessant war auch die Verlagerung der PAS-positiven Bestandteile der Zelle zum Hepatocytenrand hin. Dadurch kam es zu einer bausteinartigen Zeichnung der Leberzellbalken mit gleichzeitig auffälliger Randständigkeit der meist vergrößerten Kerne. Dieser Befund ist möglicherweise aber auch als Folge eines Sauerstoffmangels zu deuten. Ähnliche netzartige Zeichnungen wurden vielfach bei Obduktionsfällen eines plötzlichen Kindstodes festgestellt. Da die netzartige Zeichnung der Leberzellbalken auch vielfach bei "Fixern" auftrat, die infolge einer vitalen Aspiration von Mageninhalt erstickt waren, kommt dem Sauerstoffmangel eine gewisse Bedeutung für diese Erscheinung zu.

Unabhängig von der Art der Droge wurde bei langdauerndem Konsum und hoher Dosierung des Stoffes in fast allen Fällen eine Mesenchymreaktion in den portobiliären Bereichen festgestellt. Veränderungen und Schädigungen an mesenchymalen Leberbestandteilen waren auch nicht verwunderlich, da alle akuten und chronischen Leberzellschädigungen mit einer Proliferation der mesenchymalen Anteile einhergingen (POPPER u. SCHAFFNER, 1969). Intralobulär beschränkte sie sich auf eine Proliferation an den Kupffer'schen Sternzellen. Diese nahmen oft eine plumpe, teilweise auch kugelige Gestalt an, wobei die Zelle frei im Sinusoidalraum zu liegen schien. Die Zellen enthielten Schutt untergegangener benachbarter Parenchymzellen und hatten somit eine Abräumfunktion. In seltenen Fällen fanden sich bei nekrotischen Veränderungen im Lebergewebe gelapptkernige Leukocyten, welche die gleiche Funktion erfüllten. Häufiger waren Lymphoidzellen zu finden. Damit werden Zellen bezeichnet, die keine einheitliche Morphologie besitzen, jedoch sämtlich mesenchymalen Ursprungs sind. Hierzu gehören Lymphocyten, Monocyten und Gammaglobulin-produzierende Plasmazellen (AMBS, 1973).

3 Niere

Nierenschäden durch Gifte sind in der Literatur unter verschiedenen Gesichtspunkten und mit variierenden Bezeichnungen beschrieben worden. SACHS (1957) hat Nierenveränderungen nach Zuführung von endo- und exogenen Giften eingeteilt und eine schematische Darstellung von Tubulorhexis und toxischem Epithelschaden gegeben. Die Darstellung und Einordnung von Nierenschäden bei Rauschmittelkonsumenten gelang unter diesen Gesichtspunkten.

Toxische Nierenschäden bei Rauschmittelkonsumenten traten unabhängig vom Stoff in verschiedenen Schweregraden auf. Viele Organe zeigten eine Schwellung von Epithelzellen der Harnkanälchen, die zum Teil das Lumen einengten oder verschlossen. Oft waren pyknotische Kerne mit einer abgeschwächten Feulgen'schen Nuklealreaktion sichtbar.

Intertubuläre Blutungen im Mark- und Rindenbereich waren bei Haschisch- und Opiatkonsumenten ausgebildet. Diese Erscheinungen waren meist verbunden mit einer Auflockerung oder Spaltung der Bowman'schen Kapsel und einer Mediaverbreiterung der kleinsten arteriellen Gefäße. Im Tierexperiment waren solche Befunde nach Haschischapplikation besonders eindrucksvoll (JANZEN u.a., 1978).

Bei fortgeschrittenen Schäden kam es rasch zur Schrumpfung der Bowman'schen Kapsel und zur Schwellung der Hauptstückepithelien. Zu Beginn der akuten Tubulusnekrose war die Zellschädigung noch reversibel. Bei schweren Schäden mit negativer PAS-Reaktion des apikalen Zellsaumes und Fermentverlust trat neben die Kernpyknosen auch eine nekrotische Veränderung der gesamten Zelle. Einlagerungen von fettpositiven Tröpfchen im Tubulusepithel traten erst in diesem Stadium der Schädigung auf.

Tierexperimentelle Untersuchungen

Zur Aufdeckung rauschmittelspezifischer Organschäden wurden die Organe von (SPF)-Ratten nach unterschiedlich langer Rauschmittelapplikation histologisch und histochemisch untersucht.

Entgegen den Vermutungen und Behauptungen der einschlägigen Literatur, in der histologische Untersuchungen nach Haschischapplikation weitgehend fehlten, traten nach der Zufuhr der Wirkstoffe des Indischen Hanfes in diesem Ausmaß nicht erwartete Schäden an mehreren Organen auf.

Material und Methode

An 260 männliche (SPF)-Ratten und 24 Kaninchen eines Versuchstierstammes, die in Einzelkäfigen gehalten und normalen Versuchsbedingungen unterworfen waren, wurden Rauschmittel verabreicht.

Täglich wurden 20 mg Haschischextrakt pro Körpergewicht verabreicht. Diese Mengenangabe bezieht sich auf die Gesamtwirkstoffe von delta-9-THC, delta-9-THC-säure, Cannabinol, Cannabinolsäure, Cannabidiol und Cannabidiolsäure.

Gewebeveränderungen durch Haschisch

Mit einer Inhalationsmaschine imitierten ROSENKRANTZ u. BRAUDE (1974) unter Verwendung von imprägnierten (9 % THC) und nicht imprägnierten (2,2 % THC) Zigaretten im Rattenversuch die Verhältnisse bei menschlichen Haschischrauchen. Die Ergebnisse dieser Untersuchung decken sich mit den eigenen Befunden: 7 - 60 mg THC/kg, akut verabreicht, verursachten in dieser Versuchsreihe keinerlei Veränderungen am Gehirn und anderen Organen.

Chronische Intoxikationen mit 3,4 - 18,1 mg THC/kg bewirkten eine sehr leichte Desquamation der Pneumocyten (auch einige Placebotiere zeigten diese Schädigung). Bei einem Tier wurden Läsionen an Niere und Leber nachgewiesen. Andere Organe waren stets ohne Befund.

Während der chronischen Intoxikation mit 0,7 - 4,2 mg THC/kg verstarben 4 Tiere vorzeitig. Drei von ihnen zeigten eine Infektion der oberen Luftwege mit Rhinitis, das vierte Tier eine Gehirnkongestion und Lymphknoten- sowie Lungenhämorrhagien. Lungenödem und -kongestion, jedoch keinerlei Schäden an anderen Organen konnten auch PHILLIPS u. Mitarb. (1971) nach einer akuten und subakuten Vergiftung infolge intravenöser, intraperitonealer und peroraler Gabe von delta-9-THC im Tierversuch feststellen.

Delta-8-, delta-9-THC und roher Marihuanaextrakt führten nach langer und hoher (bis zu 500 mg/kg THC bzw. 1500 mg/kg Extrakt p.o. täglich über 3 Monate) Dosierung zu einer Hypozellularität und fettiger Infiltration des Knochenmarks, Vakuolisierung und Degeneration der Nebennierenzellen, Lymphopenie und Atrophie der Malpighikörperchen in der Milz und Spermatogoniendegeneration der Hoden von Ratten (GEORGE u.a., 1973).

Zu weiteren histopathologischen Befunden im Tierexperiment zählen im Zusammenhang mit einer subakuten bis chronischen delta-9-THC-Intoxikation:

- Hämorrhagische ulceröse Colitis
- Verminderung des Lebergewichtes
- Verminderung des Glykogens
- akute hämorrhagische Pneumonie mit Lungenödem
- Pankreasatrophie
- Myeloidhyperplasie des Knochenmarks
- perivaskuläre Fibrose
- proliferativ-obliterative Phlebitis
- Testikularatrophie
- Erythem, Ödem, Ulcera und Knötchenreaktion an der Haut
- Thrombocytopenie
- DIC-Syndrom (Disseminierte intravasale Koagulation)
- Stabilisierung der Erythrocytenmembran
- Inhibition des Kationentransports durch die Erythrocytenmembran

Nephrosen mit Elektrolytimbalance sowie Verminderung des Blutzuckers und Aktivität der alkalischen Phosphatase im Serum kommen ebenfalls vor (THOMPSON u.a., 1974).
Cannabis-Metaboliten sind Antigene und können eine Antigen-Antikörperreaktion des humoralen Immunsystems auslösen.
Die Droge beeinflußt aber auch die zelluläre Immunität.

So soll die Blastemtransformation der T-Lymphocyten bei Usern vermindert sein. Als Ursache wird ein Immunkomplex-Typ der immunologischen Reaktion diskutiert.

Gehirn

Am Großhirn der 7 Tage lang mit Haschisch behandelten Tiere zeigte sich in allen Präparaten neben der angedeuteten Hyperämie ein leichtes Gewebsödem. Die strotzend mit Erythrocyten gefüllten Gefäße waren in ihrem Wandaufbau unauffällig. Auffällig war lediglich eine geringe Schwellung einiger Ganglienzellkerne. Diese Veränderungen lagen gehäuft in der Großhirnrinde ohne Bevorzugung bestimmter Zellschichten. Diese Kernschwellung war in den Stammkerngebieten nur äußerst selten ausgebildet. Gelegentlich zeigten sich auch Randverlagerungen der Kernkörperchen ohne Kern- oder Nukleolusverdoppelung.

Die beschriebenen Veränderungen der Zellkerne lagen teilweise noch im Bereich einer physiologischen, funktionellen Kernschwellung, die als Anpassungsreaktion des Zellkerns auf eine gesteigerte Stoffwechselaktivität verstanden werden kann. Bei der länger dauernden Applikation war jedoch eine toxische Schädigung der Zelle aufgetreten, die nach den morphologischen Erscheinungen als Folge eines gestörten Elektrolyt- und Wassertransportes im Bereich der Kernhülle aufgefaßt werden muß. Einige Schäden waren sicher noch reversibel, da sie eine gewisse Intensitätsgrenze nicht überschritten hatten (GEDIGK u. TOTVIC, 1974). An anderen Zellen dagegen war die hydropische Degeneration so weit fortgeschritten, daß eine Regeneration nicht mehr möglich war. Diese Irreversibilität des Schadens zeigte sich immer an der Gliazellreaktion. Die Chromatolyse, die starke Eosinophilie der Kerne und die Auflösung des Cytoplasmas waren immer Zeichen eines Zelltodes (PETERS, 1970).

An der Gliazellwucherung mit der Tendenz, in verflüssigte Zelleiber einzudringen, war überwiegend die Mikroglia, vielfach aber auch die Oligodendroglia beteiligt. Zunächst bildete sich ein Ring von Stützgewebe um die Nervenzellen, in späteren Phasen drangen Gliazellen in das Innere der zerfallenden oder sich verflüssigenden Nervenzellen ein. Diese Neuronophagien waren bei den über 30 Tage lang mit Haschisch behandelten Tieren deutlich zu beobachten und belegten einen ausgeprägten Zelluntergang in der Rinde und den thalamischen Kerngebieten.

Im Gegensatz zu der 7-tägigen Versuchsreihe waren die Befunde nach 30-tägiger Haschischapplikation umfangreicher ausgeprägt. Die ödematös geschwollenen Endothelzellen der strotzend mit Blut gefüllten Gefäße stellten sich rund und auffallend hell gefärbt dar. Bisweilen waren die Kerne pyknotisch und zum Gefäßlumen hin verlagert. In der Umgebung dieser Gefäße lag in der Regel ein Serumexsudat, manchmal auch eine Vermehrung von Gliazellen im Stadium der Zellteilung.

Frische und ältere subarachnoidale und intrazerebrale Blutungen, erkennbar am Fehlen oder Vorhandensein einer gliösen Demarkation und Organisation, wurden besonders in der Nähe solcher Gefäße mit Endothelzellpyknosen und Kernverlagerung beobachtet.

Die Neurone des Cortex cerebri, der Stammganglien, des Kleinhirns und der Medulla oblongata zeigten nach der chronischen Intoxikation eine Verschiebung der Kern-Plasma-Relation zugunsten des Kerns. Der Zellkern war in mannigfaltiger Weise deformiert. Die meisten dieser Neurone besaßen einen peripherialisierten und deutlich vergrößerten Nukleolus. Bisweilen waren sogar mehrere, zumeist 2 bis 3 Kernkörperchen vorhanden. Nach langanhaltender Intoxikation kamen Kernkörperchen in den hochdifferenzierten Neuronen auch extranukleär intracytoplasmatisch vor. Das Karyoplasma war bei exzentrischen und multiplen Nukleolen feingranulär eingetrübt. Die Kernmembran war in aller Regel intakt und zumeist an den Zellpolen granulär oder lamellär hyperchromatisch tingiert. Die so veränderten Zellen wiesen meist ein perizelluläres Ödem auf. In den angrenzenden Bereichen lagen unregelmäßig verteilt Erythrocyten frei im Gewebe.

Perizellulär zeigte sich bei geschädigten Neuronen häufig ein optisch leerer Raum, der gelegentlich von zarter Gliareaktion begrenzt wurde. Die Gliazellen hatten die Tendenz, in die entstandenen Plasmabuchten der angrenzenden Nervenzellen einzudringen, und zwar in solche, in denen eine stärkere Vakuolisierung des Plasmas erkennbar wurde.

Typische Formen der homogenisierten Zellerkrankung wurden selten, dann am ehesten im Hypothalamus angetroffen. Auch schwere vakuolige Degenerationen waren nur selten ausgeprägt. Leichtere Formen der hydropischen Dystrophie zeigten sich jedoch regelmäßig in allen Hirnregionen, insbesondere im Hypocampusgebiet und im Cerebellum.

Die Somatophagien an koagulierten oder verflüssigten Ganglienzellen waren ohne Bevorzugung einer Region und ohne eine typische Konzentration über das Großhirn verteilt. Dabei wurde jedoch eine deutliche Abhängigkeit des Schädigungsgrades von der Differenzierungsstufe der Nervenzelle festgestellt. Hochdifferenzierte Zellen wurden am stärksten betroffen.

Die Axone der so lädierten Zellen wiesen gleiche cytopathische Veränderungen wie das Soma auf. Oft verliefen sie geschlängelt, waren stellenweise verwaschen, unscharf begrenzt und von einem schmalen, lichten Saum umgeben. Die Markscheiden besaßen bisweilen kleine, spindelförmige Aufquellungen. In den Hirnstammgebieten wiesen einige Kerngebiete des Thalamus gehäuft ausgezogene, verstärkt eosinophile Zellfortsätze auf. In diesem Bereich traten vermehrt übergroße Kernkörperchen exzentrisch verlagert, gelegentlich auch außerhalb der Kernmembran im Zellplasma auf. Nur in dem vakuolig durchsetzten Zellplasma dieser in den Axonen geschädigten Zellen wurden sehr diskrete Fettkörnchen dargestellt.

Niere

Nach 7-tägiger Verabreichung von Haschisch traten vereinzelt interstitielle Blutungen am Nierengewebe auf. Die Erythrocyten lagen im Mark- und Rindenbereich hauptsächlich zwischen den Tubuli, seltener innerhalb der Lumina von Haupt- und Mittelstücken. An den Nierenkörperchen waren keine auffälligen Veränderungen sichtbar geworden. An den Zellen verschiedener Haupt- und Mittelstücke traten Zellkernpyknosen auf, die in der Feulgen'schen Kernreaktion noch deutlicher hervortraten; hier waren auch vereinzelt Kernreste zu beobachten. In den Präparaten der PAS-Färbung waren keine Differenzen zu den Präparaten der Normaltiere erkennbar. Dagegen war die alkalische Phosphatase vermindert.

Nach 30-tägiger Verabreichung von Haschisch beeindruckte die erhebliche Blutung - erkennbar an den im gesamten Parenchym vorliegenden Erythrocyten. Die vergrößerten Schlingen der Nierenkörperchen wurden stellenweise von Zellanhäufungen belagert, die mit Zellkernresten durchsetzt waren. In diesen Prozeß waren intakte und zerstörte Polkissenzellen einbezogen. Zellen der Nierenkörperchen wiesen Kernpyknosen und Karyolysen auf. Die Schlingen und deren Zellen lagen teilweise völlig ungeordnet. Die Kerne variierten in der Größe, waren aufgelockert und gegen das Plasma oft nicht scharf abgegrenzt. Die vergrößerten Hauptstückepithelien im Mark-Rindenbereich wiesen ein feinkörnig durchsetztes Cytoplasma auf und ließen ein Lumen meist vermissen. Die PAS-Reaktion war schwach, zum Teil negativ. An einzelnen Nierenkörperchen zeigte sich die Bowman'sche Kapsel positiv und deutlich verbreitert. Das äußere und innere Blatt waren auseinandergedrängt. An vielen Arteriolen hatte sich eine Mediaverdickung entwickelt.

Die alkalische Phosphatase war auffallend schwach ausgeprägt und nur in den Markstrahlen noch klar abzugrenzen. In vielen,vielen Hauptstücken erschien das Reaktionsprodukt nur diskret, bröselig und verschwollen dargestellt.

Leber

Im Gegensatz zu den auffälligen Befunden im Hirngewebe und an den Nieren war das Lebergewebe der Ratten nur wenig auffällig verändert. Bei den Kaninchen zeigten sich dagegen stärkere Leberzellschäden im zentralen Läppchenbereich. Neben einer Hypertrophie des glatten endoplasmatischen Retikulums waren auch die Zellen und Zellkerne vielfältig vergrößert. Bei den Ratten herrschte lediglich eine Kernunruhe mit leichter Vakuolenbildung in den Kernen sowie Doppelkernbildungen vor. Dagegen lagen Pyknosen und aufgebrochene sowie zerstörte Kerne diffus im Lebergewebe der Kaninchen. Diese Befunde wurden bei den Ratten seltener erhoben. Bei beiden Tieren gleichmäßig verteilt zeigte sich eine Rundzellinfiltration im portobiliären Feld mit einer Aktivierung der Kupffer'schen Sternzellen. Diese Veränderungen sind als Reaktion der Leber auf Schadstoffe anzusehen. Bei Beachtung der tageszeitlichen Rhythmen im Glykogengehalt der Leberzellen fiel dennoch eine erhebliche Schwankung auf, wie sie bei den Kontrolltieren nicht vorhanden war. Bei Ratten aus dem Vorversuch, die eine höhere Dosis (50 mg) von Haschisch bekommen hatten, trat zum Versuchsende nach 30 Tagen eine ausgeprägte Glykogenentspeicherung der Leber auf. Zuvor hatte sich in dieser Versuchstiergruppe eine deutliche Aktivitätssteigerung der Leberzellen bemerkbar gemacht, die durch die vermehrt dargestellte alkalische und saure Phosphatase belegt wurde (SACHS u. DULSKAS, 1956). Die saure Phosphatase nahm mit der Kondensation des Gitterfasergerüstes zu und war besonders häufig in Präparaten mit stärkeren Zelldefekten erkennbar.

Das blasse endoplasmatische Retikulum zeigte eine Hypertrophie, die mit einer Vergrößerung von Zelle und Zellkern einherging. Die häufigen Kernvakuolen waren nur selten scharf begrenzt und mit Färbemethoden oder histochemischen Reaktionen nicht näher zu identifizieren. Doppelkernbildungen, Pyknosen sowie zerstörte, aufgeplatzte Kerne lagen ohne besondere Bevorzugung in den Hepatocytensträngen. Cholestatische Zustände waren meist mit deutlichen Rundzellinfiltraten im portobiliären Feld verbunden und traten nur im stärker geschädigten Lebergewebe auf.

Muskulatur und motorische Endplatte

Nach der Verabreichung von 1 mg/kg Körpergewicht der Hauptcannabinoide an Albinomäuse zeigte sich histologisch das Bild einer Muskelatrophie (GIUSTI u.a., 1977). Muskelveränderungen, die als Dystrophie angesprochen werden konnten, wurden nach eigenen Befunden nicht erhoben. Dagegen zeigte sich aber mit zunehmender Dauer der Haschischapplikation eine verminderte Darstellung der Acetylcholinesterase an der motorischen Endplatte sowohl in der Bauchmuskulatur (Musculus rectus) als auch in der langen Rücken- und Extremitätenmuskulatur. Während sich bei den Normaltieren und in der frühen Phase nach einer Haschischapplikation die motorischen Endplatten in der bei SPANNHOF (1967) beschriebenen Form abgegrenzt und deutlich darstellten, zeigte sich nach längerer Dauer des Versuchs eine verschwommene Abgrenzung und eine Abnahme in der Intensität der Darstellung. Diese Veränderungen wurden in gleichem Maße bei den bewegungsarm und bewegungsreich gehaltenen Tieren beobachtet. Die Erscheinungen konnten also nicht auf unterschiedliche Funktionszustände zurückgeführt werden. Sie waren auch nicht abhängig von tageszeitlichen Rhythmen.

Die Abnahme einer Cholinesteraseaktivität an der motorischen Endplatte kann eine beginnende Muskelatrophie anzeigen, wie sie nach Verabreichung von anderen Giftstoffen, besonders von E 605, beschrieben wurde (BARTSCH, 1978). Eine Erklärung dafür, warum GIUSTI u.a. (1977) bei erheblich niedrigerer Dosierung der Versuchsmäuse eine Muskelatrophie beobachteten, während bei den eigenen Untersuchungen die Ratten keine sicheren Anzeichen einer Muskeldystrophie boten, kann nicht gegeben werden. Möglicherweise ist das Versuchstier Maus gegenüber den Wirkstoffen empfindlicher. Es gilt aber sicher noch abzugrenzen, ob es sich bei den Veränderungen um eine Myopathie oder um eine Neuropathie handelt.

Während bei mit E 605 behandelten Tieren durch die Gabe von Toxogonin^{R} die histochemisch nachweisbare Blockade der Cholinesterase rückgängig gemacht werden konnte, hatte die Gabe von Toxogonin^{R} auf die nach Haschischapplikation veränderte Cholinesteraseaktivität der motorischen Endplatte keinen Einfluß. Es scheint also keine Enzymblockade vorzuliegen.

Zusammenfassung

Rauschmittelinduzierte Organveränderungen bei jungen Drogenkonsumenten zeigten sich als Applikationsschäden und als mittelbare oder unmittelbare toxische Schäden.

Veränderungen am Lebergewebe standen im Vordergrund der Befunde. Zelldegenerationen, teilweise mit umfangreichen Mottenfraßnekrosen und Rundzellinfiltrationen im portobiliären Feld boten das typische Bild einer Drogenhepatopathie. An den Nieren waren überwiegend toxische, degenerative Veränderungen, aber auch entzündliche Reaktionen nach unsauberen Injektionen erkennbar geworden. Am Gehirn lagen die Schäden im Zellbereich.

Schwere nekrotische Veränderungen oder Degenerationen in größerem Umfang wurden nicht beobachtet, obwohl ein allgemeiner Zelluntergang in verschiedenen Stadien erkennbar war. Am Herz- und Gefäßsystem wurden überwiegend entzündliche Veränderungen als Applikationsschäden festgestellt. Zentral stimulierende Stoffe verursachten neben den Leberzellschäden Mediaverdickungen der Gefäße, die besonders an den Lungengefäßen beobachtet wurden und mit Zeichen von Hypertension verbunden waren.

Mit der Dauer des Drogenkonsums ging eine soziale Dysintegration des Drogenkonsumenten einher. Neben psychischen Alterationen bis hin zu schweren Psychosen wurden umfangreiche körperliche Vernachlässigungsschäden entdeckt.

Zur Aufdeckung rauschmittelspezifischer Organschäden wurden die Organe von (SPF)-Ratten nach unterschiedlich langer Rauschmittelapplikation histologisch und histochemisch untersucht.

Entgegen den Vermutungen und Behauptungen der einschlägigen Literatur, in der histologische Untersuchungen nach Haschischapplikation weitgehend fehlten, traten nach der Zufuhr der Wirkstoffe des Indischen Hanfes in diesem Ausmaß nicht erwartete schwere Schäden auf:

In dem ödematösen, hyperämischen Hirngewebe zeigten die Ganglienzellen der Großhirnrinde, der Stammkerne und des Kleinhirns Zelldegenerationen in unterschiedlichen Stadien mit Kernvakuolen, Pyknosen, Plasma- und Karyolysen sowie einer vakuoligen Auftreibung des Zellplasmas. An den Nieren imponierten umfangreiche interstitielle Blutungen bei einer trüben Schwellung und einer vakuoligen Degeneration der Hauptstückzellen, an denen ebenfalls Kernpyknosen und Karyolysen erkennbar waren. Die Bowman'schen Kapseln der Nierenkörperchen waren verdickt und zeigten neben einer Aufsplitterung der Membran umgebende zellige Infiltrationen mit umfangreichen Zelltrümmern. Am Lebergewebe bot sich das Bild einer Hepatose mit Kernunruhe, Lochkernbildung, Plasmavakuolen und Einzelzellnekrosen sowie Rundzellinfiltrationen im portobiliären Feld. Die Kupffer'schen Sternzellen waren in Verbindung mit einer intrazellulären Galleanreicherung weitgehend aktiviert.

Aus dem Institut für Rechtsmedizin der Westfälischen Wilhelms-Universität (Direktor: Prof. Dr. H.W. Sachs)

Anschrift des Verfassers: Prof.Dr.med. D. Gerlach
Institut für Rechtsmedizin
der Universität Münster
v. Esmarchstr. 86, 44 Münster

Diskussionsbemerkungen zum Vortrag Gerlach

Im Rahmen der Diskussion über Halbwertzeiten des Cannabis sagte Herr Keup, daß offenbar 2 Phasen (unterschiedlicher Metabolismus der Anteile ?) bestehen. Diese Beobachtung ist empirisch zu bestätigen. In der Verkehrsmedizin weiß man, daß die Zwischenphasen zwischen den Applikationen gefährlicher sein können als die unmittelbare Rauschwirkung: Vorbeiträumen an der Wirklichkeit, Unkonzentriertheit, verminderte Aufmerksamkeit, Spannungsverlust usw. (Gerchow/Frankfurt).

Körperliche Schäden nach Cannabis-Gebrauch?
von B. MAY

Über Wirkungen und Nebenwirkungen der Inhaltsstoffe von Cannabis sativa liegen viele, z.T. kontroverse Untersuchungsergebnisse vor. Mehrere große, nationale Forschungsprojekte (Indischer Hanfdrogen-Report, 1893/94; La Guardia-Report, 1944; Britischer Cannabis-Report, 1968) haben sich in der Vergangenheit mit diesen Fragen beschäftigt; - daneben existiert inzwischen eine fast unübersehbare Fülle weiterer Literatur. Cannabis wird regional unterschiedlich in verschiedenen Präparationen verwendet (Abb. 1); als Hauptwirkstoffe gelten die in Harz, Blüten und Blättern der Pflanze enthaltenen Cannabinoide, - insbesondere Δ^8- und Δ^9-Tetrahydrocannabinol.
Die Beurteilung körperlicher Folgeerscheinungen nach Cannabisgebrauch ist aus mehreren Gründen schwierig.
Die Problematik (Tab. 1) ergibt sich zunächst aus der Verwendung unterschiedlicher Präparationen mit wechselndem Wirkstoffgehalt, Gemischen mehrerer Inhalts- und Begleitstoffe, verschiedenen Applikationsarten und einer offenbar erheblichen interindividuellen Empfindlichkeit der Konsumenten (25, 34). Darüberhinaus muß bei der Betrachtung ein in vielen Fällen zu unterstellender Mischkonsum (andere Rauschmittel, Alkohol, Nikotin etc.) in Rechnung gestellt werden (32, 36), - insbesondere bei der Datenanalyse epidemiologischer Studien. Auf die Problematik der Übertragung tierexperimentell gewonnener Ergebnisse (2, 6, 15, 17, 24, 33, 43) auf menschliche Konsumenten sei hier nur kurz hingewiesen; auch müssen unter klinischen Bedingungen durchgeführte Versuche mit synthetisch gewonnenen Cannabinoiden zur Klärung der Frage : Folgeerscheinungen nach akutem und chronischem Cannabis-Genuß nicht unbedingt beitragen, da insgesamt gravierende Unterschiede zu Art, Umständen und Verwendung von Cannabis in der illegalen Drogenszene bestehen.

Cannabis sativa gilt in der Volksmedizin der Herkunftsländer seit alten Zeiten auch als Heilmittel. Isolierung und Aufklärung der Struktur von Cannabidiol und Δ^1-Tetrahydrocannabidiol in den 60er Jahren sowie die Synthese weiterer Derivate, haben in jüngster Zeit zu Überlegungen und Versuchen bezüglich einer therapeutischen Anwendung von Cannabinoiden geführt (26). Die Ergebnisse sind auf mehreren Symposien abgehandelt worden. Tab. 2 gibt eine Übersicht über mögliche Anwendungsgebiete.

Wenn sich auch somit in der Zwischenzeit die Diskussion über Cannabis teilweise auf therapeutische Zielsetzungen hin entwickelt hat, so bleiben doch bezüglich der Wirkungen, erwünschter Effekte und unerwünschter Folgeerscheinungen

psychischer oder physischer Natur viele Fragen offen. Das vorliegende Referat beschränkt sich auf eine Besprechung der unerwünschten somatischen Folgen nach Cannabis-Gebrauch anhand neuerer Literatur und eigener Erfahrungen an jugendlichen Rauschmittel-Abhängigen. Als körperlich faßbare Folgeerscheinungen nach Applikation von Haschisch-Präparationen oder Cannabinoiden lassen sich unterscheiden (Tab. 3):
1. Intoxikation, 2. akute Wirkungen, 3. chronische Wirkungen, 4. Interaktionen.

Tab. 4 gibt eine Übersicht über die wichtigsten Intoxikations-Symptome (21, 41), als deren Ursache in vielen Fällen eine besondere individuelle Prädisposition diskutiert wird.

Akute Wirkungen (Tab. 5) bestehen in: Pupillenerweiterung (21), Conjunctivitis (34), Anstieg der Herzfrequenz (8, 21, 34, 35) und des Herz-Minuten-volumens (38). Signifikante Veränderungen des Blutdruckverhaltens und der Atemmechanik scheinen nach oraler Applikation von Δ^9-Tetrahydrocannabinol im Gegensatz zu früheren Mitteilungen nicht vorzuliegen (1, 34, 35); hingegen führt die Verabfolgung der gleichen Substanz als Aerosol (40), - insbesondere in niedriger Dosierung (37) - zu einer Bronchialdilatation. Der intraokulare Druck läßt sich durch Δ^9-Tetrahydrocannabinol senken (8). - Insgesamt müssen die akut auftretenden körperlichen Erscheinungen nach Cannabis-Genuß oder experimenteller Anwendung der Inhaltsstoffe als wenig gravierend angesehen werden, was auch aus den Ergebnissen der schon erwähnten nationalen Forschungsprojekte und dem Bericht der WHO Scientific Group über "The Use of Cannabis" (41) hervorgeht. Von ungleich größerer Bedeutung erscheint im Rahmen der hier abzuhandelnden Thematik jedoch die Frage nach chronischen Körperschäden durch Cannabis, da Haschisch, Marihuana, Bhang und andere Präparationen von großen Bevölkerungsgruppen in aller Welt über lange Zeiträume eingenommen werden. Tab. 6 gibt eine Übersicht anhand der neuen Literatur.

Neben fehlenden Herz-Kreislaufwirkungen (3) wird von einigen Autoren eine andauernde Beschleunigung der Herzfrequenz angegeben (30, 32). Chronische Conjunctivitiden (21, 22), Laryngo-Pharyngitiden und chronische Bronchitis (13, 21, 29) sind häufig. Inwieweit bei den chronischen Atemwegserkrankungen der Einfluß des Rauchens eine dominierende Schrittmacherfunktion hat, bleibt offen; gleichwohl wird von einigen Autoren die Hartnäckigkeit und Therapieresistenz dieser Erscheinungen hervorgehoben. Über "Haschisch-Allergien" und Hauterscheinungen wurde mehrfach (z.B. 13, 39) berichtet; in diesem Zusammenhang muß jedoch erwähnt werden, daß Untersuchungen an T-Lymphozyten (19) von Haschischrauchern keine von der Norm abweichenden Befunde ergaben. - Computertomographische Ergebnisse zeigten keine morphologisch faßbaren Schäden des zentralen Nervensystems (4, 23). -
Obwohl über Senkungen des Testosteronspiegels bei Cannabis-Usern berichtet wurde (22), sind diese Befunde von anderen Autoren (28) nicht bestätigt worden. Gynäkomastie bei Jugendlichen nach längerem Cannabis-Gebrauch wird ver-

schiedentlich erwähnt (11, 12, 31), scheint jedoch nur in seltenen Fällen vorzukommen. -
An gastrointestinalen Symptomen sind, neben krampfartigen Leibschmerzen, Erbrechen und Diarrhoe beobachtet worden (13, 21, 25, 39).
Besondere Beachtung verdienen Untersuchungen, welche eine Prädisposition von Cannabis-Konsumenten zu schweren Diarrhoen unter entsprechenden Belastungen (Infektionen!) aufzeigen (29).

Die Leber ist das wichtigste Organ des Cannabinoid-Stoffwechsels (6, 24). Wie für viele andere Fremdstoffe (Chemikalien, Insektizide, Arzneimittel), die dem Leber-Metabolismus unterliegen, finden sich auch für Cannabinoide in der Literatur Hinweise auf eine hepatotoxische Wirkung (10, 20, 25, 32) nach chronischem Cannabis-Gebrauch.
Tab. 7 gibt eine Übersicht über die beobachteten Lebererkrankungen. Demgegenüber stehen Berichte, welche keinerlei hepatotoxische Wirkungen von Cannabis belegen konnten oder dies zumindest zweifelhaft erscheinen lassen (39, 42). In anderen epidemiologischen Studien konnte wahrscheinlich gemacht werden, daß ein gleichzeitig bestehender Alkohol-Abusus die entscheidende Bedeutung für die beobachteten Leberschäden hatte (14, 36). Eigene Untersuchungen (Tab. 8) sprechen dafür, daß - wenn überhaupt - die in der ganz überwiegenden Mehrzahl oral konsumierten Cannabis-Inhaltsstoffe als indirekte Hepatotoxine nur bei prädisponierten Personen in Einzelfällen Leberschäden hervorrufen. Die in der Drogenszene in 50 - 80 % nachzuweisenden Lebererkrankungen sind überwiegend infektiöser Natur und durch mangelnde Hygiene, gemeinsamen Gebrauch von Drogenpräparationen, Spritzen und Kanülen, Mischkonsum und Promiskuität bedingt. -
Beachtung verdienen jedoch Beobachtungen (13), nach denen Cannabis-Konsum präexistente Leberschäden in ihrem Verlauf ungünstig beeinflussen kann, -ein Phänomen, welches wir auch im eigenen Krankengut in Einzelfällen belegen können.
Faßt man den Abschnitt "Chronische körperliche Folgen des Cannabis-Konsums" zusammen, so lautet das Fazit, daß zwar einerseits eine Reihe von somatischen Krankheitsbildern beobachtet worden ist, dieselben jedoch andererseits nicht regelhaft in Erscheinung treten. Diese Schlußfolgerung wird durch gründliche epidemiologische und klinisch-experimentelle Studien und Erhebungen aus den Jahren 1975 - 1978 unterstützt, die bei etwa 400 Cannabis-Konsumenten über Zeitabschnitte von 1/4 - 10 Jahren keinerlei relevante körperliche Schäden aufzeigten, die das Ausmaß der Schäden anderer sogenannter Genußmittel (Alkohol, Nikotin) erreichten oder etwa gar überstiegen (3, 5, 7, 9, 10, 18, 27, 30, 36, 41).
Auch die bisher gewonnenen tierexperimentellen Ergebnisse und die Untersuchungen am Menschen über Interaktionen von Cannabis-Inhaltsstoffen mit der Wirkung und dem Stoffwechsel von Fremdstoffen (15, 16, 43) führen nicht zu alarmierenden Schlußfolgerungen. Allenfalls additive Wirkungen gemeinsam mit Alkohol, Adrenalin, Atropin, Physostigmin und anderen Genuß- und Arzneimitteln sind bekannt und verdienen Beachtung (Tab. 9).

Die bisher aus der Literatur zur Verfügung stehenden Daten über die somatischen Auswirkungen des Cannabis-Konsums am Menschen lassen erkennen, daß - abgesehen von seltenen und individuell unterschiedlich bedingten schweren akuten Intoxikationen - die akuten Cannabis-Wirkungen ohne wesentliche klinische Relevanz sind. Wichtiger erscheint die Frage nach den Folgen chronischen Cannabis-Genusses und möglichen Interaktionen. Auch hier finden sich nach dem derzeitigen Erkenntnisstand keine regelhaft auftretenden somatischen Abnormitäten, wie sie z.B. für andere Genußmittel (Alkohol, Nikotin) in großen epidemiologischen Studien gesichert worden sind. - Einschränkend muß jedoch gesagt werden, daß aufgrund der Illegalität des Cannabis-Konsums in fast allen Ländern, insbesondere in West-Europa größere epidemiologische Studien fehlen, - sicherlich z.Zt. auch nur unter großen Schwierigkeiten durchzuführen wären.

Probleme der Forschung an Drogenabhängigen mit überwiegend oralen Konsumgewohnheiten sind in dem sehr häufig vorhandenen Mischkonsum, unterschiedlicher Stärke der verwendeten Präparationen und individuell variabler Empfindlichkeit der Konsumenten begründet. Nicht die somatischen Folgeerscheinungen des Cannabis-Abusus führen nach den derzeitigen Kenntnissen zu einer dem Alkohol- und/oder Nikotinabusus vergleichbaren Problematik; es sind vielmehr die psychischen und sozialen Konsequenzen (starke seelische Abhängigkeit bei Jugendlichen, "Schrittmacherfunktion"), aufgrund derer dem Konsum von Cannabis-Inhaltsstoffen auch in Zukunft eine andere Bedeutung zuerkannt werden muß, als den oben erwähnten "Genußmitteln".

L i t e r a t u r

1. ABBOUD, R.T., SANDERS, H.D.: Vhest 70 (1976), 480
2. BERMAN, M.L., BOCHANTIN, J.F.: Anesthesia and Analgesia Current Res. 51 (1972), 929
3. BERNSTEIN, J.G., KUEHNLE, J.C., MENDELSON, J.H.: Am. J. Drug Alcohol Abuse 3 (1976), 347
4. CO, B.T., GOODWIN, D.W., GADO, M., MIKHAEL, M., HILL, S.Y.: Jama 237 (1977) 1229
5. COGGINS, W.J.: The Pharmacology of Marihuana; ed. by M. C. Braude and S. Szara, Raven Press/New York (1976), 667
6. COHEN, G.M., PETERSON, D.W., MANNERING, G.J.: Life Sci. 10/I (1971), 1207
7. COHEN, S., LESSIN, Ph.J., HAHN, P.M., TYRRELL, E.D.: The Pharmacology of Marihuana; ed. by M.C. Braude and S. Szara; Raven Press/New York (1976), 621
8. COOLER, P., GREGG, J.M.: The Therapeutic Potential of Marihuana; ed. by S. Cohen and R.C. Stillman. - Plenum Med. Book Company, New York/London (1976), 77
9. CRUICKSHANK, E.K.: Ann. N.Y. Acad. Sci 282 (1976), 162
10. FRANK, I.M., LESSIN, Ph. D., TYRRELL, E.D., HAHN, P.M., SZARA, S.: The Pharmacology of Marihuana; ed.by C.M. Braude and S. Szara; Raven Press/New York (1976), 673

11. HARMON, J.W., ALIAPOULOS, M.A.: Med. Wld. News (1974), 498
12. HARMON, J.W., ALIAPOULOS, M.A.: New Engl. J. Med. 287 (1972) 936
13. HEINEMANN, C.: Med. Klinik 66 (1971), 1648
14. HOCHMAN, J.S., BRILL, N.Q.: Lancet 2 (1971), 818
15. HOLLISTER, L.E.: Interactions of Drugs of Abuse; ed. by E.S.Vesell and M.C. Braude; Ann.N.Y. Acad. Sci 281 (1976) 212
16. HOROWITZ, L.G., NERSASIAN, R.R.: J. Am. Dent. Assoc 96 (1978), 983
17. JANZEN, H., LUDWIG, B., LYCKO, E., GERLACH, D.: Z. Rechtsmedizin 80 (1978), 305
18. JONAS, R.T., BENOWITZ, N.: The Pharmacology of Marihuana; ed. by M.C. Braude and S. Szara; Raven Press/New York (1976), 627
19. KAKLAMANI, E., TRICHOPOULOS, D., KOUTSELINIS, A., DROUGA, M., KARALIS, D.: Arch. Toxicol 40 (1978), 97
20. KEW, M.C., BERSOHN, I., SIEW, S.: Lancet 1 (1969), 578
21. KIHLBOM, M.: Rauschmittel-Mißbrauch und Wirkungen Abhängigkeit-erzeugender Drogen. - Urban & Schwarzenberg Verlag; München-Wien-Berlin (1971), 51
22. KOLODNY, R.C., MASTERS, W.H., KOLODNER, R.M., TORO,G.: New Engl. J.Med. 290 (1974), 872
23. KUEHNLE, J., MENDELSON, J.H., DAVIS, K.R., NEW, P.F.: Jama 237 (1977), 1231
24. KUPFER, D., JANSSON, I., ORRENIUS, S.: Chem. Biol. Interactions 5 (1972), 201
25. MARIHUANA STUDIES (EDITORIAL) Med. J. Austr. 2/58 (1971), 1261
26. MECHOULAM, R., CARLINI, E.A.: Naturwissenschaften 65 (1978), 174
27. MENDELSON, J.H.: Postgrad. Med. 60 (1976), 111
28. MENDELSON, J.H., KUEHNLE, J., ELLINGBOE, J., BABOR, T.F.: New Engl. J. Med. 291 (1974), 1051
29. NALIN, D.R., LEVINE, M.M., RHEAD, J., BERGQUIST, E., RENNELS, M., HUGHES, T., O'DONNEL, S., HORNICK, R.B.: Lancet 2 (1978), 859
30. NOWLAN, R., COHEN, S.: Clin. Pharmacol. Ther. 22 (1977), 550
31. PEREZ-VICTORIA, C.: Rev. Iber. Endocrinol. 23 (1976) 437
32. PILLARD, R.C.: New Engl. J.Med. 283 (1970), 294
33. PODDAR, M.K., GHOSH, G.J.: Biochem. Pharmacol. 21 (1972), 3301
34. SMITH, T.C., KULP, R.A.: The Therapeutic Potential of Marihuana; ed. by S. COHEN and R. C. Stillman. - Plenum Med. Book Company, New York/London (1976), 123
35. STEADWARD, R.D., SINGH, M.: Med. Sci Sports 7 (1975), 309
36. STEFANIS, C., BOULOUGOURIS, J., LIAKOS, A.: The Pharmacology of Marihuana; ed. by M.C. Braude and S.Szara; Raven Press/New York (1976), 659

37. TASHKIN, D.P., SHAPIRO, B.J., REISS, S., OLSEN, J., LODGE, J.W.: The Therapeutic Potential of Marihuana; ed. by S. COHEN and R. Stillman. - Plenum Med. Book Company, New York/London (1976), 97
38. TASHKIN, D.P., LEVISMAN, J.A., ABBASI, A.S., SHAPIRO, B.J., ELLINS, N.M.: Chest 72 (1977), 20
39. TENNANT, F.S., PREBLE, M., PRENDERGAST, T.J., VENTRY, P.: J. amer. med. Ass. 216 (1971), 1965
40. VACHON, L., ROBINS, A., GAENSLER, E.A.: The Therapeutic Potential of Marihuana; ed. by S. Cohen and R.C. Stillman. - Plenum Med. Book Company, New York/London (1976), 111
41. WHO SCIENTIFIC Group: World Health Organization Techn. Rep. Series N° 478 (1971)
42. WEIZEL, A., LINHART, P., HEILMANN, K.: Deutsch. med. Wschr. 96 (1971) 445
43. WITSCHI. H.P., SAINT-FRANCOIS, B.: Toxicol. appl. Pharmacol. 23 (1972), 165

Anschrift des Verfassers: Prof.Dr. B. May
Leitender Arzt der Abteilung
für Gastroenterologie und
Hepatologie der
Medizinischen Universitätsklinik
"Bergmannsheil Bochum"

Abb. 1

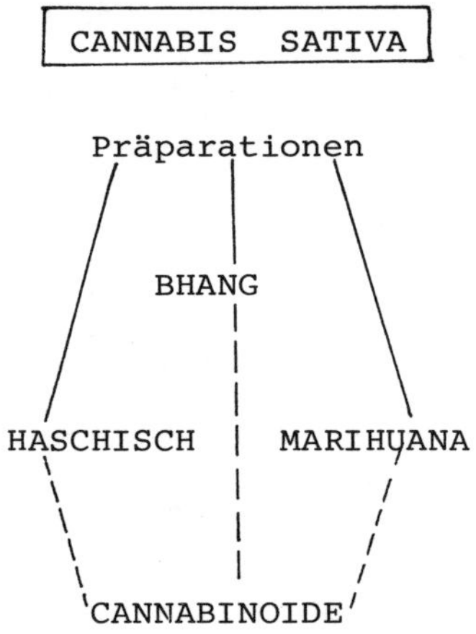

(-) -trans-Δ^{9}- Tetra hydrocannabinol

Tab. 1

KÖRPERLICHE FOLGEERSCHEINUNGEN

Problematik der Beurteilung:

- unterschiedliche Präparationen
- Übertragbarkeit tierexperimenteller Ergebnisse
- unterschiedliche individuelle Empfindlichkeit
- Mischkonsum

Tab. 2

MÖGLICHE INDIKATIONEN FÜR CANNABINOIDE		
Anorexie	Asthma	Übelkeit
Schmerz	Peptisches Geschwür	Alkoholismus
Glaukom	Epilepsie	Depression
Migräne	Angstzustände	Entzündungen
Bluthochdruck	Schlaflosigkeit	Krebserkrankungen

nach: Mechoulam, R. et al., in: The Therapeutic Potential of Marihuana, ed. by S. Cohen and R.C. Stillman, Plenum Book Company, New York/London 1976, S. 36

Tab. 3

KÖRPERLICHE FOLGEERSCHEINUNGEN

1. Intoxikation
2. Akute Wirkungen
3. Chronische Folgen
4. Interaktionen

Tab. 4

1. INTOXIKATION

Konjunktivitis, Tränenfluß

Mydriasis, Nystagmus, Lidflattern

Nasen- und Speichelfluß

Kopfdruck, Schwindel

Frequenzanstieg

Tremor, Muskelzuckungen

Tab. 5

2. AKUTE WIRKUNGEN

Konjunktivitis

Anstieg von Herzfrequenz und HMV

Uncharakteristische Blutdruckveränderungen

Abnahme der Muskelkraft

(Bronchialdilatation)

Tab. 6

3. CHRONISCHE AUSWIRKUNGEN

Konjunktivitis

Laryngo-Pharyngitis, Bronchitis

Gynäkomastie

Hauterscheinungen, Allergie

Diarrhoe

Leberschädigung

Senkung des Testosteronspiegels

Tab. 7

LEBERSCHÄDIGUNG

Unspezifische Entzündungsreaktion

"Subakute - subchronische" Hepatitis

Fettleber

Cholestase

Verschlechterung vorbestehender Leberschäden!

Tab. 8

LEBERSCHÄDEN BEI DROGENABHÄNGIGEN
IN ABHÄNGIGKEIT VOM KONSUMTYP

Gesamtzahl	KONSUM i.v.	KONSUM oral	LEBERSCHÄDEN i.v.	LEBERSCHÄDEN oral	Untersuchung
257	189	68	102	7	Hannover 1973/75
94	87	7	74	0	Bochum 1976/78
$\sum$ 351	276	75	176	7	Hannover/ Bochum
%	100 %		50 %		

Tab. 9

4. INTERAKTIONEN

Tierexperimente:

- Enzyminduktion (Lunge, Leber)
- Interferenz mit dem Metabolismus anderer Drogen bzw. Arzneimittel

Mensch:

- Additive Wirkung mit Alkohol, Physostigmin u.a.
- Beeinflussung des Arzneimittel-Stoffwechsels nicht nachgewiesen

Cannabis-Psychosen
von K.-L. TÄSCHNER

Wenn man die Literatur über die symptomatischen Psychosen seit BONHOEFFER (1908, 1912) durchsieht, so stellt man fest, daß die Begriffe auf diesem Gebiet bis heute unscharf geblieben sind. Dennoch geht von den symptomatischen Psychosen eine starke wissenschaftliche Faszination aus, die ihren Grund darin haben mag, daß wir es hier mit Psychosen zu tun haben, deren Ursache anscheinend aufgeklärt vor uns liegt. Ihr Erscheinungsbild gleicht aber zu einem ansehnlichen Teil dem von Psychosen, deren Ursache wir bisher nicht kennen. So liegt es nahe, vom gemeinsamen Erscheinungsbild auf eine gemeinsame Ursache zu schließen oder zumindest in diese Richtung Überlegungen anzustellen. Daraus ergeben sich Schlußfolgerungen, die entweder die strenge nosologische Trennung von endogenen und exogenen Psychosen auflockern oder zu einer Ausgliederung der symptomatischen Psychosen aus dem exogenen Formenkreis einerseits bzw. aus dem schizophrenen Formenkreis andererseits führen. Eine Hypothese lautet, daß es sich bei den symptomatischen Psychosen um ausgelöste Schizophrenien handele, die andere, daß sie dem exogenen Formenkreis zugehörten. Die erste Hypothese stützt sich auf die Ähnlichkeit der Symptomatik beider Psychoseformen. Die zweite Hypothese stützt sich auf die Überlegung, daß eine bekannte Ursache zur Diagnose einer endogenen Schizophrenie nicht paßt, während dieser Umstand für exogene Psychosen charakteristisch ist. Die Frage bleibt also bestehen, ob das Vorliegen organpathologischer Befunde, also auch definierbarer exogener Einwirkungen auf den Organismus, das Vorhandensein einer Schizophrenie ausschließt. Hierzu hat CONRAD einmal ausgeführt (1959, 1972), die organische Verursachung schizophrenieähnlicher Krankheitsbilder spreche eher für die organische Genese der ganzen Gruppe der Schizophrenien als daß sie uns berechtige, solche Bilder als nicht endogen aus der Gruppe der Schizophrenien auszugliedern.

Die Frage ist auch, ob es eine gemeinsame Endstrecke organisch unterlegter symptomatischer Psychosen mit der Schizophrenie gibt. Und schließlich muß uns die Frage interessieren, ob es sich bei den symptomatischen Psychosen um eine eigene nosologische Einheit sui generis handelt. Am Beispiel der sogenannten Cannabis-Psychose wollen wir dieser Frage nachgehen.

Cannabis-Psychosen sind in besonderem Maße Gegenstand wissenschaftlicher Beobachtung und Erforschung gewesen, sie sind hier praktisch nur mit den Weckmittel-Psychosen zu vergleichen. Die wissenschaftliche Literatur hierzu ist umfangreich und läßt sich etwa bis auf den Beginn der 30er Jahre zurückverfolgen. In jener Zeit teilte STRINGARIS die Cannabis-Psychosen in zwei Gruppen ein: die episodischen Verwirrtheitszustände mit halluzinatorischen, deliranten Abläufen, aber auch akut getriebenen dämmrigen Erregungen und in chronische Cannabis-Psychosen mit monate- bis jahrelangem Verlauf. Manche akuten Formen erinnerten ihn an beginnende Schizophrenien. Aber vor allem die chronischen Psychosen zeigten eine deutliche schizophreniforme Symptomatik. Vom Querschnitt her seien chronische Cannabis-Psychosen von Schizophrenien nicht sicher zu unterscheiden.

Beobachtungen aus der Türkei (GÖKAY), aus Süd-Rußland (SKLIAR) und aus den USA (BROMBERG) deuteten sämtlich in die Richtung, daß schizophrenieähnliche Psychosen unter den Cannabis-Psychosen besonders häufig sind. Dabei wurden vor allem Störungen des Affekts, des Gedächtnisses, der Konzentrationsfähigkeit, Veränderungen der Aufmerksamkeit und der Auffassung, daneben Denkstörungen von der Art des Vorbeiredens beobachtet. Wahnsymptome und optische und akustische Halluzinationen wurden immer wieder beschrieben (STRINGARIS, 1939, 1972). Der Verlauf ist danach unterschiedlich, manche der Krankheitsbilder heilen ohne Defektbildung aus, andere verlaufen chronisch-progredient und führen zu irreversiblen Veränderungen. Anhand von Beobachtungen in Nigeria kommt BOROFFKA (1966) zu dem Schluß, daß außer der chronischen Einnahme der Substanz auch ein dispositionelles Element vorhanden sein müsse, um zur Entstehung einer symptomatischen Psychose zu führen. Sowohl er als auch indische Untersucher (CHOPRA u. SMITH, 1974) bezweifeln, daß es eine eigene Krankheitseinheit "Cannabis-Psychose" überhaupt gibt.

KEUP hat 1967 eine differenzierte Einteilung psychiatrischer Folgezustände nach Cannabis-Konsum und der Cannabis-Psychosen anhand von 14 Fällen vorgelegt. Er unterscheidet akute und protrahierte Intoxikationen und Echoreaktionen, ferner Psychosen, Entzugspsychosen und Dauerveränderungen. Unter den Psychosen werden genuine Cannabis-Psychosen, Cannabis-mobilisierte und Cannabis-aggravierte Psychosen unterschieden.

Eine neuere Einteilung (NEGRETE, 1973) unterteilt die psychopathologischen Störungen bei Cannabis-Konsum in ernsthafte und pathologische Vergiftungen (Dauer: einige Stunden), akute, subakute und chronische Cannabis-Psychosen und Residualzustände. Dabei liegt die Grenze zwischen akut und subakut im Bereich von zwei Wochen. Unter die Residualzustände werden auch Flash-backs gerechnet, die bei Cannabis-Konsumenten ja offenbar eher selten sind. Zu den subakuten und chronischen Psychosen komme es bei längerdauerndem chronischen Konsum der Droge. Dieser führe zu einem Abbau kognitiver Funktionen. Die Symptomatik gleicht der chronischer schizophrener Psychosen. Es wird die Frage gestellt, ob es sich hierbei wirklich um Cannabis-Psychosen oder um ausgeklinkte Schizophrenien handelt, wobei die Art der Auslösung der psychotischen Symptomatik bislang im Dunkeln bleiben müsse.

Die Studie von TENNANT u. GROESBECK an 720 cannabiskonsumierenden amerikanischen Soldaten in der Bundesrepublik ergab, daß bei 112 Patienten sogenannte schizophrene Symptome zu beobachten waren, und zwar vor allem in der Gruppe derjenigen Patienten, die 25-200 g Cannabis pro Monat konsumierten. Parallel zur Zunahme des Drogengebrauchs unter den amerikanischen Soldaten in der Bundesrepublik nahm auch die Zahl der schizophrenen Erkrankungen bei dieser Gruppe zu, so daß man wohl von einer Korrelation sprechen muß. Allerdings geht dies wohl nicht allein auf das Konto des Cannabis, denn meist werden mehrere Substanzen nebeneinander oder alternierend konsumiert.

Der vom amerikanischen Gesundheitsministerium 1974 herausgegebene vierte Bericht an den Amerikanischen Kongress über Marihuana und Gesundheit geht ebenfalls breit auf die Beziehung zwischen Cannabis-Konsum und psychopathologischen Zustandsbildern ein. Er weist auf Divergenzen in den einzelnen zugrunde gelegten Untersuchungen zu unserer Problematik hin. Es werden sowohl Arbeiten zitiert, die keinen sicheren Zusammenhang zwischen Psychoseauslösung und Cannabiskonsum hatten nachweisen können und solche, die dafür sprachen, daß schon vor Aufnahme des Marihuana-Konsums psychiatrische Störungen bei dem Probanden bestanden hatten (HALIKAS). Danach handelt es sich bei chronischen Marihuana-Konsumenten um eine Gruppe, die ein hohes Risiko für das Auftreten psychiatrischer Erkrankungen in sich trägt, so daß der Cannabis-Konsum ein sekundäres Moment im Sinne der Selbstbehandlung subjektiv registrierter psychotischer Beschwerden darstellt.

<u>Nun zu unseren eigenen Untersuchungen:</u>

Ihr Ziel war festzustellen, ob es eine eigene Krankheitseinheit drogeninduzierter Psychosen gibt und ob substanztypische Färbungen einzelner Psychosen bei bestimmten Stoffen existieren, etwa beim Cannabis. Dazu wurden 237 Patienten mit der kombinierten Diagnose "Drogenabhängigkeit" (ICD 304) und Psychosen der ICD-Klassifizierung 293, 294, 295 und 297*) aus dem Krankengut unserer Klinik (1970-1978) einer Gruppe von 219 schizophrenen Patienten des gleichen Jahrgangs gegenübergestellt. Der psychopathologische Befund wurde jeweils mit Hilfe des AMP-Schlüssels erfaßt. Die gefundenen Grundhäufigkeiten

---

*) ICD 293 = Psychosen bei anderen organischen Hirnstörungen
294 = Psychosen bei anderen körperlichen Störungen
295 = Schizophrenie
297 = Paranoide Syndrome

wurden nach verschiedenen Gesichtspunkten gespalten, so wurden die einzelnen Substanzen nach "Hauptabhängigkeit" bzw. nach "Konsum in den letzten drei Monaten vor der stationären Aufnahme" erfaßt und die entstandenen Untergruppen jeweils der Kontrollgruppe schizophrener Patienten gegenübergestellt.

Ergebnisse:

An der Spitze des Konsums in den letzten drei Monaten vor der Aufnahme stehen Halluzinogene mit 111 und Cannabis mit 107 Nennungen, gefolgt von Schlafmitteln mit 64 und Alkohol mit gleichviel Nennungen. Bei der Hauptabhängigkeit fanden wir 24,5% Halluzinogen-Konsumenten und 21,1% Cannabis-Konsumenten, gefolgt von 13,5% Opiat-Konsumenten. 53 % der Stichprobe waren jünger als 24 Jahre, 63 % männlichen, 37 % weiblichen Geschlechts. Nur in einem Drittel der Fälle lag der Konsum ausschließlich eines Stoffs vor, der Rest waren Mehrfachkonsumenten. Die Hälfte der Psychosen brach innerhalb von 2 1/2 Jahren nach Beginn des Konsums der einzelnen Substanzen aus. Die psychotischen Symptome bestanden bei der Aufnahme in 46 % der Fälle kürzer als drei Monate.

Bei Mehrfachkonsum lagen Kombinationen mit Cannabis an der Spitze (114 Fälle). Darauf folgen Kombinationen mit Halluzinogenen, mit Weckmitteln und mit Schlafmitteln. Betrachtet man die einzelnen Kombinationen nach ihrer Häufigkeit, so kommt Cannabis- und Halluzinogen-Konsum mit 53 Fällen am häufigsten kombiniert vor. Es folgt mit 14 Fällen Alkohol- und Schlafmittelkonsum kombiniert und an dritter Stelle die Dreifachkombination Cannabis, Halluzinogene und Weckmittel. Insgesamt kamen 44 verschiedene Kombinationen vor, von denen 24 nur je einmal verwirklicht waren.

Vergleiche der Patienten mit Cannabis-Psychosen mit solchen aus der Versuchsgruppe ohne Cannabis-Psychosen ergaben anhand des Konsums in den letzten drei Monaten vor der stationären Aufnahme, daß von den 107 Patienten 31,8 % 15 - 19 Jahre und 48,6 % 20 - 24 Jahre alt sind, 15 % sind 25 - 29 Jahre und nur 4,7 % älter als 30 Jahre. Bei den nicht an einer Cannabis-Psychose leidenden Patienten waren hingegen 61,4 % älter als 30 Jahre. Auch bei Zugrundelegung der "Hauptabhängigkeit" liegt der Altersschwerpunkt bei Cannabis-Konsumenten, aber auch bei Opiat- und Halluzinogen-Konsumenten in der Gruppe der unter 25-Jährigen. Die Geschlechtsverteilung zeigt bei den Cannabis-Psychosen eine Neigung zu den Männern hin: 81,3 % waren männlichen Geschlechts, im Gegensatz etwa zu den Analgetika, Schlafmitteln und Sedativa bzw. Tranquilizern.

Nun zum psychopathologischen Bild: In einem ersten Schritt wurden die einzelnen stoffspezifischen Psychosen innerhalb der Versuchsgruppe einander gegenübergestellt. Dabei zeigt sich, daß erstens gravierende Unterschiede zwischen den einzelnen Psychosen nicht bestehen, zweitens nur ein einziges Symptom ausschließlich bei Cannabis-Psychosen vorkommt, und zwar die Antriebsarmut. Alle anderen Störungen, etwa der Orientierung, des Gedächtnisses, der

Aufmerksamkeit, des Denkens, Wahnsymptome, Halluzinationen, Affektstörungen und solche des Trieb- und Sozialverhaltens kommen auch bei anderen Substanzen vor. Zwischen den einzelnen Stoffgruppen besteht im psychopathologischen Bild also ein hohes Maß an Übereinstimmung.

Ein solches hohes Maß an Übereinstimmung gibt es aber auch, wenn man die Gesamtgruppe der drogeninduzierten Psychosen mit der Schizophreniegruppe ohne Drogenkonsum vergleicht. Stellt man eine Rangliste der am häufigsten vorkommenden Symptome auf, und berücksichtigt nur diejenigen Symptome des AMP-Bogens, die in mehr als der Hälfte aller Fälle vertreten sind, so gewinnen wir bei der Drogengruppe 19 und bei der Vergleichsgruppe 26 Symptome. Davon stimmen 16 Symptome überein, davon die 7 bei Drogen-Psychosen am häufigsten vorkommenden Symptome: Vorbeireden, Zerfahrenheit, Konzentrationsstörungen, Beziehungs- und Verfolgungswahn, Angst und die Ambivalenz in der gemüthaften Empfindung. Danach kann zu diesem Abschnitt gesagt werden, daß der Schwerpunkt drogeninduzierter Psychosen im Symptombereich der Schizophrenie liegt.

In einem weiteren Auswertungsgang wurde die psychopathologische Symptomatik der Gesamtgruppe mit der der Kontrollgruppe verglichen. Dabei ergaben sich psychopathologische Abweichungen gegenüber der Schizophrenie -unabhängig von der Häufigkeit des Vorkommens dieser Symptome - vor allem im Bereich der Orientierungsstörungen, der Merk-, Gedächtnis- und Konzentrationsstörungen einschließlich des Gedankenabreißens und der visuellen und taktilen Halluzinationen. Allgemeine Verwahrlosung ist ebenfalls bei den Drogenpsychosen häufiger als bei der Schizophrenie.

Soviel zur Gesamtgruppe der drogeninduzierten Psychosen. Untersucht man nun die Cannabis-Psychose gesondert und trennt sie von der Gesamtgruppe durch das Kriterium "Hauptabhängigkeit" ab, dann erhält man anhand von 50 Fällen ein Syndrom, das in 21 Punkten quantitativ von der Schizophrenie abweicht. Diese abweichenden Symptome sind aber überwiegend nicht allein für die Cannabis-Psychosen typisch, sondern für die Gesamtgruppe der drogeninduzierten Psychosen. Lediglich in drei Symptomen weicht die Cannabis-Psychose von der Schizophrenie quantitativ ab: Gedankenabreißen, Ratlosigkeit als Gemütsstörung und Insuffizienzgefühle sind hier häufiger als bei der Schizophrenie.
Es ist klar, daß man mit Hilfe solcher geradezu unspezifischer Symptome nicht die Diagnose "Cannabis-Psychose" stellen kann.

Aber auch wenn man die Cannabis-Psychosen nach "Konsum in den letzten drei Monaten vor der stationären Aufnahme" vom Rest der drogeninduzierten Psychosen abtrennt, ergibt sich kein wesentlich anderes Bild. Die so isolierten 107 Fälle unterscheiden sich in 30 Punkten von der Schizophrenie, wie sie sich in unserem Material darstellt. Aber lediglich drei Symptome davon sind nur bei der Cannabis-Psychose vertreten, und zwar die Denkverlangsamung, Ratlosigkeit und wiederum die Insuffizienzgefühle. Diese drei Symptome sind hier häufiger als bei der Schizophrenie.

Alle anderen Symptome sind auch bei anderen Drogen-Psychosen zu beobachten und auch hier häufiger als bei der Schizophrenie. Sie lassen demnach keine Unterscheidung der Cannabis-Psychosen von der Gesamtgruppe der Drogenpsychosen zu. Die größte Übereinstimmung gibt es mit den Psychosen bei Halluzinogen-Konsum, 27 Symptome der Cannabis-Psychosen, in denen sie sich von der Schizophrenie unterscheiden, kommen auch hierbei vor. In 18 Punkten stimmen Cannabis-Psychosen mit Psychosen bei Opiat-, Weckmittel- und Tranquilizer/Sedativa-Abhängigen überein, in 15 Punkten mit den Psychosen bei Schlafmittelabhängigkeit.

An dieser Stelle muß daran erinnert werden, daß wir eine Stichprobe vor uns haben, die zum überwiegenden Teil Mehrfachkonsumenten enthält. Unter den Cannabis-Konsumenten sind nur 8 Patienten, die ausschließlich diese Drogen zu sich nahmen. Vielleicht würde man mit reinen Stichproben zu klarer unterscheidbaren Syndromen kommen, aber zwingend ist dies natürlich nicht. Es ist durchaus denkbar, daß die geringen Unterschiede zur Schizophrenie bzw. zu anderen stoffspezifischen Psychosen den Cannabis-Psychosen eigen sind und daß, umgekehrt formuliert, nicht der Mehrfachkonsum in der Stichprobe das Ergebnis richtunggebend beeinflußt hat.

Zusammenfassung

Unsere Untersuchung der Psychopathologie drogeninduzierter Psychosen hat ergeben, daß der Schwerpunkt der Symptomatik der Gesamtgruppe sich in wesentlichen Elementen mit dem Symptomschwerpunkt der Schizophrenie deckt. Die am häufigsten vorkommenden Symptome sind bei beiden Gruppen zu finden. Cannabis-Psychosen unterscheiden sich ihrerseits nur geringfügig von der Gesamtgruppe von Drogenpsychosen. Ihre Unterschiede zur Schizophrenie haben sie weitgehend mit den restlichen Drogenpsychosen gemeinsam. Es gibt kein typisches Syndrom einer "Cannabis-Psychose", sondern nur weitgehende Gemeinsamkeiten mit denjenigen Symptomen, die wir auch bei anderen drogeninduzierten Psychosen und bei der Schizophrenie finden. Vieles spricht dafür, daß es sich bei den Cannabis-Psychosen auch tatsächlich um ausgelöste Schizophrenien handelt. Dieser Frage wird man aber am besten durch Verlaufsuntersuchungen näherkommen können.

Literatur

1. BONHOEFFER, K.: Zur Frage der Klassifikation der symptomatischen Psychosen. Berl. Klin. Wschr. 45 (1908), 2257-2261
2. BONHOEFFER, K.: Die Psychosen im Gefolge von akuten Infektionen, Allgemeinerkrankungen und inneren Erkrankungen. In: ASCHAFFENBURG, H. (Hrsg.): Handbuch der Psychiatrie, Spez. Teil, 3. Abt., 1. Hälfte. Franz Deuticke Verlag, Leipzig u. Wien 1912

3. BOROFFKA, A.: Mental illness and Indian hemp in Lagos. E. Afr. med. J. 43 (1966), 377-384
4. BROMBERG, W.: Marihuana intoxication. Amer. J. Psychiat. 91 (1934), 303-330
5. CHOPRA, G.S., J.W. SMITH: Psychotic reactions following Cannabis use in East Indians. Arch. Gen. Psychiat. 30 (1974), 24-27
6. CONRAD, K.: Das Problem der "nosologischen Einheit" in der Psychiatrie. Nervenarzt 30 (1959), 488-494
7. CONRAD, K.: Die symptomatischen Psychosen. Handbuch "Psychiatrie der Gegenwart", 2. Auflage, Band 2. Springer Verlag, Berlin, Heidelberg, New York 1972
8. GÖKAY, F.K.: Durch Mißbrauch von Heroin und Haschisch entstehende Geisteskrankheiten in der Türkei. Z. Neur. 158 (1937), 428-436
9. HALIKAS, J.A., D.W. GOODWIN, S.B. GUZE: Marihuana use and psychiatric illness. Arch. Gen. Psychiat. 27 (1972), 162-165
10. KEUP, W.: Psychotic Symptoms Due to Cannabis Abuse (A Survey of Newly Admitted Mental Patients). Dis. nerv. Syst. 31 (1967), 119-126
11. NEGRETE, J.C.: Psychological adverse effects of cannabis smoking: A tentative classification. Canad. med. Ass. J. 108 (1973), 195-196
12. Secretary of Health, Education and Welfare (Hrsg.): Marihuana and Health. 1.-7. Report to the U.S. Congress. Washington 1971-1980
13. SKLIAR, N.: Über Anascha-Psychosen. Allg. Zschr. f. Psychiatrie und psychisch-gerichtl. Medizin 102 (1934), 304-312
14. STRINGARIS, M.G.: Zur Klinik der Haschischpsychosen. (Nach Studien in Griechenland). Arch. Psychiat. Nervenkr. 100 (1933), 523-532
15. STRINGARIS, M.G.: Die Haschischsucht. Springer Verlag Berlin 1939, 2. Aufl. 1972
16. TÄSCHNER, K.-L.: Psychosen bei Drogenkonsumenten. Vortrag auf dem 3. Wissenschaftlichen Kongreß der Deutschen Akademie für medizinische Fortbildung über "Drogenkonsum und Abhängigkeit", Kassel, 5.2.1973
16. TÄSCHNER, K.-L.: Das Cannabisproblem. Akademische Verlagsgesellschaft, Wiesbaden 1979.
17. TÄSCHNER, K.-L.: Rausch und Psychose - Psychopathologische Untersuchungen an Drogenkonsumenten. W. Kohlhammer Verlag, Stuttgart 1980 (im Druck)
18. TÄSCHNER, K.-L., K. WANKE: Drogenabhängigkeit bei Jugendlichen. Med. Klin. 67 (1972), 515-520
19. TÄSCHNER, K.-L., K. WANKE: Zur Frage der toxischen Psychose am Beispiel der sogenannten LSD-Psychose. Fortschr. Med. 93 (1975), 1515-1518
20. TENNANT, F.S., C.J. GROESBECK: Psychiatric effects of Hashish. Arch. Gen. Psychiat. 27 (1972), 133-136

Aus dem Zentrum der Psychiatrie
(Geschäftsführender Direktor: Prof.Dr. H.J. Bochnik)
Abteilung für Klinische Psychiatrie II
(Komm. Leiter: Dr. K.-L. Täschner)
der Johann Wolfgang Goethe-Universität in Frankfurt a. Main

Anschrift des Verfassers: Dr. Karl-Ludwig Täschner
Oberarzt am Zentrum der Psychiatrie
Abteilung für Klinische Psychiatrie II
Heinrich-Hoffmann-Straße 10
6000 Frankfurt a. Main

Eine gutachtliche Stellungnahme zur Frage der Schädlichkeit von Cannabis *

von D. LADEWIG

Eine Erörterung der Cannabisschädlichkeit läßt sich unter 3 Aspekten abhandeln.

1. Da Marihuana resp. Haschisch bei uns vorwiegend von Jugendlichen und Heranwachsenden geraucht wird, stellt sich die Frage der besonderen Vulnerabilität des Jugendlichen in seinem normal-psychologischen Entwicklungsprozeß.

2. Überdies stellt sich beim fortgesetzten Mißbrauch der Hanfdroge die Frage nach dem allgemeinen d.h. psychopathologischen und pathophysiologischen Gesundheitsrisiko.

3. Die Schädlichkeit einer Droge vom Typ Cannabis läßt sich sinnvollerweise nicht ohne Quervergleiche zu anderen psychotropen Drogen erarbeiten.

Allgemein findet sich unter Cannabis, dosisabhängig, eine variierend deutliche Beeinflussung der Wahrnehmungsvorgänge, des Denkablaufes, der Stimmung und des Antriebes. Im Idealfall ist der Marihuana- oder Haschischkonsument ruhig - entspannt, wohlig - zufrieden, beschäftigt sich eher mit sich als mit anderen, kommt einer Neigung nach, sich mit eigenen oder drogeninduzierten Wahrnehmungen und Denkabläufen zu beschäftigen. Aus dieser Tendenz, sich vermindert mit der Außenwelt, dafür vermehrt mit der inneren Erlebniswelt zu beschäftigen, resultiert eine Beeinträchtigung der Wahrnehmungs-, Konzentrations- und Integrationsleistung. Der Haschischberauschte hat Mühe, gleichzeitig "hier und dort", gleichzeitig in der Außen- und Innenwelt präsent und funktionstüchtig zu sein. Aus einer derart erschwerten Umwelteinordnung können Entfremdungserlebnisse resultieren, die bei einem

* Die nachfolgende Publikation umfaßt auszugsweise Teile einer umfänglichen Publikation. (P. Kielholz, D.Ladewig, A. Uchtenhagen: zur Frage der Gesundheitsschädlichkeit des Haschischkonsums in Praxis, Hallwag Bern. Schweiz. Rundschau für Medizin.)
Beide gehen zurück auf ein Gutachten für das Obergericht in Zürich vom 26.6.1978

entsprechend Disponierten gelegentlich zu einem "bad trip", selten zu einer psychotischen Reaktion oder sogar zum Ingangsetzen einer endogenen Psychose führen. In hohen Dosen bewirkt Haschisch, insbesondere hohe Dosen von Tetrahydrocannabinol, das Auftreten von Sinnestäuschungen, Halluzinationen und Wahnideen. Insofern sind die Wirkstoffe des Haschisch den Halluzinogenen zuzurechnen.

Als körperliche Auswirkungen sind typisch: injizierte Konjunktivalgefäße, Anstieg von Puls und Blutdruck, Nachlassen des Appetits, evtl. Zittern und Störungen im Bereich der psychomotorischen Koordinationsfähigkeit. Diese Wirkungen lassen sich über Stunden nachweisen.
In einer eigenen Untersuchung an 54 gesunden Personen, bei denen die Auswirkungen von Tetrahydrocannabinol auf die Leistungsfähigkeit resp. auf die Fahrtüchtigkeit an verschiedenen Testgeräten mit unterschiedlicher Dosierung (350, 400 oder 450 mg/kg KG) geprüft wurde, ließen sich noch nach 24 Stunden diskrete Nachwirkungen aufweisen (s. Kielholz u.a.).
Die Ergebnisse unserer Untersuchung im Bereich der Psychomotorik wurden wie folgt zusammengefaßt: Verminderung des Anpassungsvermögen bei hohen Leistungsforderungen stellenden Aufgaben, Verlängerung der Reaktionszeit, Häufung falscher Reaktionen, gestörte Automatismen (der eingeschliffenen, unwillkürlich gewordenen Handlungsabläufe, wie sie für den Fahrzeuglenker wichtig werden) und ein Absinken der Konzentrationsfähigkeit. (Kielholz u.a.)

Phasenspezifische Vulnerabilität des Jugendlichen

Es ist verständlich, daß die obenangesprochene Initialwirkung der Hanfdroge für den jugendlichen und heranwachsenden Menschen eine Faszination bedeutet. In der Phantasie und dem Erleben eines jungen Menschen kommen ekstatische Momente vor, die in mancher Hinsicht dem ähneln, was er unter dem Einfluß der Hanfdroge erlebt und mit ihr jederzeit hervorrufen kann. In der gleichzeitig faszinierenden und ängstigenden Entdeckung der Welt und in seiner Ablösung von den Eltern hat er unter dem Einfluß der Droge das trügerische Gefühl, den Problemen enthoben und mit sich selber eins zu sein. Seine Wünsche und vielfältigen Sehnsüchte werden angeregt und in der Phantasie befriedigt. Die Auseinandersetzung mit der Umwelt (kleinere und größere Entscheidungen) wird unwichtig.

Die bei uns im allgemeinen benutzten Haschischdosen sind niedrig. Die Konsummuster variieren stark; es entspricht unserer Erfahrung, daß ein größerer Teil der Konsumenten lediglich gelegentlich konsumiert resp. den Konsum nach einigen Erfahrungen wieder aufgibt. Hier bedeutet der Haschischkonsum soviel wie Neugier-, allenfalls noch Risiko-Verhalten. Die Einnahme erfolgt zum "Plausch", gegebenenfalls auch als Genußmittel. Wenn wir uns auf diesen Aspekt konzentrieren, könnten wir zur Schlußfolgerung gelangen, daß dem Haschisch das Attribut einer relativen Harmlosigkeit beizumessen sei.

Es ist nun aber beim Jugendlichen und Heranwachsenden zu berücksichtigen, daß auch eine Substanz mit einem relativ schwachen psychoaktiven Wirkungsprofil in erheblicherem Ausmaß Erleben und Verhalten beeinflußt, als dies vergleichsweise bei einem erwachsenen Menschen der Fall wäre. Dies gilt insbesondere für solche Jugendliche, die eine Reihe von sogenannten Risikofaktoren mitbringen. Zu diesen zählen wir das Aufwachsen in äußerlich und/oder innerlich gestörten Familien, das Fehlen des Erlebens von Sicherheit, Geborgenheit, Selbstwert und Autonomie. Das Fehlen einer verstehenden und vertrauten erwachsenen Kontaktperson in Familie, Schule und Freizeit, der leichtfertige Umgang der Eltern mit Kopfweh- und Schmerztabletten sowie Alkohol, der frühzeitige ungute Einfluß Gleichaltriger aus dem Drogenmilieu hemmen die eigene Kraft, die Anforderungen, die im Verlaufe des 12. bis 20. Lebensjahres an den Jugendlichen herangetragen werden, zu bewältigen.

Wir haben auf die besondere Vulnerabilität dieser Entwicklungsphase an anderer Stelle ausführlicher hingewiesen. (LADEWIG, HOBI, DUBACHER, FAUST).

Jugendliche und Heranwachsende, die gehäuft einigen der oben erwähnten Risikofaktoren ausgesetzt waren und hierdurch eher Gefahr laufen, in der Krise des Ablösungs- und Selbstfindungsprozesses hängen zu bleiben, sind besonders gefährdet, nicht nur gelegentlich, sondern regelmäßig und in abhängigkeitsfördernder Weise Drogen zu konsumieren. Das Risiko dieser gelegentlichen oder regelmäßigen Drogeneinnahme besteht unter den geschilderten Bedingungen gerade für die Droge Haschisch. Insofern ist sie durchaus als gefährlich zu bezeichnen.

Das Problem des Jugendlichen und Heranwachsenden ist also zumeist primär das einer pharmakologisch induzierten Drogenabhängigkeit. Es kann bereits ein gelegentlicher Konsum einer psychoaktiven Substanz zu einer Erschwerung der sozialen Einordnung resp. sogar zum Verlust der sozialen Kontrolle führen, d.h. das Gefährdungsmuster äußert sich beim Jugendlichen eher im psychischen und sozialen Bereich. Um den Begriff der sozialen Kontrolle zu verdeutlichen, sei darauf hingewiesen, daß nicht nur Gesetze, sondern auch Gebräuche und Sitten wesentlich für das sozial kontrollierte Verhalten sind. Erinnert sei in diesem Zusammenhang an das seltene Vorkommen alkoholbedingter Probleme in jüdischen Bevölkerungsgruppen. Hingewiesen sei in diesem Zusammenhang auf die Erfahrung mit Vietnam-Soldaten, die in Vietnam nicht nur Haschisch konsumierten, sondern Heroinisten geworden waren und nach ihrer Rückkehr in die USA ihren Drogenkonsum sistieren konnten (ROBINS). Es wird in diesem Beispiel deutlich, daß die Gefährlichkeit einer Droge nicht nur aufgrund ihrer pharmakologisch nachgewiesenen Wirkungspotentiale belegt, sondern aus dem psychosozialen Hintergrund eines einzelnen oder einer Bevölkerungsgruppe heraus verstanden werden muß.

Die entspannend beruhigende oder leicht euphorisierend wirkende Droge Haschisch kann selten einmal einem Jugendlichen in einer Krisensituation zu einer vorübergehenden subsidären Stabilisierung verhelfen, die günstigenfalls in eine normale Weiterentwicklung im psychisch und sozialen Bereich übergeht. Es ist aber ebenso und häufig erwiesen, daß es zu einer Zuspitzung und über die Droge zu einer Ausweitung der Krise kommt.

Zur Frage des Gesundheitsrisikos

Im Anschluß an diese Erörterungen über die Gefährlichkeit der Rauschdrogen bezüglich der entwicklungsspezifischen Vulnerabilität des Jugendlichen sei auf einige Aspekte eines allfälligen Gesundheitsrisikos des fortgesetzten Haschischkonsums eingegangen, das in der Literatur unterschiedlich beurteilt wird. Diese Aspekte betreffen die Fragen nach dem Auftreten von Chromosomenschäden, körperlicher Erkrankungen, von Psychosen, Hirnschädigungen, sogenannten sexuellen Gewalttaten und eines sozialen Abstiegs. Die Unklarheit, ob diese Folgeerscheinungen Haschischfolgen sind oder nicht, veranlaßte einige Regierungen, insbesondere anglo-amerikanischer Staaten, Forschungsaufträge in Ländern durchzuführen, in denen der Gebrauch von Haschisch über Jahrhunderte bekannt ist. Erste Ergebnisse dieser Langzeitstudien liegen jetzt aus Costa Rica, Griechenland, Jamaica, Indien, Aegypten sowie den Vereinigten Staaten selbst, vor. Diese Studien (Zusammengefaßt in der Monografie: Chronic Cannabis Use, Annals of the New York Academy of Sciences) seien im folgenden bezüglich einiger wichtiger Ergebnisse dargestellt.

Bei einem Teil der durchgeführten Studien handelte es sich um sogenannte kontrollierte epidemiologische Studien, d.h. für jeden mäßigen oder starken Haschischkonsumenten mußte eine bezügliche Herkunft, Schichtzugehörigkeit, Bildung und Beruf vergleichbare Kontrollperson gefunden und untersucht werden. Bei den Studien in Jamaica, Costa Rica und Griechenland handelte es sich um sogenannte Feldstudien, bei denen in den USA insbesondere um zwei sogenannte Laborstudien, bei denen an freiwillige Versuchspersonen, die bereits vorher gelegentlich oder regelmäßig Haschisch geraucht hatten, über 3 Wochen (MENDELSON, DORNBUSH et al.) resp. über 3 Monate (COHEN, DORNBUSH et al.) innerhalb einer geschlossenen Abteilung und unter standardisierten Versuchsbedingungen Marihuana-Zigaretten mit einem standardisierten Tetrahydrocannabinolgehalt abgegeben worden waren.

Die Untersuchung in Aegypten und Indien wiesen keine Kontrollpersonen auf. Die Anzahl der Konsumenten in den kontrollierten Studien ist mit 118 Probanden klein, jene von 1125 in den Studien in Indien und Aegypten größer. Der Hinweis auf die Anzahl der untersuchten Probanden wie naheliegende transkulturelle Unterschiede bezüglich der untersuchten Länder relativieren die Aussagegültigkeit der Untersuchungsergebnisse.

Es wurde in mehrerer dieser Studien erneut gezeigt, daß die Auswirkungen des Haschisch auf körperliche und psychische Funktionen dosisabhängig und zeitlich begrenzt sind. Cannabis beeinflußt insbesondere die Herzaktion, verschiedene Hirnfunktionen und den Leistungsbereich, wie er im psychologischen Leistungstest nachgewiesen wird. Definitive Hirnschädigungen, wie sie durch psychiatrische, neurologische oder elektroenzephalographische Untersuchungen gewöhnlich nachweisbar sind, wurden insbesondere in der Studie in Griechenland sowie in den beiden amerikanischen Studien größtenteils nicht gefunden. In der letzteren waren Gelegenheitskonsumenten solche, die durchschnittlich 10mal monatlich Marihuana geraucht hatten, starke Konsumenten solche, die durchschnittlich 40mal im Monat Marihuana geraucht hatten. Die Gelegenheitskonsumenten hielten in der Untersuchungszeit von 3 Wochen ihren Konsum bei drei "Joints" (Marihuana-Zigaretten), die starken Konsumenten verlangten in der über 3 Wochen gehenden Untersuchung täglich durchschnittlich 6 "Joints" bis hinauf zu 14.

Dies betraf also sowohl Probanden, die in ihrer natürlichen Umgebung (Griechenland) untersucht wurden, als auch für jene, die in Forschungslaboratorien unter kontrollierten Versuchsanordnungen (USA) untersucht worden waren. (Insofern vergleichbar). Während in den Untersuchungen in Indien und Aegypten sowohl das Auftreten psychopathologischer Veränderungen, ein "amotivational syndrome" im Sinne psychopathologischer Folgeerscheinungen mit Lustlosigkeit, Interesseverlust, Willensschwäche u.a. - als auch das Auftreten von Psychosen beobachtet wurden, fanden sich in den Studien in Costa Rica, Griechenland und jenen in den USA keine entsprechenden Hinweise.

Im Bericht über die Studien in Jamaica wurde allerdings festgehalten, daß Benützer von Ganja, einer dort üblichen tetrahydrocannabinolreichen Vorkommensart der Cannabis sativa eine Anzahl Probanden in einem psychiatrischen Spital hospitalisiert worden war.

Bezüglich der körperlichen Auswirkungen wird in einigen der letztgenannten Studien festgehalten, daß regelmäßige Marihuana-Konsumenten ein niedrigeres Körpergewicht aufwiesen als Probanden der Kontrollgruppe. Diese Reduktion des Körpergewichtes führt naturgemäß zu sekundären Auswirkungen. Durchgehend negativ waren die Untersuchungsbefunde bezüglich allfälliger Chromosomenschädigungen: hingegen tauchte als neuer Diskussionspunkt auf, das möglicherweise die Spermiengenese beeinträchtigt wird und insbesondere bei starken Marihuana-Konsumenten.

spiegel des Testosterons, erniedrigt ist. Des weiteren wurde wiederholt festgestellt, daß wiederum bei starken Konsumenten mit einer Einschränkung bestimmter Lungenfunktionen gerechnet werden muß.

Klar bestätigt wurde in mehreren neueren Untersuchungen, daß Cannabis Toleranz bewirkt, d.h. daß eine Gewöhnung bezüglich einer Reihe körperlicher und psychischer Reaktionen auftritt. Bestätigt wurde weiter, daß insbesondere hohe Dosen Stimmung, Antrieb, Wahrnehmung, Konzentration, Merkfähigkeit und Koordinationsleistungen beeinträchtigen. Diese Auswirkungen bestätigen, daß Cannabis eine psychotrope Droge ist und von ihrem Wirkungsprofil her Ähnlichkeiten sowohl mit den stimulierenden wie dämpfenden Drogen aufweist.

Die erwähnten negativen Untersuchungsbefunde bezüglich allfälliger Gesundheitsschädigungen bei mäßigen Marihuana-Konsumenten sind als solche beruhigend. Sie haben in die Frage des Gesundheitsrisikos einige Klärung gebracht, indem erhebliche körperliche Schädigungen des Organismus auch bei längerdauerndem, mäßigem Konsum selten sind. Auf der anderen Seite müssen wir uns klar vor Augen halten, daß die Anzahl der befragten resp. untersuchten Probanden klein ist, die Methode des Ausfindigmachens von Untersuchungspersonen (sampling) wissenschaftlich z.T. ungenügend war und allfällige Untersuchungsergebnisse in anderen Kulturbereichen nicht ohne weiteres auf die Situation in anderen Ländern übertragen werden dürfen.

Quervergleiche zu anderen Substanzgruppen psychotroper Drogen

Einige allgemeine Überlegungen bezüglich des Gesundheitsrisikos anderer bekannter Drogen mögen dies verdeutlichen. Wenn wir in der BRD oder der Schweiz nach den Methoden der Zufallsauswahl regelmäßige Alkoholkonsumenten befragen und auf entsprechende körperliche Auswirkungen hin untersuchen, werden wir bei einem größeren Teil der Untersuchten keine oder nur geringfügige Schädigungen des Organismus feststellen, obwohl vollkommen unbestritten ist, daß der Alkohol ein Toxon ist, das klar umschriebene klinische Krankheitsbilder der Leber, des Nerven- und Gefäßsystems verursacht. Wir möchten mit dieser Analogie die Untersuchungsbefunde in den erwähnten Langzeitstudien nicht auf den Kopf stellen. Es sei nur davor gewarnt, sie als definitive Ergebnisse im Sinne des Fehlens körperlicher oder psychopathologischer Auswirkungen auf die Funktionen unseres Organismus zu interpretieren.

Es muß im weiteren festgehalten werden, daß Drogen mit einem erheblich stärkeren psychoaktiven Wirkungsprofil wie Amphetamine, Kokain oder Heroin, als Substanz, keine wesentlichen primären körperlichen Schäden nach sich ziehen. Die beim Heroin bestbekannten körperlichen Folgeerscheinungen sind nicht auf den "Stoff" Heroin zurückzuführen, sondern auf Verunreinigungen, die aus Beimengungen in der Substanz oder infolge der unsterilen Applikationsart auftreten. Die "Fixer" - Hepatitis, Thrombophlebitiden an der Einstichstelle, Herzmuskelentzündungen u.a. sind Folge des unsterilen Injizierens und nicht dem Heroin als Toxon zuzuschreiben. Während beim Alkohol klare Hirnschädigungen, die von einem vorzeitigen Alterungsprozeß der Intelligenzleistungen bis zur Demenz reichen, bestens bekannt sind, sei nur am Rande erwähnt, daß Heroin k e i n e derartigen Auswirkungen hat, Amphetamin oder Kokain nur selten und in hohen Dosen zu einer dauernden Einschränkung der Hirnleistung führen können. Es wird immer wieder mißverstanden, daß es bei den verschiedenen Abhängigkeitsformen im wesentlichen n i c h t um das Ausmaß einer allfälligen körperlichen Abhängigkeit oder körperlichen Folgeerkrankung geht, sondern daß Abhängigkeit primär immer p s y c h i s c h e Abhängigkeit meint und sich in p s y c h o s o z i a l e n Folgeerscheinungen äußert. Hierzu gehören Veränderungen, die sich im Denken, im Antrieb, in der Affektivität u n d in der sozialen Anpassung und Integrationsfähigkeit äußern. Diese Veränderungen sind schon lange als toxische Wesensänderung beschrieben worden. Psychische Abhängigkeit meint im Extremfall gieriges, unbezwingbares Verlangen, sich die Droge um jeden Preis zu beschaffen. Mäßige Grade der psychischen Abhängigkeit äußern sich aber auch in allen jenen Formen des "Nicht-mehr-aufhören-Könnens", die sich in einem gelegentlichen oder periodischem Konsum einer psychoaktiven Substanz äußern. Gehört im Extremfall eine ausgesprochene Unzuverlässigkeit, Unaufrichtigkeit, Verlogenheit und Verwahrlosung, eine Schwächung bis Abstumpfung des Pflicht-, Takt- und Verantwortungsgefühls zur toxischen Wesensänderung, wird sich diese bei leichteren Formen der psychischen Abhängigkeit in Gewissenskonflikten, Stimmungslabilität, Überempfindlichkeit, Reizbarkeit sowie Neigung zu abnormen seelischen Reaktionen äußern. Diese Auswirkungen haben wir durchaus bei chronischen Haschischkonsumenten gesehen: wir sehen sie immer häufiger bei Heroinabhängigen, bei Polytoxikomanen, Patienten also, die eine Vielzahl von psychotropen Substanzen, inkl. Alkohol, mißbrauchen.

Während Cannabis als psychotrope Substanz mit einem Einfluß auf Erleben und Verhalten sowie die Entwicklung psychischer Abhängigkeit und Toleranz zu Recht als Droge bezeichnet wird und hier vergleichbar mit den anderen Drogentypen, wie Morphin/ Heroin, Amphetamin/Kokain, Alkohol/Barbiturate, ist, muß ihr Abhängigkeitspotential sowie ihre Fähigkeit, soziale psychische und körperliche Folgen zu verursachen, als deutlich schwächer eingestuft werden. Diesem Bedürfnis, eine Abstufung entsprechend einer Balance zwischen dem gesundheitlichen Risiko und dem medizinischen Anwendungsbereich zu erzielen, kommt die neue UNO-Konvention über die Kontrolle der psychotropen Substanzen entgegen (Wiener Konvention 1971). Entsprechend ihrem bisher seltenen medizinischen Anwendungsbereich - und einem relativ hohen Risiko gesundheitlicher Schädigungsmöglichkeiten figurieren die Tetrahydrocannabinole, Halluzinogene und Stimulantien in der Gruppe 1 dieses neuen Klassifikationssystem. Richtlinien und Kriterien sollen bezüglich der individuellen Klassifikation sämtlicher kontrollpflichtiger psychotroper Substanzen mit unterschiedlichem Kontrollniveau fortlaufend festgelegt werden. Aus der Gegenüberstellung von Gefahr und Nutzen einer Droge wird über die Listenzuteilung entschieden und durch eine Klassifikationsbehörde überwacht, um festzustellen, ob eine Änderung im Gefährdungsquotienten eintritt.

Diese Hinweise sollen unterstreichen, daß es heute, wenn wir die Gesamtheit aller psychotropen Drogen und Medikamente betrachten, nicht um eine "Auflockerung" bestehender Kontrollmaßnahmen gehen kann, um eine sogenannte "Freigabe" des Haschisch, sondern um laufende Evaluationen aller psychotropen Drogen, gemäß ihrer allfälligen benefit-risk-ratio.

Bis jetzt haben generell Frühevaluationen harmlosere Resultate ergeben, als was sich später jeweils herausstellt. Das gilt für alle psychotropen Drogen, sicher aber bis jetzt für alle jene mit symptom-produktiven Auswirkungen. Dies gilt insbesondere für die Barbiturate, deren Abhängigkeitspotential über 50 Jahre nicht erkannt wurde, dies gilt für das Morphin sowie seine Ersatzpräparate und ebenso für die Amphetamine, die noch in den 50er Jahren unseres Jahrhunderts in amerikanischen Monographien als harmlos im Sinne der Abhängigkeitsentwicklung beschrieben wurden.

Zusammenfassung

Die Frage der Schädlichkeit von Marihuana resp. Haschisch läßt sich aus folgenden Gesichtspunkten beurteilen:

1. Es besteht ein erhöhtes Risiko bezüglich der phasenspezifischen Vulnerabilität des jugendlichen Menschen.

2. Der Konsum von Marihuana resp. Haschisch ist deutlich dosisabhängig, es gibt bezüglich der Wirkung eine erhebliche intra- und interindividuelle Variabilität.

3. Der Konsum von Marihuana bewirkt weder bei akuter Intoxikation noch bei länger dauerndem mäßigen Konsum ein deutliches Gesundheitsrisiko: insbesondere sind erhebliche körperliche Schädigungen des Organismus selten, soweit das heute beurteilt werden kann. Körperliche, psychische und soziale Schädigungen werden wahrscheinlicher beim Vorliegen weiterer Risikofaktoren, die nichts mit der Droge Cannabis zu tun haben, aber auch bei steigender Dosierung und Häufigkeit des Konsums.

4. Haschischkonsum kann zu Toleranz und mäßiger psychischer Abhängigkeit führen, doch ist dieses Abhängigkeitspotential und die Fähigkeit , soziale und psychische

Folgen zu verursachen, deutlich schwächer im Vergleich zu anderen Drogen wie Morphin/Heroin/Amphetamin/Kokain, Alkohol/Barbiturate.

5. Die relative Schädlichkeit von Cannabis spricht klar für ein Beibehalten der Substanz innerhalb nationaler und internationaler Kontrollorgane. Es besteht hingegen eine klare Notwendigkeit, diese Substanz gegenüber anderen Drogen in ihrem Schädigungspotential abzugrenzen und die Frage der Notwendigkeit einer intensivierten Kontrolle von Psychostimulantien einerseits wie von Barbituraten und barbituratfreien Hypnotika andererseits zu überprüfen.

L i t e r a t u r

1. DORNBUSCH Rhea L, FREEDMANN, A.M., FINK, M.: Chronic Cannabis Use in Annals of the New York Academy of Sciences, 828, 1 - 430 (1976).
2. KIELHOLZ, P., LADEWIG, D., UCHTENHAGEN, A.: Zur Frage der Gesundheitsschädlichkeit des Haschischkonsums, erscheint in: Schweiz. Rundschau für Medizin, Praxis, publ, Okt. 1979.
3. KIELHOLZ, P., GOLDBERG, L., HOBI, V., LADEWIG, D., REGGIANI, G., RICHTER, R.: Haschisch und Fahrverhalten in: Dtsch. med. Wschr. 97 (1972), 789 - 794, Georg Thieme Verlag, Stuttgart.
4. LADEWIG, D., HOBI, V., DUBACHER, H., FAUST, V.: Drogen unter uns. Karger, Basel 1978.
5. ROBINS, L.N.: A follow-up of Vietnam drug users, interim final report, Washington D.C., Special Action Office for Drug Abuse Prevention, Special Action Office Monograph, Series A, No. 1, 1973
6. WHO Expert Committee on Dependence Producing Drugs, World Health Organization, Technical Report Series, 312, Geneva 1965.
7. WOGGON, B.: Haschisch, Springer, 1974

Psychiatrische Universitätsklinik Basel
(Direktor: Prof. Dr. P. Kielholz)

Anschrift des Verfassers: PD Dr. D. Ladewig
Psychiatrische Universitätsklinik
Basel

Das subjektive Wirkungsspektrum von Haschisch und die Häufigkeit von Nebenwirkungen

von J. SCHWARZ und W. BECKENBACH

In seinem pharmakologischen Lehrbuch über Rauschgifte beschreibt HESSE (7) Selbstversuche mit Haschisch u.a.: "Etwas Fremdes, Unentrinnbares naht ... Bilder und Bilderreihen längst vergangener Erlebnisse treten auf, ganze Szenen und Situationen werden gegenwärtig. Sie erregen zunächst Interesse, zuweilen Genuß, schließlich, wenn es kein Abwenden von ihnen gibt, Ermüdung und Pein ... So kann sich der Raum weiten, der Boden abschüssig werden. Atmosphärische Sensationen, wie Dunst und Undurchsichtigkeit treten auf. Oder optische Visionen entwickeln sich. Die Farben werden heller, die Gegenstände schöner. Alles erscheint in strahlendem Licht. Von allem aber, was der Berauschte erlebt, wird er überrascht, überwältigt...
Die Situation kann dabei für den Berauschten von so bezwingender Heiterkeit werden, daß er minutenlang zu nichts anderem fähig ist als zum Lachen. Auch seine sonstigen Ausdrucksformen, sein Minenspiel, seine Gesten, die gesamte Motorik ist verändert. Kontrakturartige Zustände wechseln mit Perioden erhöhter Motilität, bizarren Bewegungen, plötzlichen Entladungen ab. Die Erinnerung an den Rausch bleibt auffallend scharf."

Derartige ekstatisch-mystifizierende, blumig-schillernde Beschreibungen der Haschischwirkung, dazu die modische Aufbereitung durch STECKEL (21): "Don't worry, be happy", LEARY (12): "turn on, tune in, drop out" und LEONHARD (13), der blauäugig die Freigabe von Haschisch zur Diskussion stellte, waren für die frustrierte Jugend der ersten Drogengeneration die Ursache für eine weit überzogene Erwartungsspannung. Eine pädagogisch richtige Aufklärung war das nicht; abgesehen von der vorrangigen Frage, ob die versprochenen Haschischwirkungen mit derartig breitem Erlebnisgehalt in der Praxis wirklich so häufig auftreten.

Ausgangspunkt der Untersuchung sind rund 5000 14- bis 20-jährige Ober-, Real- und Berufsschüler beiderlei Geschlechts, die 1972 befragt wurden und von denen 868 verwertbare Angaben gemacht haben (19).

Ziel war es nicht, eine wissenschaftliche Bewertung von Cannabiswirkungen zu liefern, dazu hätte man keine Kinder, sondern Erwachsene mit ihrer besseren Fähigkeit zur Introspektion und Verbalisierung ausgewählt (siehe dazu - 1, 2, 4, 9, 17, 18, 23, 24). Uns ging es darum, aufzuzeigen, wie ein Durchschnittsjugendlicher seine Erfahrungen mit Haschisch subjektiv einordnet.

Subjektive Antworten lassen sich nicht in ein streng wissenschaftliches, begriffliches Korsett pressen. Sie sind vielerlei Einflußgrößen unterworfen. Zu berücksichtigen sind Persönlichkeitsvariable, wie Struktur, Erwartung, Vorerfahrung, Gestimmtheit oder das auch experimentiell nachgewiesene sogenannte Setting (20, 25, 26). Pharmakologisch wichtig wäre u.a. die Applikationsart und die hier unbekannte Dosis. Es ist vielfach nachgewiesen, daß 2 mg THC geraucht eine leichte Euphorie, etwa 7 mg Wahrnehmungsveränderungen und etwa 15 mg Wahngedanken und Halluzinationen erzeugen (9, 16, 22). Unsere Konsumenten bestanden zu über 80 % aus sogenannten Probierern, die eher vorsichtig dosiert haben dürften. Schließlich ist zu berücksichtigen, daß ein und dasselbe Symptom verschieden bewertet werden kann. Einer empfindet den kollapsbedingten Schwindel als "angenehm schlappes Gefühl in den Beinen", ein anderer sagt dazu: "ich fühlte mich untauglich, mies, ausgepumpt". Manche Angaben ließen sich fast garnicht einordnen, wie beispielsweise: "ich hatte ein globales Körpergefühl", "fühlte mich etwas beschlagen", "maddelig", "hatte ein verkrampftes Gefühl im Kopf", "fühlte mich wie mit Watte ausgestopft" oder: "ich habe einen Jungen geküßt, den ich sonst verachtet habe".

Bei der Aufzählung solcher Angaben ist eine subjektiv bewertende Einordnung durch den Untersucher unvermeidlich.

Obwohl es uns pädagogisch gesehen mehr um die Nebenwirkungen ging, sollen die subjektiven Wirkungen nach Art und Häufigkeit kurz dargestellt werden. Bei den Wirkungen beziehen sich alle Prozentzahlen auf die Gruppe der Schüler, die eine Wirkung verspürt haben (659 Schüler = 76 % der Haschischkonsumenten); bei den Nebenwirkungen auf alle Schüler, die überhaupt Haschisch konsumiert haben (N = 868). Zu beachten ist weiterhin, daß alle Tabellen Mehrfachangaben enthalten.

Tabelle 1 Quantitative psychomotorische Cannabiswirkungen
N = 659; Mehrfachangaben

Kategorie	Merkmal	absol.	N%
Stimmung	Euphorie	120	18
	Lachzwang	56	8
Hemmungslösung	angstdämpfend	69	10
	Kontaktverbesserung	34	5
	Gefühlserleben gesteigert	33	5
	Denken verbessert	31	5
	Konzentration verbessert	21	3
	Phantasie gesteigert	7	1
	Gedächtnis verbessert	3	0,5
Motorik gesteigert	Tanzwut, Redseligkeit	45	7
Psychomotor. Dämpfung	"müde"	179	27
	Denk-Konzentrationsstörung	17	3

Aus Tabelle 1 geht hervor, daß die rein euphorisierende Cannabiswirkung, wenn man sie scharf von rauschartigen Phänomenen abzugrenzen versucht, relativ selten ist. Das entspricht etwa den Zahlen von HERTHA bei Berliner Studenten (8) und MALHOTRA bei Wuppertaler Schülern (14), steht aber ganz im Gegensatz zu den Angaben von MURPHY (15), der bei 74 % von Gewohnheitskonsumenten Euphorie feststellte.

Tabelle 2 Veränderung des sozialen Erlebens
N = 659 ; Mehrfachangaben

Merkmal	absolut	N %
Sozialer Rückzug	20	3
Verlust der Selbstkontrolle	12	2
Größenwahn	5	1

Während gemäß Tabelle 2 einige Schüler den Rauschzustand als wohltuende Entlastung von sozialen Verpflichtungen beschrieben, beklagten andere Schüler bei den Nebenwirkungen denselben Effekt als Verlust der sozialen Kompetenz.

Tabelle 3 Halluzinogene Cannabiswirkungen
N = 659 ; Mehrfachangaben

Kategorie	Merkmal	absolut	N %
Rausch	"Wohlbehagen"	196	30
	"wie Alkohol"	28	4
	"traumhaft"	26	4
rauschartige Kreislaufsymptome	"Schweben"	64	10
Halluzinationen	"Erscheinungen"	17	3
	veränderte Zeitwahrnehmung	7	1
	räuml.Halluzinationen	6	1
	Wahnvorstellungen	6	1
	Farbträumereien	3	0,5
Sehstörungen	Farben intensiver	42	6
	Farbbildungen	7	1
	Verzerrungen	4	1
	undeutlicher	4	1
Hörveränderungen	Musik besser	95	14
	geräuschempfindlich	14	2

Unter den halluzinogenen Cannabiswirkungen werden rauschartige Symptome meist mit dem unscharfen Begriff "Wohlbehagen" umschrieben. 4 % vermerkten - nicht selten unter Hinzufügung ihrer Enttäuschung - daß der Rausch nicht intensiver und nicht aufregender als nach geringem Alkoholgenuß wirkte. Gut 10 % haben Empfindungen beschrieben, die wir im Zusammenhang mit den später zu erörternden Nebenwirkungen eher als Kreislaufsymptome auffassen möchten. Halluzinationen, Veränderungen des Sehens und Hörens, auf die sich viele Jugendliche eigentlich vorbereitet hatten, traten vergleichbar selten in Erscheinung. Das deckt sich mit den Ergebnissen von KEELER (10), der nur bei 11 % Halluzinationen beobachtete.
Die geringe Haschischverträglichkeit ließ offensichtlich eine Dosissteigerung in der Regel garnicht zu. Am häufigsten scheinen mit 14 % noch Hörveränderungen zu sein, die in einer intensiveren Aufnahme von Musik bestanden.

Tabelle 4 Neurovegetative und sexuelle Veränderungen
N = 659 ; Mehrfachangaben

Merkmal	absolut	N %
Hunger	11	2
Durst	8	1
Tremor	4	1
Parästhesien	3	0,5
Steigerung der sexuellen Erregung	11	2
Steigerung der Potenz	1	0,2
Verbesserung des Orgasmus	1	0,2

Neurovegetative und sexuelle Veränderungen (Tabelle 4) werden nur selten zu den positiven Haschischwirkungen gezählt, am ehesten noch Hunger und Steigerung der sexuellen Erregbarkeit.
Unter dem Gesichtspunkt der Prävention verdienen die Cannabisnebenwirkungen besondere Aufmerksamkeit. Mindestens 61 % aller Haschischkonsumenten berichten über unerwünschte Nebenwirkungen!

Tabelle 5 Quantitative psychomotorische Cannabisnebenwirkungen
N = 868 Konsumenten ; Mehrfachangaben

Merkmal	absolut	N %
Depression	101	12
Angst	50	6
Antriebsschwäche	51	6
"nervös"	20	2
Denkstörung	11	1
Konzentrationsschwäche	25	3
Gedächtnisstörungen	7	1
aggressiv	8	1
Hemmungsabbau	8	1
sexuell erregt	4	0,5
Impotenz	7	1
Schulversagen	7	1

Bei den quantitativen psychomotorischen Cannabiswirkungen (Tabelle 5) geben 12 % aller Haschischkonsumenten depressive Stimmungsänderungen an. Ein Schüler hat berichtet, daß er sich im Zustand der Verwirrung und Depression auf die Schienen gelegt habe. Ein Vergleich der absoluten Zahlen zeigt, daß über depressive Verstimmungen fast so häufig berichtet wird wie über Euphorie.

Tabelle 6 Halluzinogene Cannabisnebenwirkungen
N = 868 Konsumenten ; Mehrfachangaben

Merkmal	absolut	N %
Halluzinationen	8	1
verwirrt	4	0,5
Zeitgefühl verändert	2	0,2
Raumgefühl verändert	2	0,2
Veränderung des sozialen Erlebens	9	1

Halluzinationen ordneten die Schüler nur selten unter unerwünschten Nebenwirkungen ein (Tabelle 6), da sie diese angestrebt hatten.

Tabelle 7 Neurovegetative Nebenwirkungen
N = 868 Konsumenten ;Mehrfachangaben

Merkmal	absolut	N %
Störung im Vitalerleben	60	7
Übelkeit	155	18
Erbrechen, Brechreiz	43	5
Kalter Schweiß	10	1
Schwindel	49	6
Kopfschmerzen	60	7
Ohnmacht	9	1
Kreislaufstörungen	22	3
Zittern, weiche Knie	15	2
Herzstörungen	12	1
Sehstörungen	8	1
Atembeschwerden	18	1
trockener Mund	4	0,5
Hals- u. Schluckbeschwerden	7	1
Augentränen	12	1
Gleichgewichtsstörungen	12	1
Gliederschmerzen	4	0,5
Magenbeschwerden	13	1
Lärmempfindlichkeit	2	0,2
Allergie	5	0,6
Schlafstörungen	11	1
Alpträume	6	1
Leistungsabfall	19	2
Abmagerung	3	0,3
Sonstiges	7	1

Starke Beachtung sollten die neurovegetativen Nebenwirkungen (Tabelle 7) finden, wobei mindestens die ersten 11 Symptome als Teilsymptome eines Blutdruckabfalls aufgefaßt werden können. 32 % aller Haschischkonsumenten haben mindestens eines dieser Symptome benannt!

Auf Blutdruckkrisen bei Cannabisrauchern haben in ihren experimentiellen Studien schon MARX (2), GARRIOTT (5), ISBELL (9) und zuletzt in Deutschland DITT (3), HELLMER und ZELLMANN (27) hingewiesen.

Letzterer berichtet, daß bei einer Gruppe von 59 Versuchspersonen 17 % einen Stehversuch nach 4 Minuten abbrechen mußten, weil ein therapiebedürftiger Kreislaufkollaps eingetreten war. Weitere 25 % zeigten mit einer Tachycardie (Pulsanstieg im Mittel um 30 Schläge pro Minute bei einem mittleren Abfall des systolischen Druckes von 20 mm/Hg) Anzeichen einer erheblichen Kreislauflabilität. Zu Beginn der Drogenwelle wurden neurovegetative pharmakologische Nebenwirkungen von Cannabis meist auf Verunreinigungen zurückgeführt. Manche Erwachsene haben die Jugendlichen in diesem Glauben geradezu bestärkt, indem sie die pädagogisch gut gemeinte Legende von den absichtlichen Opiatbeimengungen verbreiteten. In Zusammenarbeit mit HELMER konnten wir das durch gezielte Untersuchungen zwar rasch als Trugschluß entlarven ,die Legende hielt sich jedoch einige Zeit. Wir glauben nach Sichtung der subjektiven Angaben, daß die erlebten unerwünschten Nebenwirkungen wohl abschreckender waren als die Papierlawine von Aufklärungsliteratur. Pädagogisch wäre es vielleicht heilsam, nachwachsende Generationen, die neugierig auf Haschisch sind, weil sie von den lustvollen Schilderungen über angeblich vielfältige halluzinogene Wirkungen fasziniert sind, genauer über das Risiko und das breite Spektrum schwerer Nebenwirkungen zu informieren.

Zusammenfassung

868 Haschischkonsumenten - darunter über 80% Probierer - von Ober-, Real- und Berufsschulen gaben Auskunft über die subjektiven Wirkungen und Nebenwirkungen von Cannabis. 61 % aller Schüler hatten zum Teil schwere unerwünschte Nebenwirkungen. Im Vordergrund standen bei 32 % der Schüler Symptome, die auf einen Blutdruckabfall mit Kollaps hindeuten. Daraus leiten sich die pädagogischen Überlegungen ab, Nebenwirkungen stärker zu beachten, als die oft übertrieben dargestellten halluzinogenen Wirkungen des Haschisch.

Schlüsselworte: Haschisch, Schüler, Haschischwirkungen, Haschischnebenwirkungen, Praevention.

Keywords: Hashisch, pupil, hashisch-effect. hashisch-side-effect, prevention.

Summary

868 Hashisch-users of three different types of schools - 80 % of them tried Hashisch only once - reported subjektive effects and side-effects of cannabis. 61 % of all pupil partly suffered from severe non-desired side-

effects already. 32 % described symptoms indicating a decrease of bloodpressure and collapse. These results may underline pedagogical reflections of attracting more attention to side-effects than to often exaggerated descriptions of halluzinogenic hashisch-effects.

L i t e r a t u r:

1. ANGST, J.: Halluzinogen - Abusus, Schweiz. med. Wschr. 100, 710-715 (1970)
2. BAEYER, W.v., BERINGER, K., MARX, H.: Zur Klinik des Haschischrausches I Denkstörungen (BERINGER) II Psychomotorische Erscheinungen (BAEYER) III Stoffwechselstörungen (MARX) Der Nervenarzt 5, 337-350 (1932)
3. DITT, J., DÖRING, G., BODE, G.: Vortrag Arbeitskreis Psychopathologie der dt. Ges. für Rechtsmedizin (1970)
4. FERNANDES, M.: Cannabis, Chemie und Pharmakologie Berlin ÄK. 8, 171-173 (1971)
5. GARRIOTT, I.C., FORNEY, R.B., HUGHES, F.W., RICHARDS, A.B.: Pharmacologic properties of some cannabis related compounds Arch. Intern. Pharmacodyn.Ther. 171, 425-434 (1968)
6. GOSTOMZYK, I.G., PARADE, P., GEWECKE, H.: Rauschmittelgenuß u. Leistungsfähigkeit Z. Rechtsmedizin 73, 131-136 (1973)
7. HESSE, E.: Rausch-, Schlaf- und Genußgifte Enke-Verlag Stuttgart (1971), S. 85 f
8. HERTHA, J.: Erfahrungen mit Haschisch Diss. Berlin 1973
9. ISBELL, H., GORODETZSKY, C.W., JASINSKI, D., CLAUSSEN, U., SPULAK, F. v., KORTE, F.: Effects of Tetrahydrocannabinol in man Psychopharmacologia 11 (2), 184-188 (1967)
10. KEELER: Zit. n. Keup, W. (11)
11. KEUP, W.: Das Auftreten psychotischer Symptome nach Cannabismißbrauch: Übersetzung aus Diseases of the Ner. System , Vol. 31 pp, 119-126 (1970)
12. LEARY, T., ALPERT, R.: The politics of consciousness expansion, Harvard 1963
13. LEONHARD, R.W.: Haschisch - Report, München 1970
14. MALHOTRA, M.K.: Cannabiserlebnisse Wuppertaler Schüler Psychopharmacologica 33, 349-354 (1973)
15. MURPHY, H.B.M.: The cannabis habit, Bull.Narcot. 15, 15-23 (1963)
16. PIETZCKER, A.: Psychotische Episoden nach Haschischrauchen, Nervenarzt 46, 378-383 (1975)
17. REMSCHMIDT, H.: Haschisch und LSD, Med.Klin. 67, 706-716 u. 781-786 (1972)
18. SCHMIDTBAUER, W., SCHEIDT, J.v.,: Rauschdrogen Nymphenberger VA München 1971
19. SCHWARZ, J.: Verbreitung und Epidemiologie des Drogenmißbrauchs und die Probleme Jugendlicher in Schleswig-Holstein DHS Hamm, 81-95 (1975)
20. SMITH, D.E., MEHL, C.: The analysis of marijuana toxicity in Smith D. ed: The New Social Drug- Engelwood Cliffs, pp. 63, New Yersey: Prentice - Hall Inc. 1970

21. STECKEL, R.: Bewußtseinserweiternde Drogen, Edition Voltaire 1970
22. STRINGARIS, M.G.: Die Haschischsucht, Springer-Verlag Berlin, Heidelberg, New York, 1972
23. TÄSCHNER, K.L.: Tabellarisches Wirkungsspektrum nach Literaturangaben pers. Mitteilung, 1979
24. VIERTH, G.: Psychopathologische Syndrome nach Haschisch-Genuß, Münch. Med.Wschr. 109, 522-526 (1967)
25. WASKOW, I.E., OLSSON, I.E., SALZMANN, C., KATZ, M.M.: Psychological effects of tetrahydrocannabinol. Arch. Gen. Psychiat. 22, 97 (1970)
26. WIKLER, A.: Clinical and social aspects of marihuana intoxication Arch.Gen. Psychiat. 23, 320 (1970)
27. ZELLMANN, K., HELMER, R.: Experimentelle Untersuchungen zur Fahrtüchtigkeit nach Einnahme von Haschisch, Diss. Kiel 1973

Anschrift des Verfassers: Dr.med. Jürgen Schwarz
Leitender Arzt

Dipl.Psychologe
Wolfang Beckenbach

Therapiezentrum Münzesheim
- Fachkrankenhaus für alkohol-abhängige Männer
7527 Kraichtal 1, Am Mühlberg

Diskussionsbemerkungen zum Vortrag Schwarz

Es wurde die Frage aufgeworfen, ob sich subjektives Wirkungsspektrum und objektivierbare Nebenwirkungen heute - 1979 - noch so wie bei einer 1972 untersuchten Probandengruppe feststellen lassen, nachdem der Konsumentenkreis und die Konsumform sich erheblich gewandelt haben.
(Kleiner/Berlin)

Der von Herrn Schwarz erwähnte hohe Anteil an Nebenwirkungen sollte nicht verallgemeinert werden. Man wird bei "Nicht-Programmierten" in "nicht spezifischer Atmosphäre" mit einer hohen Rate an Nebenwirkungen zu rechnen haben.
(Gerchow/Frankfurt)

Antwort des Referenten

Einige Diskussionsredner äußerten die Auffassung, daß die Nebenwirkungen von Haschisch vermutlich nur von den unerfahrenen Probierern beobachtet werden, während die erfahrenen Haschischkonsumenten ihren Konsum wohl einstellen würden, wenn sie derartige Symptome verspürt hätten.
Herr Schwarz erwiderte:
Die Auswertung bei einer Stichprobe von 515 Haschisch-Konsumenten ergab:

Unerwünschte Nebenwirkungen bei Probierern (einmaliger Haschisch-Konsum) in	49 % der Fälle
Bei den leichten Konsumenten (2 - 10maliger Konsum)	64 % der Fälle
Bei den mittelstarken Haschisch-Konsumenten (11 - 50maliger Konsum)	68 % der Fälle
Bei den starken Haschisch-Konsumenten (über 50 Einzeldosen)	81 % der Fälle

Je häufiger also jemand Haschisch konsumiert hat, desto

Beobachtungen an einer großen Zahl Cannabis-Konsumenten zwischen 1966 und 1979 in einer Praxis für Allgemeinmedizin

von Hw. BEIL

Ich schicke voraus, daß sich unsere allgemeinärztlichen Erfahrungen von stationär-klinischen unterscheiden, über die anderweitig berichtet wurde, da sich unsere Klientel auf eine Praxis für Allgemeinmedizin bezieht.

Der Anteil aller Suchtkranken - einschließlich der Alkoholiker - in unserer Klientel beträgt etwa 20 % von ca. 800 Patienten/Quartal, der Anteil Jugendlicher ca. 35 %.

Wir behandelten von 1966 bis 1979 ca. 1000 Patienten, die Cannabis konsumierten. Ein Teil von ihnen nahm zeitweise auch andere (opiatfreie) Suchtstoffe (LSD, Aufputscher u.a.). Cannabis wurde jedoch von dem in unserer Auswertung berücksichtigten Kollektiv entweder ausschließlich oder über lange Zeiten isoliert benutzt. Die letzteren Patienten nahmen während der Auswertungszeit keine anderen Stoffe und standen nicht unter deren Wirkung.

Nicht alle Cannabiskonsumenten kamen wegen ihres Drogengebrauchs in die Praxis. Viele hatten Probleme, die sie als nicht mit ihrem Cannabiskonsum in Zusammenhang stehend ansahen oder die nichts damit zu tun hatten.

Durch unsere obligatorische Anamneseerhebung dürften uns nur wenige Cannabiskonsumenten entgangen sein.

Cannabis wird von intellektuell Unterprivilegierten (z.B. Hilfsarbeitern) wie von hochdifferenzierten Personen (wie z.B. Universitätslehrern) ebenso genommen und in allen Altersgruppen vom 12./13. Lebensjahr ab bis zum Ende des vierten Lebensjahrzehnts.

Wir fanden keinenCannabiskonsumenten, der nicht durch psychische Veränderungen, wie sie nachfolgend beschrieben werden, auffiel.

Die Veränderungen traten in wechselnder Schwere, Bedeutung und Auffälligkeit auf. In vielen Fällen zeigte sich, daß diese Veränderungen z.B. durch ein dominierendes, eigenwilliges Persönlichkeitsbild verdeckt waren.

Viele Konsumenten waren unter ihnen zusagenden Voraussetzungen besonders zuwendungsfähig. Wir sahen aber, daß dabei oft die Souveränität der Persönlichkeit, die Urteilssicherheit und Willensfähigkeit eingeschränkt waren. Daneben fanden wir manche, bei denen Arroganz und Unfähigkeit Einsichten zu entwickeln im Vordergrund standen.

Beim Cannabiskonsum handelt es sich um eine Intoxikation, die eine Bewußtseinsveränderung nach sich zieht. Die Symptomatik ist wie bei allen Vergiftungen abhängig von Dauer und Häufigkeit des Gebrauchs, von der zugeführten Menge und der persönlichen Empfindlichkeit gegenüber der Substanz.

Die erwähnten vier Faktoren sind weitgehend gleichwertig. Wir behandelten Patienten, die bei isoliertem Cannabisgebrauch so schwere, foudroyante Verhaltensstörungen entwickelten - ohne endogen psychotisch zu sein - daß ein halbes Jahr nach Konsumbeginn eine Unterbringung in einer geschlossenen klinischen Abteilung erforderlich war.
Wir kennen Patienten, die (ohne Gebrauch anderer Stoffe) nur einige Male im Jahr Cannabis rauchten und typische Verhaltens- und Kommunikationsstörungen entwickelten, die sich nach Beendigung des Konsums langsam zurückbildeten. Dies zeigt, daß kurzdauernder oder gelegentlicher Gebrauch nicht schadlos toleriert werden muß.

Wegen der langen Ausscheidungszeit einiger Cannabisfraktionen hat man es auch bei Wenig-Konsumenten mit einer chronischen Intoxikation zu tun.

Cannabis besitzt eine hohe Umsteigepotenz, insbesondere beim entzogenen Opiatkonsumenten und jugendlichen Alkoholbenutzer. Wir verfügen über deprimierende Erfahrungen: von Alkohol und Heroin entzogene Patienten recidivierten oft sofort, meist schwer in ihr früheres vorherrschendes Suchtverhalten, wenn sie wieder Cannabis rauchten.

Ohne im Augenblick auf Hirnstoffwechselprobleme einzugehen, sind wir zu der Auffassung gelangt, daß beim Abhängigen die eigene Persönlichkeit - das "Ich" - durch das Wesen der Droge verdrängt und durch die Wesensart der benutzten Droge ersetzt wird. Ob man von einem Persönlichkeitsaustausch sprechen will oder von einem Wechsel der Verhaltensmuster, ist Anschauungssache. Nach einer gewissen Zeit wird der physische Organismus durch den benutzten Stoff so verändert, daß die individuellen Persönlichkeitskräfte, das "Ich", sich (auf längere Zeit) nicht mehr unbeeinträchtigt in den Organismus eingliedern bzw. rückeingliedern kann. Die Leit-, Ordnungs- und Kontrollfunktionen des "Ich" werden durch Cannabis mehr und mehr verdrängt. Es stellen sich Verhaltensweisen ein, die an der betreffenden Persönlichkeit bisher unbekannt waren. Der emotionale Teil des Seelischen tritt allmählich - aber bereits verändert - in den Vordergrund, vorläufig noch geprägt durch die ursprüngliche Persönlichkeit, dann zunehmend aber mehr und mehr deren Eigenart nur vortäuschend und geprägt durch die Intoxikationssymptomatik des Cannabis.

Manche hochdosierten Patienten entwickelten beim Entzug von Haschisch nur eine geringfügige körperliche Symptomatik, andere - wenige - hatten schwere Entzugserscheinungen mit Gliederschmerzen, Tachycardie, Kreislaufstörungen, Schwitzen, Appetitlosigkeit usw.. Auch dies spricht für eine individuelle Empfindlichkeit. Entziehungspsychosen sahen wir nie. Über Persönlichkeitsstörungen nach dem Entzug (Stoffverlangen, Depression, Flash-backs, Angstzustände, Depersonalisationsgefühl, Versagens- und Minderwertigkeitsempfindungen u.ä.) wurde bis zu 3/4 Jahre nach dem Entzug geklagt - verbunden mit plötzlich auftretenden Perioden von Leistungsschwäche und Arbeitsversagen.

Cannabis kann Abhängigkeit hervorrufen. Seine toleranzprägende Wirkung ist vielleicht geringer als bei anderen suchtpotenten Mitteln - z.T. individuell. Es wirkt innerhalb der psychischen und somatischen, d.i. physiologisch - chemischen Vorgänge, innerhalb derer sich auch Toleranz - und Suchtprägungen durch andere Drogen - und Heroin - entwickeln.

Manche Benutzer benötigen nur eine niedrige Erhaltungsdosis, viele steigern die Dosis und haben einen hohen Dauerverbrauch. Es bietet sich das gleiche Gebrauchsschema wie beim suchtgefährdeten Alkoholkonsumenten an. Bei Cannabis darf aber die Gefährlichkeit einer wesensverändernden Suchtprägung noch weniger unterschätzt werden als bei Alkohol.
Wir unterscheiden den

geselligen Haschischraucher

Konfliktraucher

Gelegenheitsraucher

Gewohnheitsraucher

Zufriedenheitsraucher

Statusraucher

Angstraucher

Gleicherweise gelten die Jellineckschen Kategorien. Sie beziehen sich auf die Gruppe der Alpha-, Beta- und Gamma-Konsumenten. Die Delta- und Epsilongruppe betrifft den Opiatabhängigen.

Seit 1971 suchten 23 Jugendliche (15 männliche, 8 weibliche) mit schizophrener Symptomatik unsere Praxis auf. 18 mußten wegen der Akuität der Symptome klinisch eingewiesen werden. Die anderen wurden ambulant behandelt. Zwei von ihnen hatten keine Drogen genommen. Bei den anderen bestand ein chronischer Cannabisabusus, bei wenigen mit LSD kombiniert. Mehrmals ging dem Ausbruch der Psychose bei Wenig-Gebrauchern ein ungewohnter Cannabisexzess voraus. Wir glauben, daß Cannabis und LSD einen auslösenden oder/ und verschlimmernden Einfluß auf Beginn und Verlauf der Psychose haben, nicht aber, daß sie sie "erzeugen". Angepaßte, etablierte Jugendliche kommen seltener in unsere Praxis.

Deren Psychosen werden möglicherweise durch den Psychiater erkannt. Es bleibt offen, wieviele dieser Psychosen ohne Cannabis latent oder symptomarm geblieben wären. In allen Fällen wurde durch die behandelnde Klinik eine klassische Schizophrenie angenommen. Zwei der psychotischen Patienten zeigten vor dem Beginn des Drogengebrauchs Verhaltensauffälligkeiten ohne Sozialisationsstörungen. Alle, die nach der Entlassung aus der klinischen Behandlung den Cannabiskonsum wieder aufnahmen, recidivierten schnell - meist akut, manchmal schleichend.

Wir ließen bei 61 Drogenkonsumenten gezielt wegen hoher Dosierung oder Verhaltensauffälligkeiten ein Elektroencephalogramm anfertigen. Es fanden sich bei den Cannabiskonsumenten 26 normale, 8 unspezifisch abnorme, 6 unspezifisch pathologische Kurvenverläufe (Opiatabhängige 7 - 5 - 2, Amphetaminbenutzer 3 - 2 - 2).

Bei zwei Patienten mit cerebralen Krampfanfällen waren die Anfälle mehrere Jahre vor Beginn des Cannabiskonsums aufgetreten. Bei einem Dritten begannen sie 1/2 Jahr nach Beginn des Haschischgebrauchs. Der Gebrauch von Cannabis erhöhte die Anfallsfrequenz bei allen 3 Patienten: wenn Haschisch konsumiert oder in plötzlich höheren Dosen benutzt wurde, traten Anfälle auf trotz einer für die Zeiten der Drogenabstinenz ausreichenden Abdeckung mit anfallsunterdrückenden Mitteln. Der dritte Patient erlitt regelmäßig nach dem Konsum einen nächtlichen Paroxysmus. Da er nicht verzichtete benötigte er Antikonvulsiva.

Bei vielen Cannabiskonsumenten waren Laborparameter in Blut (BKS, Blutbild, Glukose, Serum-Fe, SGOT, SGPT, Gamma-GT, ChE, Cholesterin, Triglyceride, Elektrolyte, Elektrophorese) und Harn (Sediment, Combur-8-Stick, Keimzahlbestimmung) normal. Abweichungen entsprachen nach Zahl und Höhe der Erwachsenenklientel. Die Untersuchungen erfolgten unter praxisüblichen gezielten internistischen Fragestellungen. Ähnlich war es bei den EKG-Untersuchungen. Außer häufigen vegetativen und orthostatischen Zeichen sah man Frequenzerhöhungen, die wegen hohem Nicotinkonsum und unregelmäßiger Lebensweise statistisch nicht verwertbar sind.

Wir machten die Erfahrung, daß nicht selten etwa 1/4 Jahr nach Konsumbeginn die Desintegration der Persönlichkeit, der Familienbeziehungen, der beruflichen Leistungsfähigkeit usw. begann. Besonders deutlich war das bei Schulkindern aus bisher problemfreien Familien und vor allem in früheren Jahren, als Familienbeziehungen häufig noch gefestigter waren als heute und die Kinder und Jugendlichen weniger Scene-Erfahrungen hatten. Wir führen diese mit Reizbarkeit, Unzufriedenheit, Leistungsversagen, Leistungsverweigerung, Interessenverlust und einer typischen Art von Renitenz z.B. durch einen angeblich "plötzlich besseren Durchblick" einhergehende Veränderung auf die lange Ausscheidungszeit der wirksamen Cannabisfraktionen zurück. Der Konsument bleibt langzeitig unterschwellig angetörnt und dadurch verändert. Wir glauben, daß dies ein Grund der kontinuierlichen Unzufriedenheit und des Problemverhaltens ist.

Bei Straffälligkeit wegen Verstoßes gegen das BTM-Gesetz schien das Vorbestraftsein weniger unangenehm empfunden zu werden als die Verbüßung der Strafe. Die Mehrzahl fühlte sich durch den Eingriff in die Freiheit irritiert, weniger durch die Diskriminierung. Dies entspricht der Gleichgültigkeit gegenüber gesellschaftlichen Normen. Alle Konsumenten waren sich klar, daß Cannabis ein verbotenes Rauschgift ist. Der größte Teil der Benutzer betrachtet es als in den von ihm beanspruchten Teil der Gesellschaft integriert. Erwerb und Besitz werden als selbstverständlich angesehen und Strafbarkeit nicht akzeptiert. Die Beurteilung der Nützlichkeit divergiert zwischen "äußerst bekömmlich und wichtig für mich", bis zur Ablehnung von Bekömmlichkeit und Nutzen, ohne daß Verzicht geleistet wird. Die Einsichtsfähigkeit in Schädlichkeit und Folgen des Konsums sind nicht von der Konsummenge abhängig. Natürlich verteidigt eher der Hochdosierte seinen Mißbrauch. In erschreckendem Maße ist das auch bei Wenig-Gebrauchern und Anfängern der Fall.

Viele gaben mangelnden Genuß und unangenehme Nebenwirkungen beim ersten Probieren an. Bestürzend ist, wieviele trotz schlechter Ersterfahrungen den Gebrauch fortsetzen.

Während sich bis zur Mitte der siebziger Jahre die meisten Konsumenten von Alkohol distanzierten, wird er seither zunehmend in die Gebrauchsmuster einbezogen. Er scheint an die Stelle des zurückgehenden Gebrauchs von Aufputschern und LSD zu treten. Die Eskalationsgefahr ist dadurch nicht verringert.

Die fehlende Kritik gegenüber der Drogeneinnahme liegt in der Sache. Würde jemand Drogen nehmen, der sie nicht als nützlich, angenehm und gefahrlos empfindet? Indem sie dieses Gefühl hervorrufen, nehmen sie dem Konsumenten die Urteilsfähigkeit.

Bei 6 gezielten Stichproben bestätigte sich die behauptete Beimischung von Opium nicht.

Der Eigenanbau von Hanf (Saatgut aus den klassischen Anbauländern) nimmt in den letzten Jahren zu. Der Anbau erfolgt auf dem Balkon, in Gärten, an Feldrainen, geschützten Waldlichtungen. Von ca. 50 Cannabisusern pro Quartal liegt der uns ohne gezielte Befragung bekanntgewordene Eigenanbau bei 10-15 %.

Konventionelle und intellektuelle Tätigkeit kann durch Wertfreiheit und Abstraktheit ihrer Strukturen durch Cannabis weniger beeinträchtigt sein. Konsumenten, die einen intellektuellen Beruf ausüben oder angepaßt sind, vertragen Cannabis manchmal besser als Durchschnittskonsumenten, bei denen die Persönlichkeit schneller depraviert.

Künstlerische Arbeiten werden durch die Drogenwirkung beeinflußt und verändert. Bei höheren Dosen werden sie mehr oder weniger Ausdruck des Wesens der Droge und sind zuletzt nur noch im Stil Ausdruck der Künstlerpersönlichkeit.

Aus all dem ergibt sich die Symptomatik der chronischen Cannabisintoxikation. Sie ist Folge des zunehmenden Abbaus der Funktionen des Ich. Sie bezieht sich auf Veränderungen der intellektuellen Leistungsfähigkeit, des Gefühlslebens und der Willensfähigkeit: Einschränkung der Merk-, Erinnerungs- und Gedächtnisleistungen, Verlust der Selbstkritik, verwischte Grenzen zwischen Realität und situativer Fehlbeurteilung, Verkennung der objektiven psychischen und körperlichen Befindlichkeit, Euphorisierung oder hypochondrische Übertreibungen, Motivationsverlust außerhalb der drogenveränderten Bezüge. Es bestehen Konzentrations- und Antriebsstörungen, Affektlabilität, Querulantentum, Narzismus, Unzuverlässigkeit, Auffassungsschwäche, Einschränkung der Lernfähigkeit, Einengung der Interessengebiete, Lustlosigkeit, Leistungsverweigerung in Schule und Beruf, Fixierung auf die Probleme, Erfahrungen und Bedürfnisse des Drogengebrauchs ("es wird im wesentlichen nur noch über Shit geredet"), Veränderung des Gefühlslebens, des Ich-Erlebens, Verhaltensproblematisierung der Umgebung, Veränderung und Ideologisierung des Umweltbildes. Durch all das entstehen Wertstellungsänderungen. Wie beim Hirnverletzten entwickelt sich Übersensibilisierung mit erhöhter Anspruchs- und herabgesetzter Frustrationsschwelle. Die drei Funktionen des Ich: die realitätsbezogene Urteilsfähigkeit, das Empfindungserleben und die Willensfähigkeit werden abgebaut. Vor allem verflacht die Empfindungsfähigkeit und wird durch Verbalisation, deren vorstellungsreiche Seichte "Durchblick" und "Tiefe" nur vortäuscht, ersetzt.
Ein nicht unwesentlicher Teil der Beschäftigung bezieht sich auf drogenerzeugte Probleme des eigenen und inneren Lebens. So kommt es zur Vernachlässigung der Pflichten; man hat Besseres in sich. Daß das "Selbst" den Leitfunktionen des Ich entglitten ist, realisiert der Konsument nicht mehr. In der ebenso monomanen wie blumigen Vorstellungswelt des "Angeturnten" werden "sehr wichtige" Vorhaben und Konzepte entwickelt - doch selten wird so wenig realisiert, wie in der Drogenszene - ein Ausdruck fortschreitender Minimalisierung von Willensfähigkeit und Willensfreiheit.

Neben das erhöhte Risiko durch cannabisbedingte Schäden (Kreislaufstörungen, körperliche Schwäche, Infektanfälligkeit, verlängerte Rekonvaleszenz, Bronchitis) treten vermehrt Milieu- und depravationsbedingte Krankheiten (Hepatitis, Infektionen, Parasitosen, Fehlernährung, unzureichende Hygiene).

Die Palette der psychischen und körperlichen Mißbrauchskonsequenzen ist so unerschöpflich, wie (im Gegensatz dazu) die positiven Möglichkeiten der intakten Persönlichkeit.

Wir schätzen die Zahl schulisch und beruflich Desintegrierter auf etwa 70 % unserer Cannabisklientel. Der Rest hat mehr oder weniger berufliche Probleme durch Versagenszustände und Adaptionsschwierigkeiten.

Gelegentlich entziehen sich Konsumenten der Integration in konventionelle, soziale Strukturen durch "alternative" Tätigkeit (kleine Unternehmen, Work-Shops, Landwirtschaft usw.). Bestürzend ist die Anfälligkeit von Kooperation und Kollegialtoleranz in nicht wenigen solcher Gemeinschaftsunternehmen. Cannabis macht nicht nur Love and Peace, sondern erzeugt auch Isolation und Egozentrik. "Wissen was läuft" u.ä. Reflexionen ist Sensibilät ohne Realitätsbezug. Die drogeninduzierte Sensibilität täuscht vor, was nicht vorhanden ist.

Entziehungsversuche bei Cannabisgebrauchern führten wir durch, wenn diese sich nicht von ihrem Konsum (3 - 15 Pfeifen/Tag= 2 - 10 gr. Haschisch) lösen konnten, obwohl sie es über längere Zeit versucht hatten. Sie sahen selbst ihre körperliche und psychische Leistungsschwäche, den Abbau ihrer Persönlichkeit ("ich gehe jetzt kaputt"), ihre von ihnen ausgehenden Integrations- und Sozialisationsschwierigkeiten, alles im Sinne des von ihnen immer wieder bestätigten hier vorhergehend und nachfolgend Gesagten. Sie baten um eine gezielte Entziehungsbehandlung, die wir dann meist auf die erklärten Ersuchen hin durch Apomorphin stützten. Apomorphin erleichterte den Verzicht auf die Droge, vertiefte die Entziehungs- und Zukunftsmotivation, stabilisierte die Persönlichkeit und gab schneller ein größeres Maß an Freiheitsempfindung und steuerbarer Willensfähigkeit zurück. Die Effektivität der unterstützenden Apomorphin-Behandlung war besser als wir erwarteten, aber nicht so gut wie wir hofften. Alles war abhängig von der Motivation.

Von mindestens 4 reinen Cannabiskonsumenten wissen wir, daß sie sich in einer suchtbedingten Krise selbst töteten. Von zwei Konsumenten wissen wir, daß sie sicher durch den Cannabiseinfluß bei Verkehrsunfällen ums Leben kamen. Eine nicht geringe Zahl Gebraucher war von der Umsteigegefährdung auf Opiate nicht zu überzeugen. Sechs von ihnen waren deshalb 10 Monate bis 2 1/2 Jahre nach Beginn des Haschischkonsums tot. (Gesamtzahl der Todesfälle unter allen in unserer Praxis behandelten Drogenkonsumenten: 65. Seit 1970 behandelte Opiatgebraucher und Polytoxicomane: ca. 750).

Nicht wenige langzeitige und hochdosierte Benutzer von Cannabis waren nach Jahren (auch nach Aufgabe des Konsums) innerlich leer, manchmal wie ausgebrannt. Sie leben als Erwerbsunfähige, als Sozialhilfeempfänger ohne Interessen, die über Scene-Slang und Scene-Verhalten hinausgehen. Andere entwickeln nach dem Verzicht auf Drogen beängstigende, harte, vorgefertigte Verhaltensmuster des

Establishments - Persönlichkeitsstrukturen, die durch ihre Selbstzuwendung wenig erfreulich sind und in Gegensatz zu vorangehenden Anschauungen und Lebensmaximen stehen. Die Vielfalt der Persönlichkeitsbrüche und neurotischen Entwicklungen ist beachtlich.

***

Ich möchte nun auf die freie Erlangbarkeit von Cannabis eingehen:

Cannabis kann subjektiv ebenso positive Empfindungen auslösen, wie es objektiv die Persönlichkeit desintegriert und die Sozialisation stört. Unter Sozialisation verstehe ich nicht die Etablierung oder Adaption unter teilweiser Aufgabe der Persönlichkeit, sondern die Entwicklung von Souveränität und Bewußtseinsschärfe. Ob Genußgifte und Drogen konsumiert werden, ist nicht eine Frage der freien Erlangbarkeit oder des Verbotes, sondern eine Frage der Zielstrebigkeit und des Verlustes der Kritikfähigkeit.
Ein Teil unserer Gesellschaft und ein Teil der Jugendlichen versteht unter Freiheit, das zu tun, was persönliches Erleben vermittelt. Das heißt heute: was angenehm zu sein scheint. Konsequenzen, Abhängigkeit, Freiheitsverlust interessieren dabei nicht. Zeit als Reflexionsobjekt des Selbstbewußtseins entfällt für sie. Das Unterscheidungsvermögen zwischen Selbstgefühl und Selbstbewußtsein bleibt unterentwickelt.

Bei der Besprechung der freien Erlangbarkeit von Cannabis werden wir es stets mit dem Einwand der Scene zu tun haben, es gäbe keinen Grund, Cannabis zu verbieten, solange Alkohol frei verkäuflich ist, solange konventionelles Trinken und Trunksucht gesellschaftlich erwartet bzw. toleriert wird und chronischer Alkoholkonsum als persönliche Note oder als landsmannschaftlicher Charme betrachtet wird; solange in der Apotheke viele Sorten und jede Menge suchtpotenter Substanzen rezeptfrei erhältlich seien (für billigeres Geld, als für den Jugendlichen Dope) oder kostenfrei vom niedergelassenen Arzt verschrieben werden. "Mit welchem Recht" - so lautet der Vorhalt "maßt man sich an, einen Jugendlichen zu diskriminieren, der das tut, was Angestellte und Hausfrauen tun, die sich in der Apotheke suchtpotente Mittel kaufen?"
Ich stehe dafür, daß Cannabis nicht legalisiert wird und darüber keine Diskussion und kein Konsens möglich ist. Nicht Theorie oder Voreingenommenheit verbieten Cannabis, sondern Erfahrung und klinische Fakten. Alkohol und alle psychisch wirksamen Stoffe (einschließlich Nikotin) beeinträchtigen die Persönlichkeitsfunktion des Benutzers ebenso wie Cannabis. Deshalb werden sich Gesetzgeber und Sozietät unablässig mit dem Gesamtkomplex auseinanderzusetzen haben - nicht wegen der persönlichen Meinung einzelner. Denn es ist ein Problem des Cannabisscene und der Jugendlichen, nicht der Politik. Man wird Cannabis nur dann weiter kriminalisiert sein lassen können, wenn Alkohol und suchtpotente Arzneimittel bewußt diskreditiert

werden, zumindest die gegenwärtige künstliche Unterscheidung gegenüber Cannabis vermindert wird. Bei einer Liberalisierung aber von Cannabis werden 1 1/2 Millionen legaler Alkoholiker - mit freiem Zutritt zum Alkohol - eine gleiche Zahl Cannabiskonsumenten - mit freiem Zutritt zu Cannabis - gegenüberstehen, ein Heer legal persönlichkeitsgeschädigter jugendlicher Menschen, die ihr Leben nicht irgendwann mit Alkohol beenden, sondern - aus der gleichen "Freiheit", aus der der Alkoholiker handeln darf - mit einer Willensentkernung beginnen. Sozial- und Lebensprobleme erfordern nicht die Brücke der Droge, sondern den Lösungsversuch durch Persönlichkeitsentwicklung.
Es ist keine Verhaltensmodifikation, sondern die Erziehung zu einem neuen, geschärften - nicht erweiterten - Bewußtsein notwendig.

Einen beispielhaften Überblick über die Morbidität der Cannabisbenutzer gibt abschließend Tabelle 1. Wie die vorangehenden Zusammenfassungen geben auch diese Zahlen nur andeutungsweise einen Hinweis auf die tatsächlichen Schwierigkeiten und Probleme, unter denen die Patienten litten. Tabelle 1 bezieht sich auf das 4. Quartal 1979.

Von 62 Cannabiskonsumenten suchten 41 (= 66 %) die Praxis erstmals zwischen Anfang 1971 und 3/1979 auf. Einige von ihnen waren schon wiederholt wegen mißbrauchsbedingter und anderer Erkrankungen oder Probleme beraten worden; einige wurden wegen Erkrankungen aus den vorangehenden Quartalen weiterbehandelt.
21 Patienten (= 34 %) erschienen im 4. Quartal 1979 erstmals in der Praxis.

In allen Gruppen (außer Spalte 1) wurde isoliert Cannabis konsumiert (wöchentlich 1 - 2 bis tägl. 10 - 15 Joints). Wir sahen den Gebrauch auch dann als "isoliert" an, wenn andere Mittel einzeln oder zusammen soweit zurücktraten, daß ihre Wirkung gegenüber dem regelmäßigen Cannabiskonsum nicht relevant erscheint. (Alkohol: $\leqq$ 3 x wchtl. 1/2 l Bier oder äquiv.; Tabletten (z.B. Captagon) am Wochenende $\leqq$ 3 Tabletten, LSD $\leqq$ 3 x jährlich).

Autor: Dr.med.Hanswilhelm Beil, Arzt für Allgemeinmedizin
Koautor: Renate Beil-Heyerhoff

Anschrift des Verfassers: Volksdorfer Damm 34
D-2000 Hamburg 67

Tabelle 1

Grund der ärztlichen Inanspruchnahme durch Cannabisgebraucher im 4. Quartal 1979:	Beeinträchtigung der A.f. (x) bzw. Dauer der A.u.f. (x)	Anzahl	Ergänzende Angaben
SCHIZOPHRENIE (floride oder abklingend)	Keine A.f. α (xx)	4	Erster Schub: 2 Weiterbehandlung: 3
	eingeschränkte A.f.	2	
Durch Cannabisrezidiv ausgelöstes HEROIN-REZIDIV bei ehemals Entzogenen. Vorangehende Cannabis- u. Opiatabstinenz: $>$ 5 Monate	Eintritt der A.u.f. $\leq$ 4 Wochen nach Behandlungsbeginn	3	
Schwerste reaktive DEPRESSION	Keine A.f.	1	Suicidgefährdung +++
Schwerste VERWAHRLOSUNG (Endogene Psychose??)	Keine A.f. (xx)	2	
TABLETTEN- (u. ALKOHOL-) MISSBRAUCH bei Cannabisabusus	A.u.f. $>$ 6 Wochen	10	Tabletten: LSD, Captagon, Mandrax, Medinox, Percoffedrinol, X 112, Valium
	A.u.f. $<$ 3 Wochen	1	
LEISTUNGSVERSAGEN	A.u.f. nicht absehbar (xx)	4	
	A.u.f. 6 Wochen	4	
	A.u.f. 3 Wochen	6	
WEHRDIENSTPROBLEME (Ergänzungsuntersuchungen bei unzureichend erscheinender Musterungsuntersuchung u.a.)	Schwerstes Leistungsversagen (xx)	3	Suicidgefährdung bei 3 Fällen ++(+)
	Leistungsschwäche	6	Fahnenflucht: 2
	Antriebsmangel	3	
ALLGEMEINERKRANKUNG (Drogenunabhängig) mit	Schwerstem Leistungsversagen (xx)	3	
	Leistungsschwäche	2	
	Antriebsmangel	6	
GERICHTSGUTACHTEN	Leichte Persönlichkeitsveränderung	2	

(x) A.f. = Arbeitsfähigkeit
(x) A.u.f. = Arbeitsunfähigkeit
(xx) A.u.f. für 1 Jahr anzunehmen

Abweichende Merkmale hinsichtlich Suchtentwicklung, Persönlichkeitsstruktur, Behandlungsverlauf und nachstationärer Rehabilitation von Cannabiskonsumenten

von S. BINDER, C. HAPPE, W. SCHMITZ

Die Zwangseinweisung Drogenabhängiger in psychiatrische Großkliniken wird seit Jahren von Experten und Laien nicht mehr für opportun gehalten. Der Therapieerfolg in diesen Institutionen sei zu gering. Verantwortlich hierfür werden die unterschiedlichsten Gründe gemacht. Die personelle Situation, die räumliche Ausstattung, das fehlende therapeutische Klima, Konservatismus, Zwang und anderes (z.B. 18). Unabhängig von solchen Einstellungs- und Absichtserklärungen hat die Zahl der Drogenabhängigen in den letzten Jahren kontinuierlich zugenommen, die in psychiatrischen Großkliniken aufgenommen und behandelt werden müssen. Die vorwiegend Zwangseingewiesenen rekrutieren sich dabei in erheblichem Umfange aus Patienten, die zuvor in sogenannten freien Einrichtungen oder Fachkliniken behandelt worden sind. Im WLK Eickelborn sind z.Zt. 53 Drogenabhängige zwangsuntergebracht. Davon haben 26 Patienten wenigstens eine, maximal sieben stationäre Behandlungen in freien, gemeinnützigen Einrichtungen bzw. Fachkliniken genossen. So unbeliebt psychiatrische Krankenhäuser sind, so sehr sie neben den Justizvollzugsanstalten am Ende der Hierarchie der Wertschätzung stehen, ihre Funktion im Therapienetz für Drogenabhängige ist z.Zt. nicht wegzudenken. Die psychiatrischen Kliniken haben dieser Realität z.T. Rechnung getragen und Stationen für Drogenabhängige eingerichtet - das WLK Eickelborn hat davon 3 - und Therapieprogramme entwickelt. Man versteht sich als ein Glied in der Therapiekette.

Die Therapie in der psychiatrischen Institution wird ausschließlich durch Professionelle getragen, die Patienten haben kaum Entscheidungsfreiheit und Mitbestimmungsmöglichkeiten, strafrechtliche, zivilrechtliche und unterbringungsgesetzliche Bestimmungen sind Behandlungsregulatoren. Das bedeutet für die Patienten, daß sie ohne Aufnahmeantrag, ohne schriftliche Selbstdarstellung, ohne Aufnahmegespräch, ohne therapeutischen Aufnahmeritus, ohne Gesundheitsattest, ohne Kostenregelung, ohne Entgiftung und ohne materielle Voraussetzungen in die psychiatrische Institution gelangen.

Für die psychiatrische Institution bedeutet dies umgekehrt, daß sie keine Auswahlmöglichkeit hat, keine Therapieverträge abschließen kann, an rechtliche Normierung gebunden ist, therapiefremde Hausordnungen, z.B. die Dienst- und Vollzugsordnung, akzeptieren muß.

Wie sich die psychiatrische Institution als Ende oder Anfang der Behandlungskette denken läßt, so lassen sich ihre chronischen, opiatabhängigen Patienten als Pol einer Skala denken, der nicht untergebrachte Cannabiskonsumenten gegenüberstehen. Von daher bot sich an, unsere gegenwärtig zwangsuntergebrachten Drogenabhängigen nach sozialen, persönlichkeitspezifischen und suchtspezifischen Merkmalen mit Menschen zu vergleichen, die Cannabis konsumieren bzw. konsumiert haben, ohne je in der Öffentlichkeit als abhängig aufzufallen.

Methode

Die unabhängigen Variablen für unsere Experimentalgruppe sind Opiatabhängigkeit und Zwangsunterbringung. Von unseren gegenwärtig 53 Zwangsuntergebrachten haben sich 30 freiwillig für diese Untersuchung zur Verfügung gestellt. 28 sind gem. § 64 StGB, 2 gem. § 63 StGB eingewiesen worden. Zur Zeit der Untersuchung betrug die mittlere Unterbringungszeit 10 Monate und 28 Tage. Im Vergleich zu früheren Jahren hat sich damit die Behandlungsdauer beträchtlich verlängert. Die unabhängigen Variablen für die Kontrollgruppe sind Cannabiskonsum und Leben in Freiheit. Die 15 Cannabiskonsumenten konnten zur Mitarbeit durch persönliche Kontakte und durch Ansprache in Freizeitgruppen gewonnen werden.

Kontrollierte Variablen für beide Gruppen sind die Geschlechtsverteilung, die Altersverteilung, die soziale Schichtung. Als unkontrollierte Variable geht z.B. die Intelligenz ein. Mit beiden Gruppen ist das Anliegen der Untersuchung eingehend besprochen worden. Anschließend wurde dem Probanden ein Fragebogen vorgelegt und die Halbform A des Freiburger Persönlichkeits-Inventars. Es bedarf keiner Ausführungen, daß mit diesem methodischen Vorgehen eine Reihe von Unsicherheiten und Fragwürdigkeiten in Kauf genommen werden müssen, insbesondere die, daß es sich bei dem Vergleich im Grunde genommen um eine Gegenüberstellung von Cannabiskonsumenten und solchen Cannabiskonsumenten handelt, die zugleich Opiatabhängige sind (vgl. 14, pp. 185).

Ergebnisse und Diskussion

Relevante Ergebnisse sind in Abbildung 1 zusammengestellt. Aus Gründen der Übersichtlichkeit und Zweckmäßigkeit der deskriptiven Darstellung erfolgte teilweise eine Kombination der Antwortalternativen. Der geringe Stichprobenumfang der Gruppe der Cannabiskonsumenten ließ darüber hinaus in den Fällen, in denen Daten auf Nominalskalen - Niveau vorlagen, eine Signifikanzprüfung (5, 16) i.d.R. nur reduziert auf das 2 x 2 -Felder-Schema zu. Ihre Resultate sind ebenfalls in Abbildung 1 dargestellt.

Die Cannabiskonsumenten wachsen in einem größeren Familienverband auf. Ihr soziales Lernfeld ist differenzierter, ihre Primärsozialisation steht unter anderen Bedingungen. (Nr. 1). Die Randstellung in der Geschwisterreihe und eine damit möglicherweise verbundene Sonderstellung in der Familie scheint bedeutungslos (Nr. 2).
Beide Gruppen gleichen sich hinsichtlich des Bildungsniveaus, und zwar hinsichtlich des eigenen als auch des ihrer Eltern.Persönlicher Aufstieg oder persönliche Niederlage in Relation zur familiären Herkunft scheinen danach ohne Einfluß zu sein (Nr. 3-5). Die familiäre Belastung durch Suicidalität, Sucht, Geisteskrankheit oder Kriminalität diskriminiert die Populationen nicht (Nr. 6). Trotz bildungsmäßig und familiär nahezu gleicher Voraussetzungen erlernen Cannabiskonsumenten einen Beruf, Opiatabhängige dagegen nicht. Die Cannabiskonsumenten erleiden also keinen pubertären Lebensknick, ihre sekundäre Sozialisation scheint ungestörter zu verlaufen (Nr. 7).
Die Probanden der Kontrollgruppe besitzen durchweg einen festen Partner. Sie haben auch signifikant häufiger eigene Kinder. Cannabiskonsumenten gehen deutlich später ihre erste Intimbeziehung ein, der fertige sexuelle Vollzug steht bei ihnen in einem signifikant späteren Lebensalter. Persönliche Bindung, persönliche Verantwortung, Vertiefung und Verfestigung im zwischenmenschlichen Bereich treten in der Cannabisgruppe stärker hervor (Nr. 8 - 10).
Damit ist über Cannabiskonsumenten relativ zu Nichtkonsumenten nichts gesagt. Entsprechende Gegenüberstellungen (1, 17) betonen eine Veränderung sexueller Bedürfnisse und Sensibilität durch Haschisch nach Maßgabe der vorangegangenen Sexualentwicklung. Auch sollen Haschischraucher hinsichtlich partnerbezogener Sexualität mehr Erfahrungen besitzen als gleichaltrige Nichtkonsumenten (23). So lassen sich Nichtkonsumenten und Konsumenten "harter" Drogen hypothetisch an den Enden einer Skala "zwischenmenschliche Bindung" ansiedeln. Der Besitz guter Freunde, deutlicher noch der selbstzugemessene Bekanntenkreis diskriminiert zwischen Cannabiskonsumenten und Opiatabhängigen: Cannabiskonsumenten sind sozial offener, freier, extravertierter und in einen größeren Lebensraum eingebunden (Nr. 11 - 12). Dem entspricht die relative Vielfalt aktiver Interessen, exemplifiziert an einem der einflußreichsten Medien, dem Fernsehen (Nr. 13).

Nach der Definition unserer Experimental- und Kontrollgruppe muß die Erfahrungsbreite an Suchtstoffen bei Cannabiskonsumenten geringer sein, dies ist der Fall. Natürlich weisen sie auch eine bedeutsame andere Stoffpräferenz auf, mit Ausnahme von Cannabis und Alkohol sind ihre Erfahrungen mit Drogen vergleichsweise gering, harte Drogen z.B. sind ihnen praktisch unbekannt (Nr.14 - 15). Die Zeit des Mißbrauchs beginnt in den Vergleichsgruppen mit dem gleichen Einstieg (Nr. 16). Erste Suchtstoffe sind für sie Alkohol und Cannabis. Beide stehen offenbar

einander nicht im Wege (vgl. 9). Cannabis wird von beiden Gruppen unter gleichen äußeren Bedingungen erstmalig eingenommen bzw. sich beschafft, nämlich vor allem in Diskotheken, zu Hause bei sich oder bei Freunden.
In der Tendenz zeigt sich allerdings, daß Cannabiskonsumenten bei ihrem Erstgebrauch der Droge im privaten Bereich verbleiben, den Opiatabhängige nicht in diesem Umfange besitzen (Nr. 17).
Beide Populationen vollziehen die Ersteinnahme unter gleichen inneren Bedingungen. Die Ersteinnahme wird retrospektiv gleich motiviert, primär mit Neugier und Abenteuer (vgl. 10), seltener mit dem Bedürfnis nach Bewußtseinserweiterung u.a.m. (Nr. 18). Die anschließende Frequenz des Cannabiskonsums ist jedoch hoch unterschiedlich. Bei der Opiatgruppe überwiegt die "regelmäßige" Einnahme, sie treibt in der Zeit ihres reinen Cannabiskonsums exzessiven Mißbrauch, annähernd 50 % berichten tägliche Einnahme, in der "Cannabisphase" wiederholen Opiatabhängige öfter das Rauscherlebnis mit Cannabis (Nr. 19- 20).
Die Opiatabhängigen unserer Experimentalgruppe lösen sich schwerer von Cannabis, sie treiben längeren Cannabismißbrauch als die Nur-Cannabiskonsumenten (Nr. 21).
Die tägliche Einnahmehäufigkeit von Cannabis ist bei den Opiatabhängigen signifikant größer. Die Gruppe unserer Cannabiskonsumenten zeigt damit in Relation zu den Opiatabhängigen ein ausgesprochen dosiertes, kontrolliertes und distanziertes Konsumverhalten (Nr. 22). In beiden Gruppen ist mit dem Cannabiskonsum keine sequente Einnahmedynamik gekoppelt, etwa im Sinne der Steigerung oder Abnahme der Mißbrauchsfrequenz. Opiatabhängige und Cannabiskonsumenten berichten identische Verläufe - dabei wird man die 20 % Cannabiskonsumenten "ohne Angabe" den Steigerungen zuschlagen dürfen. Es entwickeln sich nicht gruppentypische Verlaufsformen, vielmehr wird offenbar unabhängig von der Gruppenzugehörigkeit das individuelle Konsummuster beibehalten. Dies gilt auch für die Dosierungshöhe, die weder in der einen noch in der anderen Gruppe eine abweichende Tendenz entwickelt (Nr. 23 - 24).
Subjektiv wird von beiden Gruppen die Wirkung von Cannabis gleich erlebt. Retrospektiv werden zwar positive Erlebnisqualitäten bevorzugt genannt, jedoch ist dies offenbar kein Charakteristikum späterer Progredienz (Nr. 25).
Beide Versuchsgruppen bewerten jedoch die Droge aus heutiger Sicht tendenziell unterschiedlich, nämlich eher negativ bei den Cannabiskonsumenten, eher positiv bei den Opiatabhängigen (Nr. 27). Aus ihrer kognitiven Dissonanz haben die Cannabiskonsumenten ein intrinsisches Motiv entwickeln können und primär aus Einsicht, Angst vor Abhängigkeit und Angst vor sozialem Abstieg sich zur Abstinenz durchgerungen. Die Opiatabhängigen dagegen haben erst durch äußeren Zwang Abstinenz erreicht. Ihre gleichwohl positive Einstellung zu Cannabis spiegelt ideologische Bindung, mögen sie auch als aktive Fixer auf "Hascher" herabgesehen haben (3). Rund die Hälfte der Opiatabhängigen berichteten als (zum Teil weiteres) Motiv den Umstieg auf andere Drogen, allenfalls aus dieser Hälfte könnte die "Schrittmacher-Hypothese " (20) Bestätigungen rekrutieren. Gemessen an ihrer Jargon-Verbundenheit (vgl. 4) steht die Gruppe der Cannabiskonsumenten heute

der eigentlichen Drogenscene inhaltlich-gedanklich und kenntnismäßig fern, sie ist kognitiv der Subkultur der Drogenscene im Gegensatz zu den Opiatabhängigen nicht verbunden und sogar entfremdet (Nr. 26 u. Nr. 28). Eine Chronifizierung des Cannabis-Konsums hätte dagegen eine Verwobenheit mit der Drogensubkultur zur Folge (11).

Um persönlichkeitsspezifische Unterschiede destillieren zu können, ist den Probanden ein Persönlichkeits-Fragebogentest, das Freiburger-Persönlichkeits-Inventar (6), vorgelegt worden. Tabelle 1 zeigt die Ergebnisse.

Auf Vergleiche zur Normpopulation soll an dieser Stelle verzichtet werden. Im Hinblick auf in der Literatur berichtete Beziehungen zwischen Persönlichkeitsvariablen und Cannabis-Konsum (z.B. 8, 15, 19) bedarf unsere Cannabisgruppe sicher einer Untergruppenbildung, z.B. nach Konsummenge, für die sowohl ein Zusammenhang mit allgemeinen Persönlichkeitsvariablen (22) als auch speziell mit der Skala "Nervosität" des FPI (19) berichtet wurde. Eine Aufteilung ist hier aus n - Gründen nicht möglich. Cannabiskonsumenten weichen deutlich in der Skala Nervosität von den Opiatabhängigen ab. Sie sind gefühlsbetonter, zeigen eine ausgeprägte psychosomatische Störbarkeit, ihr Körperschema ist überwertig besetzt und ihre körperliche Affektresonanz ist größer. Vielleicht wurzeln hier emotionale Probleme, wie sie auch für ehemalige Marihuana-Konsumenten gefunden wurden (12). Möglicherweise hängt die Fähigkeit der Cannabiskonsumenten zur Abstinenz damit zusammen, daß sie so ängstlich bedacht auf ihr körperliches Wohlergehen sind und bereits Cannabis ihr Rauschbedürfnis voll erfüllt. In allen weiteren Skalen weichen beide Gruppen nicht voneinander ab. Erst auf der Skala Maskulinität-Femininität tendieren Cannabiskonsumenten zu einer mehr femininen Selbstdarstellung, präsentieren sich also mit mehr Empfindsamkeit, Nachgiebigkeit, Emotionalität. Möglicherweise erfassen wir damit notwendige Voraussetzungen einer Hippie-Kultur.

Unter dem Gesichtspunkt einer Katamnese ist erforderlich, eine andere Gruppe als unsere gegenwärtig untergebrachten Opiatabhängigen heranzuziehen. In der Zeit vom 1.1.74 bis zum 31.12.77 sind im Suchtkrankenbereich des WLK Lippstadt-Eickelborn 91 Opiatabhängige behandelt worden. Davon waren 49 gemäß § 64 bzw. 63 StGB untergebracht. Die durchschnittliche Behandlungsdauer betrug 8 Monate und 12 Tage (SD = 5 Monate, 11 Tage). Der katamnestische Zeitraum bis zum 30.6.1979 liegt für diese Population zwischen 18 und 66 Monaten. Als gebessert wurden Patienten eingestuft, die seit ihrer Entlassung absolut drogenfrei leben und sozial integriert sind. Die Cannabiskonsumenten der Kontrollgruppe wurden als gebessert eingestuft, wenn seit mindestens 6 Monaten kein Cannabismißbrauch mehr betrieben wird. Danach bewegt sich der Zeitraum der Cannabisabstinenz für diese Gruppe zwischen 6 und 60 Monaten. Die Einstufung nach "gebessert" und "ungebessert" erfolgte

durch persönliche Nachbefragung und Feststellung der Autoren. Von den ehemals 91 behandelten Opiatabhängigen konnten 44 nicht erreicht werden.
Bezieht man die Gebesserten der Opiatabhängigen auf das Gesamt aller Behandelten, so ergibt sich eine Besserungsquote von 11 %. Wir unterstellen damit, daß alle Nichterreichten rückfällig geworden sind.

Bezieht man die Besserungsquote der Opiatabhängigen nur auf die von uns tatsächlich Nachuntersuchten und unterstellt einen ähnlichen Behandlungserfolg bei den von uns nichterreichten damaligen Patienten, so sind 23 % erfolgreich therapiert worden (Abbildung 2). Es erscheint realistisch anzunehmen, daß die Erfolgsquote bei unseren Opiatabhängigen zwischen 11 % und 23 % liegt. Sie wird von der "Erfolgsquote" der Cannabiskonsumenten weit übertroffen; diese beträgt 66 % (Abbildung 3). Parallele Daten sind berichtet worden (10), insofern 2/3 einer Gruppe von Haschisch-Konsumenten nach maximal einem Jahr abstinierte.

Bei den behandelten Opiatabhängigen besteht die deutliche Tendenz, nach der langfristig nach § 64 und § 63 StGB untergebracht und mit Bewährungsauflagen Entlassene gegenüber den kurzzeitiger zivilrechtlich und unterbringungsgesetzlich Untergebrachten größere Besserungschancen haben. Unsere gegenwärtig längere Behandlungsdauer läßt höhere Besserungsquoten erwarten.

Eine gegenläufige Situation läßt sich bei den Cannabiskonsumenten feststellen. Bei den 10 Gebesserten waren Spontanremission, familiärer Einfluß und ambulante Beratung allein ausschlaggebend. Insoweit erscheint die Behandlung von Cannabiskonsumenten - jedenfalls aus der Sicht von Therapeuten, die Opiatabhängige behandeln - recht problemlos, zweifellos gehört diese Klientel nicht in Landeskrankenhäuser. Chronischer Cannabis-Konsum hat nicht notwendig soziale und persönliche Depravation zur Folge, ein Umstieg auf härtere Drogen ist keineswegs zwingend, vergleichsweise recht bescheidene therapeutische Intervention hinsichtlich Zeitraum, gesetzliche Rahmenbedingungen, interdisziplinär-fachliche Betreuung etc. scheint somit notwendig. In vielen Fällen wird eine Stabilisierung der sozialen Verhältnisse bereits hinreichen. Dagegen bedürfen Opiatabhängige in der Regel langfristiger stationärer Behandlung auf entsprechender rechtlicher Basis. Vor- und nachstationäre Institutionen sind als Teil der Therapiekette aufgerufen, im Verlauf sind Rückfälle die Regel, amotivationale Phänomene zumindest periodische Hindernisse, internale Kontrollen fehlen, die soziale Einbindung ist defekt, das subkulturelle Wertsystem verfestigt. Die Leitprinzipien der Sachverständigen-Kommission der Psychiatrie-Enquete (vgl. 7, pp. 163) beschreiben ein Minimum der erforderlichen Maßnahmen.

Allerdings stellt sich bei dem noch aktiven Drittel unserer Cannabis-Konsumenten-Gruppe die Frage, ob ein süchtiger Verfall vorprogrammiert ist. Dieses Drittel ist generell auch der Personenkreis, dem von medizinisch-psychiatrischer Seite immer wieder die Gefahr pathologischer, wenn nicht psychotischer Zustandsbilder zugeschrieben wird (z.B. 2, 13). Unsere Untersuchung verweist auf Gefährdungsmomente, deren Vorhandensein bei Cannabis-Konsumenten mehr als nur Krisenintervention indiziert.

Zusammenfassung

Als Ergebnis der Experimentalstudie läßt sich prononciert formulieren: Cannabis ist keine "Einstiegsdroge", sondern eine Droge sui generis. Sie bezieht ihre Gefährlichkeit und Schädlichkeit wie Alkohol aus sich selbst (vgl. 21). Ihr Konsum beinhaltet nicht eine zwangsläufige Verlaufssequenz quantitativen und/oder qualitativen Suchtverfalls, etwa von angeblich "weich" zu "hart". Aus unserer Untersuchung lassen sich keine Vorhersagekriterien für zukünftiges Suchtverhalten von Cannabiskonsumenten ableiten. Gefährdungsmomente für süchtigen Verfall können aber im Bereiche von Sozialfaktoren, Persönlichkeitsfaktoren, Entwicklungsfaktoren und Süchtigkeitsfaktoren angesiedelt werden. Hierfür sind soziale Eingeengtheit, mangelnde Vertiefung und Verfestigung in Familie und Beruf, verfrühte Verselbständigung und geringe physische und psychische Resonanz zu nennen, insbesondere aber ein gieriges, unersättliches Konsumverhalten, das unabhängig vom Typ der Droge, dem Zeitpunkt seiner Einnahme und dessen Erleben und Bewertung auftritt. Je inniger Cannabis-Konsum mit diesen Gefährdungsgrößen gekoppelt ist, desto indizierter ist der helfende Zwang und umgekehrt.

Abbildung 1
(hier tabellarisch dargestellt). Prozentuale Häufigkeiten der Variablen 1 - 28 bei Opiatabhängigen (E) und Cannabiskonsumenten (K), Signifikanzprüfungen.

Nr. /Variable /	Kategorien	E	K	Sign.prüfung
1. Anzahl der Geschwister:	ohne Geschw.	23,3	13,3	U-Test
	1 Geschw.	20,0	13,3	z = -1,66
	2 Geschw.	20,0	20,0	n.s.
	3 Geschw.	26,7	20,0	($p < .10$)
	4 u. mehr	10,0	33,3	
2. Stellung in d. Geschw.-reihe:	jüng./ält.	33,3	46,7	Chi-Quadrat
	Einzelkind	23,3	13,3	= 0,994
	übrige	43,3	40,0	n.s.
3. Schulbildung des Vaters:	Volksschule	75,0	100,0	Fischer-Test
	Mittlere Reife	20,0	0	p = .13
	Abitur	5,0	0	n.s.
4. Schulbildung der Mutter	Volksschule	87,7	92,9	Fischer-Test
	Mittlere Reife	9,5	0	p = .712
	Abitur	4,8	7,1	n.s.
5. Eigene Schulbildung:	Volksschule	76,7	60,0	Chi-Quadrat
	Mittlere Reife	20,0	20,0	= 2,043
	Abitur	3,3	20,0	n.s.
6. Familienbelastung:	Suizid	5,6	11,1	Chi-Quadrat
	Sucht	19,4	11,1	= 0,338
	Geisteskrankheit	8,3	6,7	n.s.
	Kriminalität	13,9	11,1	
	keine	52,8	61,1	
7. Erlernter Beruf:	mit Beruf	33,3	93,3	Fischer-Test
	ohne Beruf	33,3	6,7	p = .014
	ohne Angabe	33,3	0	
8. Feste Partnerbeziehung	mit	46,7	93,3	Fischer-Test
	ohne	53,3	6,7	p = .004
9. Eigene Kinder:	ja	13,3	53,3	Fischer-Test
	nein	86,7	46,7	p = .034
10. Erster Geschlechtsverkehr (Alter):	12-13 J.	25,9	14,3	U-Test
	14-15 J.	48,2	14,3	z = 3,33
	16-17 J.	22,2	42,9	$p < .01$
	18 J. u. älter	3,7	28,6	
11. Gute Freunde (Zahl):	1	18,2	0	Fischer-Test
	2-5	77,3	66,7	p = .078
	6-10	4,5	25,0	n.s.
	11 u. mehr	0	8,3	
12. Bekannte (Zahl):	0-10	73,7	30,8	Chi-Quadrat
	11 u. mehr	26,3	69,2	= 5,77
				$p < .025$

(Forts. Abb. 1)

Nr. / Variable	/ Kategorien	E	K	Sign.prüfung
13. Fernseh-präferenz:	Sport	22,7	10,0	Chi-Quadrat
	Unterhaltung	47,4	45,0	= 5,77
	Bildung	29,9	45,0	n.s. ($p \sim .06$)
14. Erfahrungs-breite Suchtstoffe	1-2	3,3	46,7	Fischer-Test
	3	3,3	40,0	$p < .0001$
	4 u. mehr	93,3	13,3	
15. Erfahrung mit Sucht-stoffen: ($n > 45$)	Cannabis	100,0	100,0	Chi-Quadrat
	Halluzinogene	83,3	33,3	= 21,68
	Aufputschmittel	90,0	26,7	$p < .001$
	Beruhigungsmittel	73,3	26,7	
	Alkohol	86,7	86,7	
	Kokain	63,3	0	
	Opiate	100,0	6,7	
16. Einstieg: ($n > 45$)	Alkohol	70,0	80,0	Chi-Quadrat
	Cannabis	43,3	20,0	= 3,47
	andere	30,0	6,7	n.s.
17. Erste Cannabis-Erfahrung:	Elternhaus, bei sich, bei Freunden	33,3	60,0	Chi-Quadrat
	Kneipe,Diskothek	26,7	20,0	= 2,92
	Schule,Arbeit	23,3	13,3	n.s.
	anderswo	16,7	6,7	($p < .10$)
18. Motive des Cannabis-Konsums:	Neugier,Abent. Spaß	67,7	60,6	Chi-Quadrat
	Bewußtseinserw.u.a.	32,3	39,4	= 0,51
				n.s.
19. Monatl. Cannabis-Konsum (Wertung):	"einmal"	0	26,7	Chi-Quadrat
	"selten"	6,7	26,7	= 13,94
	"gelegentlich"	40,0	33,3	$p < .001$
	"regelmäßig"	53,3	13,3	
20. Monatl. Cannabis-Konsum (Dichte):	1-3 mal	10,0	73,3	Chi-Quadrat
	4-10 mal	23,3	6,7	(korr.)= 15,88
	11-20 mal	23,3	13,3	$p < .001$
	ca. täglich	43,3	6,7	
21. Zeitraum des Cannabis-Konsums	1-12 Monate	10,0	66,7	Fischer-Test
	mehr als 12 Mon.	90,0	33,3	$p = .004$
22. Tägl. Maximal-gebrauch:	1 mal	20,0	60,0	Chi-Quadrat
	2 mal u. mehr	70,0	26,7	(korr.)= 6,39
	ohne Angabe	10,0	13,3	$p < .02$
23. Verlauf Einnahme-frequenz:	eingeschränkt	40,0	40,0	Test g. Trend
	gleich	30,0	40,0	T = 0,625
	gesteigert	30,0	0	n.s.
	ohne Angabe	0	20,0	

(Forts. Abb. 1)

Nr. / Variable/	Kategorie	E	K	Sign.prüfung
24. Verlauf Dosierungs-höhe:	weniger	10,0	20,0	Test g. Trend
	gleich	50,0	60,0	T = 0,752
	mehr	40,0	0	n.s.
	ohne Angabe	0	20,0	
25. Subjektive Cannabis-Wirkung:	schlecht	10,0	26,7	U-Test
	nicht besonders	26,7	26,7	z = -0,24
	gut	63,3	46,7	n.s.
26. Abstinenz-motive: (n > 45)	Haft, E-Kur	100,0	0	Chi-Quadrat
	Umstieg	56,7	0	= 35,86
	Fam.einfluß, Umgang beruf1. Gründe			$p \leqq .001$
	Angst vor Abstieg	33,3	86,7	
	Einsicht, Angst vor Abhängigkeit u.a.	33,3	80,0	
27. Heutige Einstellung zu Cannabis:	negativ	33,3	66,7	Chi-Quadrat
	positiv	50,0	20,0	= 3,76
	ambivalent	10,0	13,3	n.s.
	ohne Angabe	6,7	0	$(p < .10)$
28. Scene-Kenntnis (8 Jargon-Begriffe):	0-2 Begriffe	0	20,0	U-Test
	3-4 Begriffe	3,3	33,3	z = -4,28
	5-6 Begriffe	23,3	33,3	$p < .0001$
	7-8 Begriffe	73,3	13,3	

Abb. 2. Therapieerfolg bei Opiatabhängigen (n = 42)

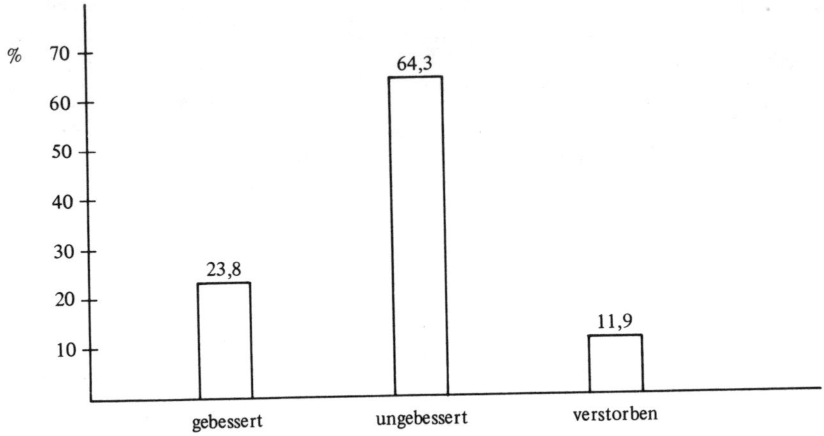

Abb. 3. Therapieerfolg bei Opiatabhängigen und Cannabis-Konsumenten (n_E = 91, n_K = 15)

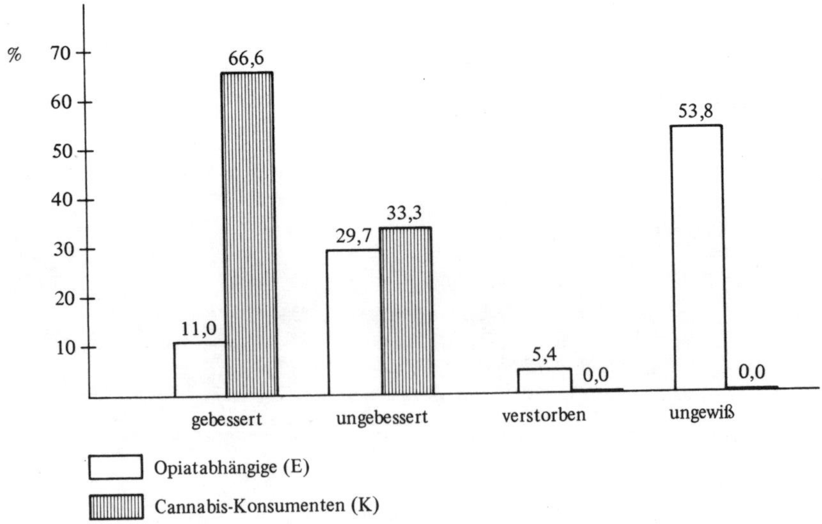

Literaturhinweis

1. AMENDT, G.,: Haschisch und Sexualität, Stuttgart 1974
2. BOROFFKA, A.: Cannabis und Psychiatrie, Suchtgefahren 1978, 24, 28-37
3. Christiane F.: Wir Kinder vom Bahnhof Zoo, Hamburg: Gruner & Jahr, 9. Aufl. 1979
4. CHRISTIANI, E., STÜBING, G.: Drogenmißbrauch und Drogenabhängigkeit, Lövenich: Dt. Ärzte-Verlag, 2. Aufl. 1973
5. CLAUSS, G., EBNER, H.: Grundlagen der Statistik, Frankfurt/Zürich: Harri Deutsch, 1970
6. FAHRENBERG, J., SELG, H., HAMPEL, R.: Das Freiburger-Persönlichkeits-Inventar. Göttingen: Hogrefe, 2. Aufl. 1973
7. FINZEN, A., SCHÄDLE-DEININGER, H.: Die Psychiatrie-Enquete. Wünstorf: Psychiatrie-Verlag, 1979
8. HOBI, V.: Das Drogenproblem bei Jugendlichen, Stuttgart: Huber, 1973
9. HOCHHAUSER, M.: Alcohol and marijuana consumption among undergraduate polydrug users. American Journal of Drug & Alcohol Abuse 1977, 4, 65-76
10. HOMANN, U.: Das Haschisch-Verbot, Frankfurt: Fischer 1972
11. KIMLICKA, T.M., CROSS, H.J., A comparison of chronic versus casual marijuana users on personal values and behavioral orientations. International Journal of Addiction 1978, 13, 1145-56
12. PACK, A.T., BRILL, N., CHRISTIE, R.L.: Quitting marijuana. Diseases of the Nervous System 1976, 37, 205-209
13. REMSCHMIDT, H.: Psychotische Zustandsbilder bei jugendlichen Drogenkonsumenten, Münchner Medizinische Wochenschrift 1973, 115, 1225-29
14. SCHENK, J.: Droge und Gesellschaft. Berlin: Springer, 1975
15. SCHENK, J.: Die Persönlichkeit des Drogenkonsumenten. Göttingen: Hogrefe, 1979
16. SIEGEL, S.: Nonparametic statistics for the behavioral sciences. New York: Mc Graw-Hill, 1956
17. SIGUSCH, V., SCHMIDT, G.: Jugendsexualität, Stuttgart 1973
18. SOLLMAN, U.: Therapie mit Drogenabhängigen, Giessen: Achenbach, 1974
19. SPILLE, D., GUSKI, R.: Langfristiger Drogenkonsum und Persönlichkeitsmerkmale, Zeitschrift für Sozialpsychologie 1975, 6, 31-42
20. STRINGARIS, M.G.: Die Haschischsucht. Berlin: Springer, 2. Aufl. 1972
21. TÄSCHNER, K.-L.: Das Cannabis-Problem. Wiesbaden, Ak.Verl., 1979
22. WELLS, B., STACEY, B.: A further comparison of cannabis (marijuana) users and non-users. British Journal of Addiction 1976, 71, 161-65
23. WORMSER, R.G.: Drogenkonsum und soziales Verhalten bei Schülern. München: Kindler, 1973

Die Original-Fragebögen können bei den Autoren angefordert werden.

Dipl.-Psych. S. Binder, LV-Direktor

Dipl.-Psych. C. Happe

Dipl.-Psych. W. Schmitz

Westf. Landeskrankenhaus
Lippstadt-Eickelborn
4780 Lippstadt-16

Diskussionsbemerkungen zum Vortrag Binder:

Es wurde auf die Schwierigkeit hingewiesen, oft nicht unterscheiden zu können zwischen Befunden, die konstituierend für den Drogenkonsum waren, und solchen, die erst in seinem Gefolge signifikant wurden. (Selling)

Verändertes Verhalten und verminderte Leistungen in der Schule bei Cannabis-Konsumenten

von W. WEBER

Seit Ende der Sechziger Jahre mußte sich der Schulpsychologische Dienst des Landes Hessen mit Schülern befassen, die durch Cannabisgebrauch bzw. Cannabismißbrauch in der Schule auffielen. Die Folgen, die bei Betroffenen durch Cannabis - Mißbrauch auftraten, lassen sich also über zehn Jahre zurückverfolgen; dies ist allerdings nur bei einem sehr kleinen Teil der Betroffenen möglich: nämlich da, wo Eltern bzw. Betroffene von Anfang an den Kontakt zum Schulpsychologen aufrecht erhielten. Der größte Teil der Betroffenen verschwand bald nach dem Abgang aus der Schule auch aus dem Blickfeld des schulpsychologischen Dienstes. Insofern sind Cannabis - Konsumenten damals wie heute nur selten "Fälle" für die Betreuung durch den Schulpsychologen; denn bevor sie im eigentlichen Sinne auffällig werden, haben sie bereits die Schule verlassen, da sie aufgrund der Veränderungen, die der Cannabis-Konsum mit sich brachte, nicht mehr in der Lage waren, den Anforderungen der Schule zu genügen. Nach den Erfahrungen des Schulpsychologischen Dienstes verlassen Schüler, die regelmäßig Cannabis konsumieren, in der Regel nach ca. 6-9 Monaten die Schule, bzw. können nach dieser Zeit nicht mehr durch die Schule beurteilt werden, da sie nur noch sehr selten am Unterricht teilnehmen. Dies gilt für alle Schularten, vor allem für die Schulstufen Sek.I und Sek.II.

Nichtbetroffene Mitschüler und Lehrer, die über die Veränderungen befragt wurden, die bei beginnendem Cannabis-Konsum bei den Betroffenen auftraten, berichteten folgendes: Fast immer ist zu Beginn des Konsums eine bis dahin nicht feststellbare Unrast bei den Betroffenen anzumerken. Sie erzählen meist recht offen über die Erlebnisse, die der Rauschzustand ihnen vermittelt hat; sie versuchen anfangs fast immer mit großer Dynamik, andere mitzureißen und zur Teilnahme am Cannabis-Gebrauch zu gewinnen. Bei diesen Versuchen scheint die Beredsamkeit gegenüber der Zeit vorher an Einfallsreichtum und Intensität gewonnen zu haben; viele Nichtbetroffene und Lehrer staunen über den Inhaltsreichtum der Erlebnisse, von denen berichtet wird. Im wesentlichen beziehen sich diese Inhalte auf Alltagserlebnisse aus dem persönlichen Bereich des Betroffenen, die den Nichtbetroffenen gegenüber in einer seltsam überhöhten, bedeutungsschweren Weise geschildert werden.

Zu Beginn des Cannabis-Gebrauches ist fast immer zu beobachten, daß die Cannabis-Konsumenten sehr genau zwischen dem Rauscherlebnis und der Realität unterscheiden können. Allerdings gewinnt bereits zu diesem Zeitpunkt die Realität für den Cannabis-Konsumenten eine völlig andere Bedeutung: sie wird sozusagen als der negative Kontrast zu seinen - durch den Cannabis-Rausch - erhöhten Phantasien gesehen und bewertet. Von daher ist zu verstehen, daß Cannabis-Konsumenten bereits zu diesem Zeitpunkt bis dahin bestehende persönliche Beziehungen zu vernachlässigen beginnen: die Empfindungen, die durch den Cannabis-Rausch entstehen, werden als viel intensiver - und auch als viel bequemer - erlebt, als die gefühlsmäßig bedingten persönlichen Beziehungen zu Freunden und Verwandten. Denn während derartige persönliche Beziehungen immer wieder einen gewissen Einsatz der Person erfordern, ist durch den Cannabis-Rausch eine ähnliche intensive, phantastisch überhöhte Empfindung auf viel bequemerem Weg möglich. Übereinstimmend berichten nichtbetroffene Gleichaltrige, daß sie schon zu einem relativ frühen Zeitpunkt für die Cannabis-Konsumenten an Bedeutung verlieren: wenn sie nicht mitmachen, sondern im Gegenteil Kritik üben, unangenehme Fragen stellen, Bedenken vorbringen, so wird von den Betroffenen sofort jeder intensivere Kontakt abgebrochen. Umso mehr wenden sich Betroffene dann Gleichgesinnten zu; von diesen erwarten sie, daß sie manchmal gemeinsam mit ihnen konsumieren, daß sie aber stets ein - unverbindlich - offenes Ohr für ihre Rauscherlebnisse haben. Zugleich mit dem Abbau von persönlichen Beziehungen ist ein Leistungsabfall in ganz bestimmten Schulfächern zu beobachten. Die Fähigkeit zu exakt logischem Denken scheint bereits zu Beginn des Konsums erheblich eingeschränkt zu werden; so verschlechtern sich die Leistungen in den Fächern Mathematik, Physik, Chemie relativ schnell; vor allem scheint die für diese Fächer notwendige Fähigkeit schnell nachzulassen, nämlich verschiedene Gegebenheiten auf gleich hohem Bewußtseinsniveau bereitzuhalten, um damit logisch exakte Schlußfolgerungen durchzuführen. Statistisch betrachtet - nach den Vermerken über Nichtanwesenheit im Unterricht, aufgezeichnet in den Klassenbüchern - werden die Fächer Mathematik, Physik, Chemie meist zuerst gemieden. Vergleicht man die Leistungen in den schriftlichen Arbeiten dieser Fächer (jeweils bezogen auf den Beginn des Cannabis-Konsums), so kann man feststellen, daß hier zuerst ein Leistungsabfall deutlich wird.

Ein anderes Bild ergibt sich in den ersten Wochen und Monaten des Cannabis-Gebrauchs in den Fächern Deutsch, Geschichte, Sozialkunde (Gemeinschaftskunde, Gesellschaftslehre); hier, wo assoziatives Denken häufig als wesentlicher Beitrag zum Unterricht gilt, wird von Lehrern und Mitschülern die zwar weniger exakte, aber intensivere, phantasievollere Beteiligung am Unterricht in diesen Fächern positiv eingestuft. Hierdurch entsteht bei den Betroffenen oft ein euphorieähnlicher Zustand, der zu einer Steigerung des Konsums führt; denn die Bestätigung, daß assoziativ gefundene Beiträge als besondere Leistung bewertet werden, führt dazu, im Rausch gewonnene und aus dem Rausch behaltene Assoziationen entsprechend hoch zu bewerten, d.h. die im Rausch gewonnene Illusionierung wird durch Bestätigung im Bereich der Gesinnungsfächer als vermeintlich richtiger Weg erlebt.

Eine weitere Bestätigung für den intensiveren Gebrauch von Cannabis ergibt sich daraus, daß Mitschüler und Lehrer fast

immer bereit sind, die Gesellschaft als Verursacher der Rauschmittelproblematik relativ undifferenziert zu beschuldigen. Besonders zu Beginn des Cannabis-Konsums suchen viele Betroffene noch eine Rechtfertigung für den Gebrauch dieses Suchtmittels - die unkritische, schlecht unterrichtete Umwelt liefert ihnen hierfür genügend Bekräftigungen.
Eine besondere Rolle in dieser Hinsicht spielen fast immer das Elternhaus und ähnlich nahestehende Bezugspersonen.
Der Beginn des Cannabis-Konsums wird meistens nicht bemerkt; die bei den Konsumenten entstehenden Verhaltensveränderungen werden meistens falsch gedeutet: einerseits werden die konsumierenden Kinder als aktiver, offener, z.T. auch kreativer, genialer erlebt, andererseits werden die deutlichen Beobachtungen - z.B. realitätsferne Phantasien, Leistungsverweigerung zu Hause und in der Schule, Gleichgültigkeit bzw. Apathie gegenüber Pflichten - der pubertären Entwicklung der Betroffenen zugeordnet. Die veränderte Haltung des Kindes bzw. Jugendlichen gegenüber den Eltern und der Familie wird meist zu spät gesehen, bzw. die Eltern von Betroffenen versuchen sehr lange, sich die Illusion einer normalen Entwicklung des Jugendlichen aufrechtzuerhalten. Insofern fällt dann der Cannabis-Konsum unter die Art von Toleranz der Eltern, die einem sich normal entwickelnden Jugendlichen gegenüber durchaus angebracht wäre - nur hier bedeutet diese Art der sorglosen Toleranz eine direkte Aufforderung für den Jugendlichen, mit dem Cannabis-Konsum fortzufahren. Ein weiterer Grund, warum Eltern erst so spät bzw. zu spät auf die verhängnisvolle Entwicklung aufmerksam werden, ist durch eine Veränderung im Verhalten des Jugendlichen bedingt, die den Wünschen der Eltern nach Harmonie entgegenkommt: übereinstimmend berichten Eltern von Betroffenen davon, daß zu Beginn des Konsums ihre Kinder ihnen gegenüber weniger aggressiv und ablehnend waren als vorher. Allem Anschein nach scheint sich der normale Ablösungsprozeß von den Eltern und anderen erwachsenen Bezugspersonen beim Cannabis-Konsumenten ziemlich schnell zu verändern. Sie streben - ähnlich wie im Rausch - zunächst nach größerer Harmonie in ihrer Umwelt: die Eltern nehmen dies dankbar zur Kenntnis. Natürlich spielt hierbei - nach Aussagen von Betroffenen und deren Eltern - der steigende Geldbedarf eine gewisse Rolle; denn nur wenn neben der Toleranz die Geldzuwendungen steigen, ist ein ungestörter Konsum überhaupt möglich. Eine große Bedeutung für das bessere Verhältnis von betroffenen Jugendlichen zu ihren Eltern kann man auch in dem Verlangen der Jugendlichen sehen, für ihren Rede- und (cannabisbedingten) Mitteilungsdrang ein gewisses Publikum zu haben, das verstehend auf sie eingeht. Und: Eltern gehen in der Regel gerne auf ihre pubertierenden Kinder ein, vor allem, wenn diese ein - und sei es auch ein rauschmittelbedingtes - harmonisches Verhältnis suchen. Dieses relativ gute Verhältnis zu den betroffenen Kindern ändert sich sehr schnell, wenn sich die ersten Schwierigkeiten ergeben, die nach ca. 6 Monaten spätestens auftreten.
Den Jugendlichen gelingt es dann nicht mehr, die Folgen des Cannabis-Gebrauchs bzw. Mißbrauchs weiterhin zu verbergen; sie sind nicht mehr in der Lage dazu, selbst wenn sie wollen.

Dies scheint überhaupt die bedrückendste Erscheinung des Cannabis-Mißbrauchs zu sein, daß nämlich nahezu plötzlich und ohne ein sichtbares Vorstadium dieser offensichtliche Realitätsverlust bei den betroffenen Jugendlichen einsetzt: bis zu einem gewissen Zeitpunkt sind diese Konsumenten durchaus in der Lage, ihre eigene Entwicklung noch kritisch zu verfolgen. Sie können für einige Monate noch genau unterscheiden, was sie im Cannabis-Rausch erlebt haben und was Gegenstand ihrer nüchternen Erlebnisse war. Von einem bestimmten Zeitpunkt an - nach den Erfahrungen des Schulpsychologischen Dienstes liegt er zwischen 3 bis 9 Monaten nach dem Beginn des intensiven Konsums - erleiden die Cannabis-Konsumenten eine besondere Art von Realitätsverlust; sie erkennen - und das geschieht plötzlich - nicht mehr die Grenze zwischen Erlebnissen, die durch den Cannabis-Rausch ausgelöst bzw. verstärkt wurden, und solchen, die in der Realität stattgefunden haben. Die Fähigkeit, diese beiden Arten des Erlebens zu unterscheiden, scheint völlig verschwunden zu sein. Hierdurch steigt zwar in der Regel zunächst das Wohlbefinden des Betroffenen, aber er wird zugleich für seine Umwelt immer mehr zum Problem. Im Unterricht kommt es im Verlaufe dieser Entwicklung zu Reaktionen von Seiten der Betroffenen, die Mitschüler und Lehrer nicht mehr verstehen können. Zusammen mit dem Verlust der Aufnahmefähigkeit, der Konzentration und der Aufmerksamkeit steigert sich das Unlustgefühl gegenüber den Belastungen, die von der Schule ausgehen. Wie eine ganze Reihe von Betroffenen erklärte, wird zu diesem Zeitpunkt manchmal noch bewußt (und z.T. verzweifelt) erlebt, daß tatsächlich Erlebtes von den Erlebnissen im Rausch nicht mehr unterschieden werden kann; Von diesem Blickpunkt aus bekommt die von Hasch-Konsumenten immer wieder erwähnte "Leistungsverweigerung" eine andere Bedeutung: es scheint vielmehr ein Unvermögen zur Leistung (z.B. in der Schule) zu sein, weil real Erlebtes und im Rausch Erlebtes nicht mehr auseinandergehalten werden kann. Der größte Teil der Cannabis-Konsumenten, der diesen Zustand des Leistungsunvermögens erreicht hat, verschwindet relativ schnell aus den Schulen. Die Betroffenen erscheinen nicht mehr, sie melden sich ab oder werden von ihren Eltern abgemeldet. Aber auch noch zu diesem Zeitpunkt und bei diesen Veränderungen der jungen Menschen ist es manchen Eltern (und auch Lehrern) immer noch nicht klar, was zu diesen Veränderungen geführt hat.
Daß zu diesem Zeitpunkt Hilfe noch zum Erfolg führt, konnte an zahlreichen Fällen belegt werden. So konnte eine Gruppe von 21 Jugendlichen (13 Jungen, 8 Mädchen) über mehrere Jahre genauer beobachtet werden. Sie waren im Alter von 14 und 15 Jahren auffällig geworden; ihre Schulleistungen hatten sich innerhalb von ca. 3 - 6 Monaten extrem verschlechtert. Es war von ihnen bekannt, daß sie regelmäßig Cannabis konsumierten (z.T. mit Duldung der Eltern). Als diese Schüler dann real Erlebtes und im Rausch Erlebtes (oder Verstärktes) nicht mehr unterscheiden konnten, suchten die Eltern Hilfe beim Schulpsychologischen Dienst bzw. z.T. bei Beratungsstellen. Die betroffenen Jugendlichen waren zu diesem Zeitpunkt bereits in einem Zustand von

inaktiver Realitätsferne; sie waren auch in keiner Weise motiviert, aus sich heraus etwas gegen ihren Zustand zu unternehmen. Die Beratung der Eltern lief darauf hinaus, einerseits dem Cannabis-Konsum konsequent Einhalt zu gebieten, andererseits den betroffenen Jugendlichen aber ebenso konsequent einen Halt in ihrer Situation zu geben. Mit anderen Worten: den Eltern wurde empfohlen, ihre eigene Haltung zu verändern; denn nur dann hatten ihre Kinder eine Möglichkeit, sich selbst zu ändern, d.h. aus der bereits eingetretenen Veränderung durch Cannabis-Konsum wieder herauszukommen. Dies ging in allen 21 Fällen nicht ohne einschneidende Veränderungen in der Lebensweise der Betroffenen und ihrer Familien vonstatten; so mußte durchweg der Schulbesuch unterbunden werden, z.T. war Orts- bzw. Wohnungswechsel nötig.
Sowohl Betroffene als auch deren Eltern berichten, daß die ersten beiden Monate dieser veränderten Lebensweise die schlimmsten gewesen seien; man erwartete Tag für Tag das große Wunder, doch der inaktive, realitätsferne, z.T. auch apathische Zustand blieb überwiegend bei den Betroffenen erhalten. Konzentration, Aufmerksamkeit, logisches Denken schienen auch nach Unterbindung des Cannabis-Konsums nicht zurückzukehren; z.T. wichen die Jugendlichen in dieser Zeit auf Ersatzstoffe aus, die sie im Elternhaus finden konnten (Tabletten, Alkohol). Eine ganze Reihe von Rauschzuständen traten bei den Betroffenen auf, obwohl kein Cannabis- (oder Tabletten-, Alkohol-) Konsum möglich war. Erst nach etwa 2 Monaten trat eine klar zu erkennende Veränderung des Zustandes ein: die Jugendlichen wurden wieder aktiver, ihre Konzentrationsfähigkeit verbesserte sich, sie konnten wieder logisch klar denken - zumindest über bestimmte Zeitspannen hinweg. Die Jugendlichen wurden auch kooperationsbereiter und damit Argumenten von Seiten der Eltern, Ärzte und Berater wieder zugänglicher. Tests, die zu diesem Zeitpunkt mit mehreren der Betroffenen durchgeführt wurden, zeigten deutlich verringerte Leistungen gegenüber Testergebnissen, die aus der Zeit vor dem Cannabis-Konsum vorlagen. Ebenso konnten schwierige mathematische Textaufgaben, die vor dem Cannabis-Konsum ohne Schwierigkeiten gelöst wurden, jetzt nur noch in unverhältnismäßig langer Zeit oder mit vielen Fehlern nach Irrwegen, manchmal aber auch überhaupt nicht bearbeitet werden. Das gleiche gilt für bestimmte Bereiche aus der Bruchrechnung. In den Fremdsprachen konnte ebenfalls festgestellt werden, daß der Wortschatz geringer geworden war. Es dauerte aber weitere 8 bis 10 Monate, bis ein in etwa vergleichbares Leistungsniveau von diesen Jugendlichen erreicht wurde. Sie klagten noch 2 Jahre nach dem Ende des Cannabis-Konsums darüber, daß sie zeitweise durch Konzentrationsmangel, sich verselbständigende Assoziationen in ihrer Lernbereitschaft behindert seien.
Von diesen 21 Jugendlichen, deren Weg seit 1974 verfolgt werden konnte, befinden sich 4 noch auf der Schule, um ihr Abitur zu machen, 3 machen Dienst als Bundeswehrsoldaten bzw. Zivildienstleistende, 2 studieren und 3 befinden sich in Berufsausbildung bzw. haben diese abgeschlossen; der Rest (9) wurde rückfällig.

Zusammenfassend läßt sich sagen, daß Cannabis-Gebrauch bei allen betroffenen Schülern in kurzer Zeit zu starkem Leistungsabfall und zu offensichtlichen Veränderungen im Verhalten geführt hat; Dauergebrauch von Cannabis (länger als 1 Jahr) hat in allen Fällen zum frühzeitigen Verlassen der Schule geführt. Insofern sind Cannabis-geschädigte Jugendliche im eigentlichen Sinn nie zu einem Problem für die Schulen geworden, umso mehr aber für ihre Eltern und die Gesellschaft.

Dipl.-Psych. Wolfgang Weber

Schulpsychologischer Dienst
des Landes Hessen
'Staatl. Schulamt'
Frankfurt/Main
Friedrich-Ebert Anlage 22
(Goethe-Gymnasium)

Auf Grund verschiedener Fragen in der Diskussion nach der aktuellen Situation an Schulen aus der Sicht des Referenten gab Herr Weber folgende Ergänzung:

Heute ist Cannabis überall verfügbar; niemand bereitet es größere Schwierigkeiten, sich schnell und jederzeit dieses Rauschmittel zu beschaffen. Auch der Preis ist für jeden erschwinglich; oft kostet die Menge, die man für ein Rauscherlebnis benötigt, weniger als ein Getränk in einer Discothek.
Es ist schon fast selbstverständlich, daß man an jeder Schule (ausgenommen Grundschulen) Cannabis kaufen kann bzw. dort jemand kennt, der weiß, wo man sich diesen Stoff beschaffen kann; das gleiche gilt für Jugendtreffs und ähnliche Stätten.
Bedenkt man, daß das (illegale) Rauschmittel Cannabis (fast) frei verfügbar und auch für den ärmsten Jugendlichen erschwinglich ist, so muß es verwundern, daß es in den Gesprächen und in der Vorstellungswelt der meisten Jugendlichen nur noch eine geringe Rolle spielt. Noch vor wenigen Jahren konnte man durch Cannabis-Gerauch ein gewisses Prestige erringen - heute könnte jeder, der wollte, Cannabis konsumieren. Infolgedessen wird man dadurch nur noch etwa s o interessant wie jemand, der z.B. Zigaretten raucht, Tabak kaut oder schnupft. Nach meiner Erfahrung steht der größte Teil der Jugendlichen Cannabis ausgesprochen skeptisch gegenüber; dies kann u.a. daran liegen, daß ein Cannabis-Rausch nicht mehr "bringt" als eine gleichartige Erfahrung mit Alkohol. Wahrscheinlicher erscheint mir, daß sich das Verhältnis der überwiegenden Mehrheit der Jugendlichen gegenüber Rauschmitteln (außer Alkohol!) verändert hat. So ist bei den meisten Jugendlichen heute eher eine Abneigung gegenüber "ausgeflippten Typen" zu beobachten als früher; heute ist vielmehr der "coole Typ" "in", also jemand, der sich und die Situation (vermeintlich) im Griff hat, der seine Gefühle (vorgeblich) kontrolliert: wer so ist, der braucht kein "feeling", so wie es Cannabis herbeiführen soll bzw. kann. Junge Menschen, deren Überzahl derart nüchtern an ein Rauschmittel herangeht, erreichen dann auch beim Probieren von Cannabis nur ganz selten ein (Rausch-)Erlebnis, das sie zum weiteren Konsum anregen könnte.
Insofern kann man für Cannabis heute sagen, was auch zum Beispiel für nicht rezeptpflichtige, aber wirksame Medikamente (suchterregende bzw. suchtfördernde Schlafmittel, Aufputschmittel u.a.) schon lange gilt: obwohl jederzeit verfügbar, besteht bei dem überwiegenden Teil der Jugendlichen kein Interesse daran. Durch diese Entwicklung - Ablehnung von Mitteln, die ein künstliches "feeling" vermitteln - wird auch die Ablehnung von Nikotin begünstigt; denn der Anteil der Jugendlichen steigt, die nicht rauchen.

Daß der größte Teil der Jugendlichen heute Cannabis kennt, probiert hat und ablehnt bzw. Cannabis gleichgültig gegenübersteht, besagt keinesfalls, daß es sich bei Cannabis um eine harmlose, ungefährliche Droge handelt. Im Gegenteil: bei suchtdisponierten Jugendlichen ist nach meiner Er-

fahrung in fast allen Fällen zu beobachten, daß Cannabis den entscheidenden Schritt - Übergang zu Heroin, Kokain - wesentlich beeinflußte, wenn nicht sogar auslöste. Jugendliche, die nicht gelernt haben, mit ihren Problemen adäquat umzugehen, Schwierigkeiten auszuhalten und zu überwinden, Entscheidungen zu treffen und durchzuhalten u.a., zeigen auch immer wieder die Neigung, sich durch bestimmte (Sucht-) Mittel zu entlasten. Hier spielt Cannabis eine kaum zu unterschätzende, gefährliche Rolle; denn es vermittelt das gesuchte "feeling" und dämpft zugleich derart, daß etwa aufkommende, vernunftgesteuerte Bedenken gar nicht erst hochkommen können. Da das beschriebene "feeling" durch Cannabis nach kurzer Zeit (meist innerhalb von wenigen Wochen) immer flacher wird (auch Dosissteigerung hilft nichts), ergibt sich der Übergang auf stärker werdende Mittel fast zwingend.
Für die Minderheit der suchtdisponierten Jugendlichen ist Cannabis nach wie vor die entscheidende Einstiegsdroge in die Heroin- bzw. Kokainabhängigkeit. Die Diskussion um die Freigabe von Cannabis wird überall bei den Jugendlichen mit großer Heftigkeit geführt; hierbei steht der Aspekt der "Kriminalisierung" meistens im Mittelpunkt. Die nichtbetroffenen Jugendlichen sind ebenso für die Freigabe wie die gefährdeten bzw. bereits abhängigen.Dabei treten die nichtbetroffenen Jugendlichen für die Freigabe ein, weil sie - meistens auf Grund eigener Erfahrung durch Party(cannabis)konsum - sich nicht vorstellen können, welche verhängnisvolle Rolle dieses Mittel für einen Suchtdisponierten spielen kann; hier ist es an der Zeit, den Jugendlichen klarzumachen, welche Bedeutung Suchtdisponiertheit bzw. Suchthaltung im Zusammenhang mit den verschiedenen Suchtstoffen hat. Solange die Information über diese Problematik nicht besser wird, wird die Argumentation über die Freigabe von Cannabis jeweils bei "Gefährlichkeit" und "Kriminalisierung" stecken bleiben.

Ein ernstzunehmendes Problem stellen heute die zahlreichen Unfälle dar, die z.B. nach Partykonsum von Cannabis sich ereignen; ähnlich wie bei Alkoholkonsum überschätzen hier viele Jugendliche ihre Fähigkeiten, mit dem Rausch adäquat umgehen zu können.

Die Entwicklung des Cannabismißbrauchs in der Bundesrepublik Deutschland in den letzten Jahren aus kriminologischer Sicht

von E. REBSCHER

1. Ausgangslage und begleitende Umstände der neueren Entwicklung

Das Phänomen des Cannabismißbrauchs in der Bundesrepublik Deutschland, wie es sich in den letzten Jahren darstellt, muß im Zusammenhang mit seinen weiter zurückliegenden Ursachen und im Rahmen der Gesamtentwicklung auf dem Rauschgiftsektor gesehen werden.

Der Cannabismißbrauch wurde in unserem Lande erst Ende der Sechziger Jahre zu einem ernsthaften Problem für die Polizeibehörden. Damals begann sich der Cannabiskonsum als Begleiterscheinung bzw. Ausdruck des Protestes junger Menschen gegen die in unserem Lande herrschenden sozialen Strukturen fast lawinenartig auszubreiten, insbesondere im Kreise der Studentenschaft.

Etwa ab 1970 erfaßte diese Cannabiswelle auch zunehmend weniger intellektuelle Kreise der jüngeren Schichten unserer Bevölkerung, wobei insgesamt der Anteil der Schüler an den Cannabiskonsumenten steil anstieg. Dem entsprach ein kriminalstatistisch deutlich erkennbarer Rückgang des Alters der Cannabiskonsumenten.

Ab 1972 verlor der Cannabiskonsum immer mehr den Charakter der Begleiterscheinung einer Protesthaltung. Cannabis wurde im wesentlichen des Rausches wegen konsumiert, wobei die Zahl der jugendlichen Probierer, insbesondere aufgrund der inzwischen verstärkt einsetzenden Aufklärungskampagnen der in der Rauschgiftbekämpfung tätigen Behörden und privaten Einrichtungen, nach und nach zurückging. Hieraus ergab sich der neue Trend zum heranwachsenden und zum erwachsenen Rauschgifttäter, der bis heute anhält.

Allerdings darf nicht übersehen werden, daß spätestens seit 1974 die Drogenszene in der Bundesrepublik Deutschland durch einen ebenfalls bis heute ungebrochenen Trend zu harten Drogen, insbesondere zu Heroin, eine entscheidende Veränderung erfahren hat. Neben die 1970/1971 auf ihrem Höhepunkt angelangte und seitdem in etwa stagnierende Cannabiswelle ist die Heroinwelle getreten, über deren

Wechselbeziehungen zum Cannabismißbrauch, insbesondere unter dem Aspekt "Cannabis als Einstiegsdroge" ich noch zu sprechen komme.

2. Die Entwicklung in den letzten 5 Jahren

2.1 Herkunft der in der Bundesrepublik Deutschland mißbräuchlich konsumierten Cannabisprodukte

Die wichtigsten Herkunftsländer bzw. -Regionen waren in den letzten Jahren durchweg der Libanon, Afghanistan/ Pakistan, die Türkei und Marokko, wobei der Schwerpunkt eindeutig bei der libanesischen Ware lag und die Cannabiszufuhren aus Marokko nach einem Höhepunkt in den Jahren 1973 bis 1976 - soweit von den Polizei- und Zollbehörden erkennbar - nachgelassen haben.

Interessant ist in diesem Zusammenhang die Feststellung, daß seit 1976 auch größere Mengen von Marihuana aus Kolumbien in unserem Lande sichergestellt werden konnten (z.B. 1976: 228 kg, 1977: 171 kg, 1. Halbjahr 1979: 593 kg). Es ist demnach anzunehmen, daß die bis dahin fast ausschließlich für den Drogenmarkt in den USA bestimmte südamerikanische Marihuanaproduktion neuerdings auf den europäischen und speziell den deutschen Markt drängt. Zu erwähnen sind weiter die Marihuanazufuhren aus Ghana und Nigeria sowie - in Form der sogenannten Thai-Sticks - aus Thailand.

Der zwar ohne besondere Erlaubnis illegale, aber nach derzeitiger Rechtslage nicht strafbare, Anbau von Cannabispflanzen in unserem Lande selbst ist insgesamt gesehen für die Versorgung der deutschen Cannabiskonsumenten ohne große Bedeutung. Er findet insbesondere in Blumenkästen auf Balkonen oder auf kleinen Gartenflächen statt. Die hier erzielbaren Wirkstoffgehalte von in der Regel weniger als 0,1 % erschweren die Zubereitung eines für den Konsumenten brauchbaren Stoffes aus diesem inländischen Pflanzenmaterial ganz erheblich. Allerdings ist festzustellen, daß seit Anfang 1978 ein deutlicher Anstieg bei der Zahl der von der Polizei erfaßten Fälle illegalen Cannabisanbaues (1978 immerhin 152) zu verzeichnen ist. Dieser Anstieg könnte insbesondere auf ein Nachlassen des Bewußtseins der Rechtswidrigkeit bei den Konsumenten infolge der in letzter Zeit aus Kreisen der Cannabisverbraucher verstärkt laut werdenden Forderungen nach Liberalisierung des Cannabisgebrauchs zurückzuführen sein.

2.2 Umfang des Cannabismißbrauchs

Eine zuverlässige Aussage kann bezüglich des Umfangs des Cannabismißbrauchs in unserem Lande von polizeilicher Seite nicht gemacht werden. Alles hängt insoweit vom Ausmaß des Dunkelfeldes ab, über dessen Umfang sich mit Sicherheit nur sagen läßt, daß es das

Zigfache der festgestellten Fälle beträgt.

Ein Anhaltspunkt für die Einschätzung der Entwicklung des Cannabismißbrauchs in den letzten 5 Jahren können die von den deutschen Polizei- und Zollbehörden erzielten Sicherstellungsmengen sein. Diese betrugen

1974	3,9 Tonnen
1975	6,6 "
1976	5,3 "
1977	9,8 "
1978	4,7 "
1979 bis 30.9.	5,3 "

Die durchschnittliche jährliche Sicherstellungsmenge lag somit bei ca. 6 Tonnen.

Weiterer Anhaltspunkt kann die sich aus der Differenz der Rauschgifttäter insgesamt und den gesondert erfaßten Konsumenten harter Drogen ergeben. Hier verbleiben für den überwiegend Cannabiskonsumenten umfassenden Rest jährlich etwa 20 000 polizeilich erfaßte Täter, von denen im Durchschnitt der letzten Jahre etwa 40 % Wiederholungstäter waren.

Diese Zahlen lassen insgesamt allenfalls die Aussage zu, daß der Cannabismißbrauch in der Bundesrepublik Deutschland in den letzten Jahren eine im wesentlichen gleichbleibende Tendenz, allerdings auf hohem quantitativen Niveau, besitzt.

2.3 Täterbild der cannabisbezogenen Rauschgiftdelikte

2.3.1 Im Bereich des illegalen Cannabishandels und -schmuggels lassen sich 3 verschiedene Tätergruppen unterscheiden:

1. Der Täter als Mitglied einer aus Hintermännern, Finanzierern, Organisatoren, Transporteuren und Verteilern bestehenden internationalen Gruppierung.

   Diese Täter sind für die unser Land per Lkw oder Schiff erreichenden Großlieferungen im Tonnenbereich verantwortlich. Es handelt sich hierbei überwiegend um Türken, Iraner und Pakistaner.

2. Der Täter als Mitglied einer - oft durch Sippenbeziehungen geprägten - kleineren Bande, deren Aktivitäten unregelmäßig sind und von zufälligen Gegebenheiten beeinflußt werden. Diese Banden sind im Vergleich zu den vorgenannten Gruppierungen weniger festgefügt und agieren in wechselnder Zusammensetzung. Ihre Domäne sind kleine Einfuhren in der Größenordnung von 10 bis 50 kg, wobei der Schmuggel per Pkw überwiegt. Diese Zufuhren liegen überwiegend in den Händen türkischer Straftäter. So wurden z.B.

in der Bundesrepublik Deutschland im Jahre 1978

- in 138 Fällen unter Tatbeteiligung von 217 Türken 2630 kg Cannabisharz, das sind 55,7 % der Gesamtsicherstellungsmenge beschlagnahmt. Die Bekämpfung dieser türkischen Täter ist in unserem Lande besonders schwierig, da diese im Strom der zwischen der Türkei und der Bundesrepublik Deutschland hin- und herreisenden Gastarbeiter verborgen sind und sich im Umfeld ihrer 1,2 Millionen hier wohnhaften Landsleute bewegen können.

3. Der Einzeltäter, von dem es 2 Kategorien gibt, nämlich den aus Gewinnsucht handelnden und denjenigen, der als Konsument im Wege des Direktbezugs für sich und andere einen größeren Vorrat importiert.

   Der Einzeltäter schmuggelt häufig mittels Reisegepäck (Koffer mit doppeltem Boden) oder im Pkw.

   Unter dieser Art Tätern befinden sich im Verhältnis zu den beiden vorgenannten Gattungen weitaus mehr deutsche Staatsbürger. Unter den ausländischen Tätern überwiegen auch hier wiederum die Türken.

2.3.2 Für den Bereich des Cannabiskonsums lassen spezielle Statistiken, wie sie z.B. von der Hamburger Polizei geführt worden sind, erkennen, daß die 18 bis 24-jährigen, also die Heranwachsenden und jungen Erwachsenen durchschnittlich fast 2/3 der ermittelten Cannabiserwerber stellen (1975: 60 %; 1976: 72,9 %; 1977: 63,7 %; 1978: 52,9 %).

Die Altersgruppe der 21 bis 24jährigen, also die der jungen Erwachsenen, ist dabei mit durchschnittlich 27 % am stärksten vertreten. Die Tatsache, daß der aus der Polizeilichen Kriminalstatistik für die letzten Jahre zu entnehmende Anteil dieser Altersgruppe an der Rauschgiftkriminalität insgesamt (mit etwa 35 %) höher liegt als bei den Cannabistätern allein, erklärt sich im wesentlichen mit der Erkenntnis, daß viele Konsumenten erst als junge Erwachsene von Cannabis auf die harte Droge umsteigen. Dieses höhere Durchschnittsalter der Verbraucher harter Drogen läßt sich wiederum an den Hamburger Zahlen erkennen, nach denen in den Jahren 1975 bis 1978 die 21 bis 24jährigen 45 % der Verbraucher harter Drogen stellten.

Zur Frage der sozialen Herkunft der Cannabiskonsumenten ist zunächst festzustellen, daß etwa 60 % der von der Polizei wegen Rauschgiftdelikten vernommenen Täter keinen Beruf angeben. Aus diesem Grunde fehlen der Polizei insoweit zuverlässige Daten. Einigermaßen verläßliche Zahlen liegen nur hinsichtlich des Anteils der Schüler und Studenten vor, der mit leicht rückläufiger Tendenz seit 1976 bei insgesamt etwa 10 % liegt.

3. Die kriminogene Bedeutung des Cannabismißbrauchs

Abgesehen von den unmittelbar mit dem Cannabismißbrauch verwirklichten Straftatbeständen des Betäubungsmittelgesetzes kommt diesem auch im übrigen eine erhebliche kriminogene Bedeutung zu. Ein sich über längere Zeit erstreckender Mißbrauch von Cannabisprodukten birgt - insbesondere für Jugendliche und Heranwachsende - die Gefahr des Abgleitens in die Drogen-Subkultur, in der sie in erhöhtem Maße dem Kontakt mit harten Drogen ausgesetzt sind. Wie wissenschaftliche Untersuchungen (u.a. von Bschor, Täschner und Wanke) gezeigt haben, steigt ein relativ hoher Prozentsatz der jungen Langzeitkonsumenten von Cannabis später auf Opiate um. Über die Höhe dieses Prozentsatzes der Umsteiger gehen die Angaben stark auseinander. Eine Stichprobe in der Kartei der Verbraucher harter Drogen des Bundeskriminalamtes hat z.B. ergeben, daß von 100 Heroinkonsumenten 53 zuvor bereits im Zusammenhang mit Cannabiskonsum in Erscheinung getreten waren, wobei im Durchschnitt 2 bis 3 Jahre zwischen dem ersten Auffallen als Cannabisverbraucher und dem ersten Inerscheinungtreten als Heroinkonsument lagen.

Da der zum Verbraucher harter Drogen gewordene ehemalige Cannabiskonsument seinen Rauschgiftbedarf in den meisten Fällen nur durch Dealertätigkeit und/oder durch Begehung von Delikten der indirekten Beschaffungskriminalität (Geld- und Warendiebstähle usw.) finanzieren kann, trägt der vorausgegangene Cannabiskonsum indirekt in erheblichem Maße zur Ausbreitung dieser Delikte bei. Ähnliche Auswirkungen sind auch für den Bereich der direkten Beschaffungskriminalität (Apothekeneinbrüche, Rezeptdelikte u.a.) anzunehmen.

Die direkte Verursachung krimineller Verhaltensweisen durch Cannabiskonsum ist demgegenüber vergleichsweise geringer. Was die indirekte Beschaffungskriminalität (Straftaten zur Beschaffung von Zahlungsmitteln und Sachwerten für den Erwerb von Drogen) angeht, hat diese wegen des bei durchschnittlich 8.-- DM pro Gramm liegenden relativ erschwinglichen Erstehungspreises der Droge eine geringere Intensität als im Falle des Heroins, das zur Zeit im Durchschnitt etwa 150.-- DM pro Gramm kostet. Auch die Folgekriminalität, also die Summe der Straftaten, die unter akutem Einfluß von Drogen oder als Folge von Drogenmißbrauch begangen werden, stellt beim Cannabismißbrauch ein geringeres Problem dar, als dies beim Verbrauch von Opiaten (und zwar im Entzugsstadium) oder etwa beim LSD-Konsum der Fall ist. Insoweit ist allerdings anzumerken, daß z.B. zur Frage des Einflusses von Cannabis auf die Sicherheit des Straßenverkehrs in unserem Lande bisher keine umfassenden Erkenntnisse vorliegen. Immerhin wurden nach beim Bundeskriminalamt vorhandenen Unterlagen im Jahre 1978 35 unter Drogeneinfluß begangene Verkehrsunfälle gemeldet, von denen 6 auf Cannabiskonsum zurückzuführen waren. Der wahre Umfang dieses Phänomens ist schwer abzuschätzen, da der Cannabiseinfluß - anders als etwa die Alkoholeinwirkung - mangels augenfälliger Merkmale für den den Verkehrsunfall aufnehmenden Polizeibeamten kaum erkennbar ist.

Die zur Zeit hinsichtlich der harten Drogen erkennbare Tendenz zur Brutalisierung der Drogenszene, etwa vermehrt bei Rauschgifthändlern festzustellender Waffenbesitz, gilt nicht in gleichem Maße für den Cannabisbereich.

Trotz der genannten - im Vergleich zum Konsum harter Drogen geringeren direkten kriminogenen Auswirkungen des Cannabismißbrauchs, muß dieser wegen seines die Ausbreitung des Verbrauchs harter Drogen indirekt fördernden Effekts aus polizeilicher Sicht mit den Mitteln der Strafgesetze bekämpft werden. Er stellt in dieser Hinsicht eine erhebliche Gefahr für die öffentliche Sicherheit und Ordnung in unserem Lande dar, da er - einmal ganz abgesehen von seinen unmittelbaren Folgen für die Gesundheit der Cannabisraucher - mittelbar die Zahl der nur sehr schwer zu rehabilitierenden Verbraucher harter Drogen und der Rauschgifttoten ansteigen läßt. Aus diesem Grunde wird seitens der deutschen Kriminalpolizeibehörden auch keinerlei Differenzierung in den Straftatbeständen des Betäubungsmittelgesetzes nach "harten" und "weichen" Drogen befürwortet, wie sie immer wieder aus Konsumentenkreisen gefordert wird.

In dieser grundsätzlichen Ablehnung jeglicher Bestrebungen zur Liberalisierung oder gar Legalisierung des Cannabiskonsums weiß sich die deutsche Polizei einig mit den Polizeien nahezu aller übrigen Mitgliedsländer der IKPO-Interpol, deren Generalversammlung in den letzten Jahren in zahlreichen Resolutionen vor solchen Bestrebungen gewarnt hat.

Diese Ablehnung jeglicher Liberalisierung oder gar Legalisierung des Cannabismißbrauches durch die Polizei hat jedoch nur dann echten Sinn, wenn die Polizei in der Lage ist, ihren gesetzlichen Auftrag zur Erforschung von Straftaten (§ 163 StPO) auch hinsichtlich der mit dem Cannabismißbrauch zusammenhängenden Gesetzesverstöße voll zu erfüllen.

Kann sie dies nicht, etwa weil sie durch die mit harten Drogen in Verbindung stehenden Fälle voll ausgelastet ist, bedeutet dies eine faktische Liberalisierung.

Nachdem in den letzten Jahren in einigen Großstädten der Bundesrepublik Deutschland bereits erste Anzeichen eines Nachlassens der polizeilichen Repression gegen Cannabistäter zu erkennen waren, scheint sich seit einigen Wochen eine gegenteilige Entwicklung anzubahnen. Zumindest werden heute im politischen Bereich in Bund und Ländern der Rauschgiftbekämpfung bislang nicht gewährte Prioritäten eingeräumt, die erhoffen lassen, daß u.a. auch die Polizei endlich personell und materiell in die Lage versetzt wird, ihren vollen Beitrag zur Bekämpfung dieser Geißel unserer Gesellschaft zu leisten.

Die Polizei ist sich dabei allerdings voll der Tatsache bewußt, daß ihr nur eine begrenzte Rolle in diesem Kampf zukommen kann. Schwerpunkt der Rauschgiftbekämpfung müssen vielmehr sozial- und gesundheitspolitische Maßnahmen sein. Prävention, Therapie und Rehabilitation haben im Vordergrund zu stehen. Mangelt es an diesen Maßnahmen, so ist auch die polizeiliche Repression ein Kampf gegen Windmühlenflügel.

Dr. Erich Rebscher, Kriminaldirektor
Bundeskriminalamt Wiesbaden

Diskussionsbeitrag zu dem Vortrag von Herrn Rebscher

Aus juristischer Sicht wird die in dem Vortrag von Herrn Rebscher erfolgte Hervorhebung begrüßt, die karstellt, daß die repressive Seite nur eine von mehreren Fronten darstellt, an denen der Kampf gegen den illegalen Umgang mit Drogen geführt werden muß. Ein Zusammenwirken aller Disziplinen, innerhalb dessen der prophylaktischen und therapeutischen Arbeit auch aus der Sicht des Strafrechtlers ein besonderer Stellenwert zukommt, ist deshalb besonders bedeutsam.
Da auf lange Sicht auf repressive Mittel nicht verzichtet werden kann, müssen die für deren Einsatz wichtigen Stichworte in dem Vortrag herausgestrichen werden:

- Differenzierung
- Liberalisierung
- Legalisierung.

Daß einer Legalisierung der Cannabis-Drogen, also ihre Herauslösung aus dem System der Betäubungsmittelüberwachung, nicht wird nähergetreten werden dürfen, haben die Vorträge, die bisher gehalten wurden gezeigt. Eine Liberalisierung, d.h. eine Lockerung der Strafbewehrung eines generell beizubehaltenden Cannabis-Verbots, wäre nur dann erwägenswert, wenn eine Differenzierung nicht in ausreichendem Maße möglich wäre. Dabei muß dem Eindruck entgegengewirkt werden, eine Differenzierung sei nur durch entsprechende Unterscheidung im Gesetz selbst möglich. Eine solche Unterscheidung wird im gesetzlichen Betäubungsmittelbegriff qua definitionem kaum möglich sein, wenn an einem generellen Verbot festgehalten werden soll. Sie dürfte auch nicht erforderlich sein. Die in dem Vortrag von Herrn Rebscher gemeinte und notwendige Differenzierung im Betäubungsmittelstrafrecht ist nicht nur nach geltendem, sondern auch nach geplantem Betäubungsmittelrecht möglich. Sie wird im übrigen praktiziert und ist fester Bestandteil unserer Rechtswirklichkeit. Vor allem sind dabei die Mittel des Opportunitätsprinzips (§§ 153 ff. StPO) zu erwähnen, die gerade für eine differenzierende Betrachtung aller Straftaten, auch der Betäubungsmitteldelikte gelten. Hinzu kommen die Möglichkeiten des Jugendgerichtsgesetzes als allgemeine Regeln, sowie die Einstellungsmöglichkeit des § 11 Abs. 5 BtmG. Aber auch im gerichtlichen Verfahren, das mit einem Urteil endet, sind die herausragenden Grundsätze der Gleichbehandlung, die eine Ungleichbehandlung von nicht gleichen Sachverhalten einschließen, zu beachten. Auf der Grundlage des Urteils des BGH vom 7.12.1976 (1 StR 693/76), in dem die Berücksichtigung der besonderen Gefährlichkeit einer Droge für zulässig erklärt wird, wägen Staatsanwaltschaften und Gerichte sorgfältig ab und schenken der von einem Betäubungsmitteldelikt ausgehenden konkreten oder abstrakten Gefahr besondere Beachtung.
Auch die Polizeidienststellen und Zollfahndungsämter lenken unter Berücksichtigung ihres Auftrages und unter Beachtung des Legalitätsprinzips (§ 163 StPO) naturgemäß ihr Augenmerk in besonderem Maße auf die besonders gefährlichen Betäubungsmittel und den verbotenen Umgang mit ihnen.
(Winkler, StA., Koblenz)

Auf Grund meiner forensischen Tätigkeit fällt auf, daß Fixer Haschisch als Zwischenhandelsprodukt benutzen.
2 Beispiele:
Ein Fixer führt 900 Gramm Haschisch aus Holland ein:
Erwerb von einem Gramm Cannabis in Holland 2.-- DM,
Verkauf von einem Gramm in der Bundesrepublik 5.-- DM.
Gewinnspanne 2.700.-- DM, dies wird zum Erwerb von Heroin benutzt.

2 Fixer führen aus gleichem Grund 7 kg Haschisch (in einem eingeschweißten Behältnis im Tank eines VW) aus Marokko ein.
(Wolf/Warstein).

Es wurde darauf hingewiesen, daß es sich hier selbstverständlich um Folgekriminalität im Zusammenhang mit Heroinabhängigkeit handelt.

Die Entwicklung des Cannabis-Mißbrauchs in Berlin (West) seit 1. Januar 1978 aus kriminologischer Sicht

von G. ULBER

Die von mir zu beschreibende Situation in Berlin ist nach meiner Auffassung mit geringen Abweichungen auf alle Ballungsgebiete der Bundesrepublik übertragbar.
Die Polizei, aber wohl auch weitgehend andere Zweige der Verwaltung, bewerten das Problem anhand der polizeilichen Kriminalstatistik. Deren Zahlen dürften, bei allen Vorbehalten, wegen des langen Zeitraums der gleichmäßigen Erfassung auch die Entwicklung am objektivsten wiedergeben. Zu bedenken ist lediglich, daß die Statistik nur die r e g i s t r i e r t e n Fälle und Täter enthält. Weil aber bei der Polizei so gut wie keine Anzeigen gegen Haschisch-Verbraucher erstattet werden, vielmehr die Polizei fast alle Ermittlungen wegen der Verfolgungspflicht selbst einleitet, sind die Zahlen durch die Art und vor allem den Umfang der polizeilichen Aktivitäten in jedem örtlichen Zuständigkeitsbereich weitestgehend beeinflußbar.

Diese Vorbemerkungen scheinen mir zur Interpretation der Tatsache erforderlich, daß in Berlin seit dem 1.1.1978 lediglich 984 Haschisch-Verbraucher, gleichzeitig aber 1593 Heroin-Abhängige statistisch erfaßt worden sind.

Welche Fakten sind für diese, die Wirklichkeit offensichtlich entstellenden Zahlen ursächlich?

1. In Berlin ist die Feststellung von Haschisch-Verbrauchern kein Arbeitsschwerpunkt der Polizei. Wir gehen mit dem uns im Rahmen des Gesamtproblems angemessen erscheinenden Nachdruck gegen den Haschisch-Handel vor (Fälle und Täter werden statistisch gesondert erfaßt); dabei werden nur am Rande Verbraucher mit einbezogen. Trotzdem werden beinahe nur bei diesen Maßnahmen Verbraucher bekannt. Die Verfestigung des Verbrauchs von Haschisch hat aber in letzter Zeit zu besser abgedeckten Vertriebswegen (Hauslieferanten usw.) geführt. Dennoch haben sich in Berlin bis heute relativ feststehende Vertriebsplätze erhalten.

2. Die Polizei kann und will nicht neben den Verantwortlichen z.B. in Schulen und Freizeiteinrichtungen gegen Haschisch-Verbraucher ermitteln. Eine Zusammenarbeit mit den Verantwortlichen beschränkt sich auf Maßnahmen gegen Händler, weil hier eine gemeinsame Interessenlage deutlich zu machen ist.

3. Wegen der nicht eintretenden körperlichen Abhängigkeit

ist der gelegentliche Verbrauch von Haschisch denkbar und ein Ausbrechen aus den sozialen Bindungen nicht zwangsläufig. Der Verbrauch bleibt deshalb auch in der engsten Umgebung meist lange unbemerkt und kommt erst recht nicht der Polizei zur Kenntnis.

4. Komplikationen in der Wirkungsphase gibt es so gut wie keine. Sofort erforderliche ärztliche Hilfe entfällt somit. Dagegen wurden seit dem 1.1.1978 in Berlin 623 Heroin-Abhängige in hilflosem Zustand aufgefunden und dabei bekannt.

5. Es gibt bei den Haschisch-Verbrauchern kaum Fälle der mittelbaren Beschaffungskriminalität. Hierbei werden aber ständig Heroin-Abhängige betroffen, der Polizei übergeben und ebenfalls bekannt. Ein "10-er Piece" (Haschischportion im Gewicht von ca. 1,5 g zum Preis von 10.-- DM) ergibt bei guter Qualität etwa 3 Konsumeinheiten, so daß der Erwerb selbst bei einkommensschwachen Verbrauchern kaum finanzielle Probleme aufwirft, die Straftaten herausfordern könnten.

6. Der Haschisch-Verbraucher ist für den Polizeibeamten kaum zu erkennen. Auffallende Verhaltensweisen sind sehr selten, äußerlich erkennbare und sichere körperliche Merkmale fehlen. Daneben ist der Konsum unauffälliger möglich.

7. Beim Haschisch-Verbraucher bieten sich für die Polizei - von dem Vorhandensein kleinerer Verbrauchsportionen abgesehen - keine weiteren Möglichkeiten einer Beweissicherung, weil Cannabis im Körper noch nicht nachgewiesen werden kann. Heroin-Abhängige können hingegen auch ohne weitere Sachbeweise durch die Urinprobe erkannt werden.

8. Allgemein wird der Haschisch-Verbrauch als nicht lebensbedrohend angesehen. Damit entfällt der bei Fixern relativ häufige Ruf nach der Polizei von Personen, die sich von toten oder hilflosen Fixern in ihren Räumen in ihrer Existenz gefährdet sehen.

Wegen des möglichen gelegentlichen Verbrauchs (auch wegen der längeren Probierphase) ist die Erfassung von Personen als Haschisch-Verbraucher an sich problematisch. Ich halte deshalb eine seriöse Schätzung der Gesamtzahl der Haschisch-Verbraucher für den Raum Berlin für nicht möglich. Die folgenden Zahlen liefern daher lediglich einen Anhalt für die Beurteilung der Situation.

	Haschisch-Verbraucher				Heroin-Abhängige
Alter	m.	w.	U.	%	%
13	1			0,1	0,06
14			2	10,7	1,5
15	3	3	1		
16	19	10	3		
17	47	13	4		
18	63	13	7	26,3	16,3
19	70	7	12		
20	76	3	8		
21	57	7	5	28,4	36,6
22	68	9	4		
23	61	9	3		
24	47	7	2		
25	53	4	8	21,2	36,2
26	37	2	-		
27	37	1	2		
28	32	3	1		
29	24	3	2		
30	16	1	6	11,6	8,5
31	15	4	1		
32	13	2	2		
33	10	2	2		
34	12	-	1		
35	10	1	-		
36	3	-	-		
37	4	-	-		
38	4	-	-		
39	5	-	-		
darüber	13	1	3	1,7	0,8

Bemerkenswert sind folgende, aus den Zahlen abzulesende Fakten:

1. Es wurden kaum Kinder und junge Jugendliche bekannt. Wie bei den Heroin-Abhängigen zeigen die polizeilichen Ermittlungsergebnisse k e i n e n Anhalt für eine Verjüngung bei den Verbrauchern.
2. Die Haschisch-Verbraucher beginnen jünger, der Verbrauch wird aber auch länger aufrecht erhalten (Schwerpunkt bei den 17-25jährigen, hingegen bei den Fixern bei den 21-27jährigen).
3. Es wurden auffallend wenige Haschisch-Verbraucherinnen erfaßt. Dies scheint mit den Beschaffungs- und Verbrauchsgewohnheiten erklärbar zu sein; der Kauf wird den Männern überlassen. Bei den Heroin-Abhängigen sind Mädchen und Frauen entschieden stärker beteiligt.

Einen Anhalt für den tatsächlichen Umfang des Haschisch-Verbrauchs in Berlin geben die durch die Polizei in den letzten Jahren in Berlin beschlagnahmten Mengen:

1974 - 31,6 kg
1975 - 34,2 kg
1976 - 33,9 kg
1977 - 101,9 kg
1978 - 88,6 kg
1979 - 70,0 kg (bis einschließlich September)

Im Gegensatz zu den Zahlen des Bundeskriminalamtes sind hier keine Mengen enthalten, die lediglich durch Berlin gebracht werden sollten.

In den beschlagnahmten Mengen konnten keine Stoffe nachgewiesen werden, die einen Umstieg auf Opiate hätten fördern können.

Gleichfalls haben sich in Berlin bisher keine Anhaltspunkte dafür ergeben, daß Heroinabhängige gegen ihren Willen zum Verbrauch gebracht worden sind. Da jedoch fast alle Heroin-Abhängigen mit dem Verbrauch von Haschisch begonnen haben, sehen wir eine besondere Gefahr des Haschisch-Verbrauchs in dem dabei, trotz der in Berlin immer noch bestehenden Trennung zwischen den Haschisch- und Heroinscenen, unvermeidlichen Kontakt zu Fixern. Hierbei sind die Haschisch-Verbraucher dann für Überredungen empfänglicher als vom Drogenproblem unberührte junge Menschen. Haschisch-Verbrauch wird auch aus den Justizvollzugsanstalten gemeldet, wobei kürzlich zwei bedeutsame Terroristen bekannt wurden.

Dies sind belegbare Fakten, die die Polizei eines Ballungsraumes zum Thema beitragen kann. Damit dürfte feststehen, daß

a) das Dunkelfeld beim Cannabis-Mißbrauch ungleich höher ist als beim Heroin-Mißbrauch und
b) die Möglichkeiten der Polizei zur Aufhellung weit geringer sind als beim Heroin-Mißbrauch.

Anschrift des Verfassers: Gerhard Ulber
Kriminaloberrat

Der Polizeipräsident in Berlin
Direktion Spezialaufgaben der
Verbrechensbekämpfung
Gothaer Str. 19
1000 Berlin 62

Diskussionsbemerkungen zum Vortrag Ulber

Es wurde den Tagungsteilnehmern die Frage gestellt: "Der FDP-Abgeordnete Zumpfort hat in 'Bild' vom 10.5.79 die Behauptung aufgestellt, 'gewissenlose Händler können ja gerade auf dem Schwarzmarkt das Hasch verunreinigen, mit Opium durchsetzen und dadurch junge Menschen von harten Drogen abhängig machen ...' Es liegt mir ferner ein Schreiben vor mit dem Kopf: 'Freie Demokratische Partei, ... (Thomas-Dehler-Haus), 53 Bonn 12 ..., Bundesgeschäftsführer' vom 17.7.1979 an eine besorgte Mutter in Frankfurt, das unterschrieben ist von Dr. Fritz Fliszar, und in dem es u.a. heißt:"... mit großem Verständnis habe ich Ihren Brief vom 1.7.1979 gelesen, den ich in Vertretung des Bundesvorsitzenden der F.D.P., Bundesaußenminister Hans-Dietrich Genscher, beantworten darf.

...

... Ziel dieses Rauschgifthandels ist es, die teureren harten Drogen zu verkaufen und ihre Kunden abhängig zu machen. Dieses geschieht teilweise sogar mit dem Mittel, das z.B. Haschisch mit harten Drogen versetzt wird, um die Abhängigkeit herzustellen.

...

Ich möchte die hier anwesenden Vertreter, besonders der Rechtsmedizinischen Institute und der Kriminalpolizeilichen Dienststellen der Rauschgiftdezernate fragen, ob in den letzten Jahren überhaupt irgendwo bei chemischen Untersuchungen in Cannabis Opiate gefunden worden sind oder ob die Freie Demokratische Partei hier nicht ohne jegliche Sachkenntnis phantasiert anstatt argumentiert?"
Es meldeten sich zahlreiche Tagungsteilnehmer zu Wort aus den angesprochenen Institutionen, die übereinstimmend unterstrichen, daß derartige Feststellungen auch in den vergangenen Jahren ebenso wie früher so gut wie nicht gemacht worden waren. Es wurde an die 'Opiat-in-Haschisch-Legende' der frühen 70er Jahre erinnert und auf einschlägige Literatur hingewiesen.

Literatur: Kleiner, D.
Opium in Haschisch - eine Legende?
Deutsches Ärzteblatt, 16, 1164 - 1165 (1971)

Täschner, K.-L.:
Das Cannabis-Problem, Akademische Verlagsgesellschaft, Wiesbaden (1979).

(Kleiner, Berlin)

Zum Umfang des Cannabis-Mißbrauchs in Hamburg
von E. GÜNTHER

Eines der schwierigsten Probleme im gesamten Suchtbereich ist die Gewinnung hinreichend valider epidemiologischer Daten. Prävalenz und Inzidenz liegen weitgehend im Dunkeln. Dies gilt für den Sektor Alkohol genauso wie für Medikamentenabusus und Cannabismißbrauch. Am zuverlässigsten dürften bundesweit noch die Schätzungen für den Opiat-Sektor sein, die nur um den Faktor 2 divergieren. Auf der Basis der Zahl der beim Bundeskriminalamt Erfaßten bildet die Größenordnung von 45.000 hier die untere Grenze der Prävalenz, eine vom Bundesminister für Jugend, Familie und Gesundheit gelegentlich genannte Schätzzahl von 80.000 sicher die obere.

Besonders mißlich liegen die Dinge aus verschiedenen Gründen im Cannabis-Bereich. Dies hängt zum einen damit zusammen, daß viele Gebraucher die Grenzen des "recreational use" nicht überschreiten, daß zweitens der Anteil der nicht nur behandlungsbedürftigen, sondern auch behandlungsbereiten Cannabis-Gebraucher mit manifester Abhängigkeitssymptomatik am gesamten Konsumentenkollektiv nur gering ist und daß ferner wegen des Fehlens eines ausgeprägten physischen Abstinenzsyndroms weder die Notwendigkeit des sofortigen Beschaffungsdelikts mit seinen Risiken noch jene des gelegentlichen klinischen Entzugs besteht.

Die besonderen Verhältnisse im Stadtstaat Hamburg haben es nun ermöglicht, für den Cannabis-Bereich trotzdem den Versuch der Abschätzung einiger epidemiologischer Basisdaten anhand von Material aus unterschiedlichen Bereichen zu unternehmen. Dieses umfaßt:

1. Die umfassenden Erhebungen im Schülerbereich der Jahre 1971 und 1973 von Jasinsky[1)] sowie des Jahres 1975 von Reuband [2)] und schließlich eine Befragung von 9. Klassen aus dem Jahre 1978 durch das Inquest-Institut[3)];
2. eine Auswertung der Hamburger Anklageschriften und Urteile in Btm-Sachen des Jahres 1978, sowie
3. Bestandszahlen aus der vom Drogenbeauftragten als persönliche Aufzeichnung geführten "Fixer-Kartei".

Bei den genannten drei großen Schülererhebungen der Jahre 1971, 1973 und 1975 wurden jeweils 5.000 bis 5.500 Schüler aus Haupt-, Real- und Berufsschulen sowie aus Gymnasien von der 8. Klasse an aufwärts befragt. Sie repräsentierten ein Gesamtkollektiv von jeweils 100.000 bis 110.000 Schülerinnen und Schüler der betreffenden Schultypen und Altersstufen. Das uns hier interessierende zusammengefaßte Ergebnis der drei Erhebungen gibt in gerundeten Zahlen folgendes Bild:

Der Anteil der Drogenerfahrenen überhaupt - Probierer also eingeschlossen - am Gesamtkollektiv fiel von 26% im Jahre 1971 auf 18 % im Jahre 1973 und weiter auf 14 % im Jahre 1975. Der Anteil der Rauschmittelerfahrenen bei den 19-jährigen und älteren lag natürlich höher als im Durchschnitt des Gesamtkollektivs. Er betrug 1971 43 %, 1973 35 % und 1975 29 %. Dies bedeutet, wenn man bei den jüngeren Altersstufen den Anteil der Probierbereiten und Ambivalenten mit berücksichtigt, daß alle mehr oder weniger Probiergeneigten bis zum 20. Lebensjahr ihre Probierbereitschaft in Probiererfahrung umgesetzt haben. Nun ist eine einmal vorhandene Probiererfahrung nicht wieder rückgängig zu machen. Trendänderungen des Konsumverhaltens wachsen deshalb gewissermaßen von unten nach oben durch die Altersgruppen hindurch. Dies in Rechnung gestellt zeigt sich jedoch bei der Kategorie "Drogenerfahrung" in der Relation der Altersgruppen zueinander eine bemerkenswerte Konstanz. Sowohl 1973 wie 1975 war der Anteil der Drogenerfahrenen bei den 18-jährigen beispielsweise rund viermal so hoch wie bei den 15-jährigen.

Unter diesem Gesichtswinkel gewinnt eine kleinere Stichprobenerhebung aus dem Jahre 1978 Bedeutung. Es handelt sich um eine Befragung von insgesamt 361 Schülern aus 9. Klassen von Haupt-, Real- und Oberschulen in Hamburg.9 % der überwiegend 15 Jahre alten befragten Schüler gaben Rauschmittelerfahrung an, während der Anteil bei den 15-jährigen des Jahres 1973 6 % und bei jenen des Jahres 1975 5 % betragen hatte. Bei den 16-jährigen waren es 1973 13 % und 1975 11 % gewesen. Dies läßt darauf schließen, daß der Anteil der Rauschmittelerfahrenen seit 1975 wieder gestiegen ist und 1978 vermutlich mindestens die Werte des Jahres 1973 erreicht hat. Auch von den 1978 19-jährig Gewesenen dürften kaum weniger als 30 % Rauschmittelerfahrung gehabt haben. Da nun in allen 3 großen Untersuchungen zwischen 80 und 90 % aller überhaupt Rauschmittelerfahrenen auch Cannabis probiert hatten, ist davon auszugehen, daß von den 11 Geburtsjahrgängen von 1950 bis 1960 einschließlich [4] etwa 25 bis 30 % aller Personen Konsumerfahrung mit Cannabis haben. Bei einer Gesamtstärke dieses Altersblocks von rund 220.000 Personen bedeutet dies, daß darunter 55.000 bis 65.000 Probiererfahrene sind, wozu noch mindestens 15.000 aus den Jahrgängen 1961 bis 1965 kommen, so daß wir in Hamburg mit einer Gesamtzahl von derzeit minimal 70.000, wahrscheinlich aber 80 bis 90.000 Cannabiserfahrenen rechnen müssen. Anhand weiterer Detailergebnisse der 3 großen Erhebungen kann davon ausgegangen werden, daß mindestens 1/3 dieser Personen über längere Zeit gewohnheitsmäßig Cannabis konsumiert haben.

Weitere Anhaltspunkte lassen sich nun aus den Zahlen über staatsanwaltschaftliche Ermittlungsverfahren, über Anklageschriften und Verurteilungen ziehen. In Hamburg werden entsprechend Mistra[5] der Gesundheitsbehörde die Anklageschriften und rechtskräftigen Urteile in Betäubungsmittelsachen zugeleitet. Seit 1978 werden diese Unterlagen in der Koordinierungsstelle für Rauschmittelfragen in verschiedener Richtung statistisch ausgewertet. Für 1978 lagen 447 Urteile vor, davon

> 281, d.h. 66 % im Zusammenhang mit Cannabis, (davon sind 1/3 der Täter einschlägig vorbestraft)
>
> 141, d.h. 33 %, im Zusammenhang mit Opiaten (davon die Hälfte einschlägig vorbestraft)
>
> 4, d.h. 1 %, im Zusammenhang mit LSD, Meskalin usw.

Am 31.12.1978 waren dem Drogenbeauftragten 1.675 Opiatabhängige in Hamburg namentlich bekannt. Das Dunkelfeld in diesem Bereich dürfte maximal bei weiteren 150 bis 200 Fällen liegen. Abzurechnen sind jedoch jene Süchtigen, die in Therapie oder in Haft waren und deshalb für während des Referenzzeitraumes abgeurteilte Straftaten nicht in Betracht kamen. Ihre Zahl ist mit ca. 150 anzusetzen. Außerdem sind jene Personen abzuziehen, die entweder im fraglichen Zeitraum drogenfrei lebten oder die vollständig auf Alkohol, Schlaftabletten usw. umgestiegen sind und infolgedessen mit einschlägigen Straftaten nicht in Erscheinung traten. Es bleibt nach diesen Korrekturen ein Delinquenten-Potential von höchstens 1.400 Personen, so daß wir daraus schließen können, daß 1978 mindestens 10 % der aktiven Opiatgebraucher einschlägig verurteilt wurden.

Im Cannabis-Bereich ist die Lage etwas komplizierter. Gegenüber den genannten 281 Verurteilten in Cannabis-Fällen betrug die Zahl der laut Anklageschriften angeklagten Cannabis-Täter im gleichen Zeitraum 446. Aus der Zahl der polizeilichen und staatsanwaltschaftlichen Ermittlungsverfahren insgesamt läßt sich nun ableiten, daß die Zahl der Angeklagten aus 1977, die im Jahre 1978 zur Aburteilung kamen, von gleicher Größenordnung war wie die Zahl der Anklagen aus 1978, die erst 1979 zur Verurteilung führten. Wir können also davon ausgehen, daß bei Cannabis-Delikten rund 40 % der Anklagen vor Eröffnung der Hauptverhandlung eingestellt werden, und zwar handelt es sich dabei durchweg um Anklagen gegen Jugendliche und Heranwachsende der Altersgruppe 16 - 22 Jahre. Es gibt aber nun noch einen weiteren Überhang, nämlich jenen der Ermittlungsverfahren, die gar nicht erst zur Anklage führen. Eine genaue Zahl ist nicht anzugeben, weil hier keine statistische Aufschlüsselung nach Deliktsgruppen vorliegt. Bei einer Gesamtzahl von rund 18-1900 staatsanwaltschaftlichen Ermittlungsverfahren gegen namentlich bekannte Personen im Betäubungsmittelbereich darf aber geschlossen werden, daß etwa weitere 300 bis 400 Ermittlungsverfahren im Cannabisbereich nicht zur Anklage kommen. Dies würde nun, wenn man analog zur Situation bei den Heroindelikten unterstellt, daß rund 10 % der Population jährlich in Verfahren verwickelt wird, auf eine Anzahl gewohnheitsmäßiger Cannabisgebraucher von etwa 7.000 bis 9.000 schließen lassen. Bei Heroin - dies sei hier angemerkt - kommt eine Einstellung von Anklagen oder eine Nichterhebung von Anklagen kaum vor.

Diese Zahl von 7.000 bis 9.000 bzw. der Faktor 10 bedarf aber einer Korrektur. Es müssen nämlich folgende Sachverhalte berücksichtigt werden:

1. Cannabis wird überwiegend gesellig konsumiert, d.h. in einem größeren Kreis, von dem meist nur ein Teilnehmer als Beschaffer tätig ist und insoweit an "polizeiträchtigen Orten" verkehrt;

2. Eine Reihe von Deliktsarten und Deliktsmöglichkeiten wie Rezeptfälschung und Apotheken- oder Arztpraxeneinbruch fehlt im Cannabisbereich;

3. Es gibt keine körperlichen Merkmale wie Einstichstellen, die verdachtsauslösend wirken;

4. Wegen des Fehlens von körperlicher Entzugssymptomatik besteht kein absoluter Beschaffungszwang, der bei Opiaten zu unvorsichtiger Tatausführung verleitet, die die Aufklärungswahrscheinlichkeit erhöht.

Man wird also annehmen dürfen, daß nicht, wie im Opiatbereich, 10 % der Konsumenten-Population, sondern allenfalls 5%-7% jährlich verurteilt werden. Daraus ergibt sich dann für Hamburg als Prävalenz eine Größenordnung von 10.000 bis 18.000 gewohnheitsmäßigen Cannabisgebrauchern. Gewohnheitsmäßig sei hier so definiert, daß es sich um Personen handelt, die eine sich bietende Gelegenheit zum Konsum wahrnehmen und die in Kreisen verkehren, in denen sich solche Gelegenheiten regelmäßig bieten. Diffuser ist die Situation bei der Inzidenz, weil sich die Grenze zwischen Probierern und Gewohnheitskonsumenten kaum festlegen läßt. Die Gesamtzahl der 14 - 19-jährigen liegt heute in Hamburg bei 150.000. Unterstellen wir im Durchschnitt aller 6 genannten Jahrgänge eine Rate von 15 % Probiererfahrenen, so kommen wir auf einen jährlichen Zuwachs von etwa 3.600, von denen knapp die Hälfte wenigstens mittelfristig zum Gewohnheitskonsum übergehen dürfte.

1) "Rauschmittelkonsum Hamburger Schüler", Berichte und Dokumente aus der Freien und Hansestadt Hamburg, Nr. 387, herausgegeben von der Staatlichen Pressestelle

2) K.-H. Reuband: "Drogen - nicht mehr 'in' aber noch lange nicht 'out'", Psychologie heute, 4. Jg., Heft 9, S. 59-65

3) Wirkungsanalyse der Aktion Drogenprophylaxe, Inquest-Institut Friedrich H. Sieber, Hamburg (Untersuchung im Auftrage der Gesundheitsbehörde Hamburg) auszugsweise dargestellt in:
B. Braunschweig u.a.
"Prävention des Drogenmißbrauchs bei Jugendlichen",

Ergebnisse einer Aktion der Gesundheitsbehörde Hamburg
Öffentl. Gesundh.-Wesen 41 (1979) 68-76

4) Der Cannabis-Mißbrauch war in Hamburg in der genannten Altersgruppe seit 1968 epidemisch.

5) "Anordnung über Mitteilungen in Strafsachen", § 50 enthält die für BTM-Delikte gültigen Bestimmungen.

Name des Verfassers: Eckhard Günther
(Drogenbeauftragter der Freien und Hansestadt Hamburg, Gesundheitsbehörde)
Hausdorfer Str. 5
2070 Ahrensburg

Zur Lage des Cannabis-Konsums und -Mißbrauchs in Großbritannien

von M.M.GLATT

Vor den 1960er Jahren erregte Cannabis kaum irgendwelches öffentliches oder berufliches Interesse. Seit den 1940er Jahren wurden jährlich ein paar Cannabis-Besitzer verurteilt, aber erst seit ungefähr 1960 sah man in der Klinik gelegentlich Patienten wegen Folgen ihres Cannabis-Mißbrauchs, gewöhnlich waren es West-Inder, Jazz-Musikanten, oder in späteren Jahren emotionell labile Jugendliche.[1] Wie oft noch heute sagten Cannabis-Raucher schon damals, daß falls überhaupt irgend etwas am Cannabis schädlich wäre, so wäre das sicherlich nicht der Raucher selbst, noch die Droge, sondern das Gesetz und mehr oder weniger ist dies heute die Ansicht der Protagonisten der Legalisierung der Droge. In den 60er Jahren wurde Cannabis sehr bald das Objekt einer von beiden Seiten oft mit großer Bitternis und Leidenschaft ausgetragenen Debatte.[2] Manche sahen im Cannabis,(und in England wurden damals hauptsächlich das stärkere Harz, Haschisch und nur viel weniger die schwächeren Cannabis-Blätter, Marihuana geraucht)[2,3] eine "toxische und gefährliche Substanz"[4], während andererseits ein von 100 bekannten Persönlichkeiten unterzeichnetes Inserat in der 'Times', im Juli 1967, das gegen das Cannabis gerichtete Gesetz als "... im Prinzip immoral und in der Praxis undurchführbar..." erklärte. In der Tat empfahl im Jahre 1968 ein vom Home Office zusammengerufenes Kommittee, das sogenannte Wootton Committee, eine gewisse Milderung der Strafen für Cannabis-Vergehen. Diese Vorschläge wurden aber von der Regierung abgelehnt; und die heute noch gültige Misuse of Drug Act 1971 (die 1973 in Kraft trat), die Drogen gemäß ihrer möglichen Schädlichkeit für den Gebraucher in drei Klassen einteilt, sieht im Cannabis und seinem Harz eine zur mittleren Class B gehörige Droge, wie z.B. auch die Amphetamine, mit niedrigeren Höchststrafen als die in der Class A befindlichen Opiate, Cocaine (und auch das THC). Die weniger starken Stimulationsdrogen befinden sich in der niedrigsten Class C. Besitz der Droge, Besitz mit der Absicht der Versorgung anderer ('supply') und Supply werden als separate Vergehen angesehen. Mögliche Höchststrafen für Class B Drogen sind in den Händen des Magistrat-Gerichtes für bloßen Besitz 6 Monate und für andere Vergehen 1 Jahr (kürzlich zu 3 bzw. 6 Monaten reduziert); im höheren Gericht bestehen mögliche Höchststrafen von 5 Jahren für Besitz und bis zu 14 Jahren für andere Vergehen (z.B. "trafficking" zum Verkauf und zum Verdienst). Seit den 60er Jahren scheint sich der Cannabis-Gebrauch in weiteren Kreisen und in allen Bevölkerungsschichten vermehrt zu haben. Die genaue Verbreitung des Konsums ist natürlich unbekannt; jedoch fand eine von der BBC im Jahre 1973 durchgeführte Umfrage, daß etwa 4 Millionen die Droge zumindest probiert hatten, was natürlich nicht anzeigt, wieviele von ihnen regelmäßige Konsumenten sind. Der Cannabis-Gebrauch scheint sich heute bis in die Altersgruppe der fast 40 Jährigen ausgebreitet zu haben; man hört oft Bemerkungen wie z.B., daß natürlich Heroin und Cocain sehr gefährlich sind, aber daß es Unsinn sei, das "ganz ungefährliche" Cannabis zu verbieten, ähnliche Urteile, wie man sie schon oft in den früheren 60er Jahren zu hören bekam ("Charge (ein Terminus für Cannabis) schadet keinem!").[2] Natürlich begegnet man gelegentlich heute auch wie in früheren Jahren [2,3] Fällen von psychischer Abhängigkeit, psychotischen Reaktionen, Panik. Aber von solchen und wahrscheinlich im allgemeinen relativ seltenen Komplikationen hört und liest man wenig, obwohl z.B. Paton[5] darauf hinwies, daß im Gegensatz zum Nikotin es hauptsächlich Jüngere sind, die von individuellen und sozialen Komplikationen des Cannabis-Mißbrauchs betroffen würden.

Im Gegensatz zu den 60er und frühen 70er Jahren beschäftigen sich die Medien heutzutage nur relativ selten mit Cannabis, außer vielleicht unter Umständen wie die kürzlich erfolgte Beschlagnahme einer riesigen Menge von Cannabis (4.500 kg Haschisch). Die allgemeine Öffentlichkeit scheint heute wenig an einer Debatte über Cannabis interessiert zu sein; das scheint auch für die Jüngeren zuzutreffen, obwohl z.B. eine vor 5 Jahren unter Universitätsstudenten durchgeführte Untersuchung zeigte, daß 40 % die Droge probiert hatten, und daß rund 6 % sie ziemlich regelmäßig rauchten.

Die weite Verbreitung des Cannabis-Konsums spiegelt sich in den relativ hohen <u>Beschlagnahme</u>-Ziffern wieder. Wie Tab. 1 zeigt, machen die jährlichen Cannabis-Beschlagnahmen rund 80 % aller beschlagnahmten Drogen aus. Die 1979er Ziffer in der Tabelle hat die kürzliche Rekordbeschlagnahme von 4 1/2 Tonnen nicht berücksichtigt, so daß schon nach 9 Monaten die 1979-Beschlagnahmen höher sind als die jährlichen Ziffern früherer Jahre.

Die Zahl der wegen <u>Kultivierung des Cannabis</u> Verurteilten oder Angeklagten (Tab. 2, Tab. 3) stieg in den letzten Jahren erheblich an: 378 Verurteilte 1973, 1977 975 Verurteilte. Die frühere Meinung, daß sich das kühle englische Klima für die Cannabis Kultivierung nicht eigne,[3] ist anscheinend unrichtig: Professor Fairbairn, vom Hygiene und Tropical Institute in London schrieb kürzlich, daß Herbal Cannabis von guter Qualität (d.h. mit einem genügenden Delta-THC-Gehalt) in England durchaus kultiviert werden könnte.[7]

Die Anzahl der im Jahre 1977 für <u>Cannabis-Vergehen</u> Verurteilten (10.440) stellt rund 80 % aller Drogenverurteilten (12.704) dar (Tab. 2). Die 1977er Ziffer ist etwas niedriger als die 1973er (11.000) und höher als die 1975er Ziffer (8.800). Fast 90 % (9.061) aller Cannabis-Vergehen waren für

Besitz, 10 % (975) für Kultivierung, beinahe 700 für gesetzwidrige Ein- oder Ausfuhr, unter 500 für gesetzwidrigen supply und über 300 für Besitz mit Absicht der supply und andere (Tab. 2). Tabelle 3 zeigt die Zahl der Angeklagten (und nicht der Urteile) für die verschiedenen Cannabis-Vergehen in den Jahren 1975/77.

Wie vorauszusehen, gaben die Verfechter der Liberalisierungsidee der Cannabis-Gesetze ihre Arbeit auch in den letzten Jahren nicht auf. Die früheren Organisationen (Soma in den 60er Jahren, Caro (Cannabis Reform Action Organisation), die bis 1972 tätig war), wurden durch die heute tätigen "Smokie Bears" und hauptsächlich durch die im April 1978 gegründete "Legalise Cannabis Campaign"(LCC) abgelöst. Während die "Smokie Bears" mit Aktionen wie einem jährlichen 'smoke in' arbeiten, erstrebt LCC, das Cannabis-Gesetz durch legale Propagandaarbeit zu ändern, in dem Glauben, daß Cannabis Gebrauchssache persönlicher Wahl und nicht der Gesetzgebung ist. Die LCC hofft auch, schließlich mit ähnlich gesinnten ausländischen Gruppen eine internationale Gruppe zu bilden, die für eine Änderung der Cannabis-Gesetzgebung in der U.N. International Convention kämpfen sollte. In England sprach sich kürzlich eine von der letzten jährlichen Konferenz der National Association of Probation Officers angenommenen Resolution für die aktive Unterstützung der Ziele der LCC aus [8].

Eine im September 1978 erschienene Veröffentlichung der LCC, das "Cannabis Cover Up" [9] erklärte, daß mäßiger Gebrauch nicht schädlich wäre, daß der in anderen Ländern eingeführte Dekriminalisierungsprozeß keinerlei nennenswerte nachteilige Folgen gehabt hätte, und daß das Cannabis-Gesetz einer dringenden Änderung bedürfe, bevor die Konsumenten weiteren Schaden erlitten.

Im Jahre 1979 veröffentlichte der offizielle Advisory Council on the Misuse of Drugs [10] seine Empfehlungen zur Cannabis-Gesetzgebung, die im wesentlichen auf eine mäßige Erleichterung des Gesetzes hinauslaufen: Cannabis soll demgemäß von Class B auf die leichtere Class C gesetzt werden. Höchststrafen für Besitz würden von 5 auf 2 Jahre und für Verkauf von 14 auf 7 Jahre heruntergesetzt, der Magistrat würde in Zukunft die Befugnis verlieren, Gefängnisstrafen für Cannabis-Besitz zu verhängen, und die Polizei würde Besitzer nicht mehr verhaften können.

Natürlich lief die LCC gegen die Advisory Council Empfehlungen heftig Sturm. In einer 48 seitigen Veröffentlichung "Trash Rehashed" (Unsinn wieder aufgetischt) behauptet die LCC, daß der Council Bericht von Widersprüchen und Ungenauigkeiten strotze, daß es keinesfalls die ernsten Folgen der Kriminalisierung der jährlich verurteilten 10 000 Konsumenten beseitige, usw..

Von der LCC abgesehen, sind natürlich auch andere Kreise für eine Liberalisierung des Cannabis-Gesetzes. Z.B. sprach sich der Pharmacologe J.D.P. Graham in einem 1977 erschienenen Buch 'Cannabis Now' [11] dafür aus, daß nur solche Drogen, die akuten Schaden verursachen könnten, wie z.B. das Haschisch Oil (eine flüssige Form des Cannabis) strikt kontrolliert werden sollten; Besitz von Cannabis-Mengen unter 30 Gramm sollten nicht strafbar sein; und die Möglichkeit eines streng kontrollierten legalen Handels sollte ernsthaft erwogen werden. Auch ein Subkommittee des Advisory Council sprach in einem offiziellen Bericht an den Council von dem Fehlen definiter Beweise, daß gelegentlicher, mäßiger Konsum den Gebraucher schädige, obwohl es die Fahrtüchtigkeit beeinträchtigen und starkes Rauchen die Lungen schädigen könnte. Übrigens fand V. Marks [12] in einer kürzlich in Surrey durchgeführten Untersuchung, daß (während einer 18 Monate langen Periode) von in Unfällen getöteten 54 Auto- und 12 Motoradfahrern, 10 Cannabis im Blut hatten, obwohl das natürlich nicht beweist, daß die Droge die Fahrtüchtigkeit beeinträchtigte. Erwähnenswert ist vielleicht auch der Kommentar der Zeitung "The Guardian" [13], der die Heruntersetzung des Cannabis in die Class C als "einen kleinen Schritt in die richtige Richtung" beschreibt, sich für Dekriminalisierung aber ohne Legalisierung und unter Umständen auch für Graham's Idee eines legalen Handels mit sorgfältigen Kontrollen ausspricht. Schließlich ist vielleicht auch der in der Fachzeitschrift "Drug Link" [14] erschienene Kommentar erwähnenswert: nach Annahme der Advisory Council Empfehlungen würde der Drug Misuse Act in der Zukunft viel vernünftiger aussehen: Heroin und LSD in Class A, Barbiturate und Mandrax (methaqualone) in B und Cannabis und sein Harz in Class C. Diese Änderungen würde vielen Gegnern des Cannabis-Verbots die Munition aus der Hand nehmen, so daß die LCC vielleicht fürchten müßte, daß der Council-Bericht die Cannabis-Debatte auf Jahre hinaus begraben und so den "Fortschritt" zur Legalisierung aufhalten könnte. Andererseits könnten aber auch die vom Council vorgeschlagenen Gesetzerleichterungen als ein Schritt auf dem Weg zur Legalisierung angesehen werden.

Vielleicht der interessanteste Beitrag zur Cannabis-Debatte ist ein vor kurzem erschienenes Büchlein 'Cannabis-Options for Control' [15], in welchem eine vom Institute for the Study of Drug Dependence gebildete Studiengruppe die "möglichen Alternativen der Kontrolle" eingehend erörterte (das ISDD ist eine 1968 gegründete Organisation, die an allen Drogenfragen aktiv interessiert ist). Der ISDD-Bericht geht von der Feststellung aus, daß in England Konsum und illegales Angebot von Cannabis im letzten Jahrzehnt stark anstiegen, und daß das bestehende prohibitive System verschiedene unerwünschte soziale Folgeerscheinungen habe; die Gerichte sind von Gefängnisstrafen mehr und mehr zu (kleinen) Geldstrafen *) übergegangen, wahrscheinlich als Folge der sich ändernden öffentlichen Einstellung bezüglich der Cannabis-Gefahren.

*) Unter allen Cannabis-Vergehen nimmt der Besitz den ersten Platz ein (rund 80 %). Cannabis-Vergehen stiegen von 2.193 1967 auf 8.595 1976. Geldstrafen stiegen von 51 % von 'schuldig' Urteilen 1967 auf 96 % 1974, der Prozentsatz von Gefängnisurteilen fiel dagegen im selben Zeitraum von 25 % 1967 auf 7 % 1974. Andererseits blieb der

Prozentsatz von Gefängnisurteilen in Fällen von 'supply' während dieses Zeitraumes ziemlich gleichmäßig zwischen 20 und 30 %. Interessant ist der ständig steigende Prozentsatz von suspended (aufgeschobenen) Urteilen. Unter dem erst 1973 bestehenden Vergehen des 'Besitzes mit der Absicht der Versorgung Anderer', einer verhältnismäßig geringen Prozentzahl, wurde fast die Hälfte (42 %) mit Gefängnis bestraft (siehe Tabelle 3).

Die Studiengruppe untersuchte Vor- und Nachteile von 4 möglichen Alternativen:

1. Beibehaltung des z.Zt. bestehenden prohibitiven Systems, aber mit reduzierten Höchststrafen. Da praktisch die Gerichte ohnehin nur geringe Geldstrafen (meistens unter £ 100.00) verhängen und in Fällen von Gefängnisstrafen nur selten über 2 Jahre hinausgehen (und dies hauptsächlich, wo die Wahrscheinlichkeit des 'supply' vorliegt), würde die Studiengruppe die Heruntersetzung der Höchststrafe von 5 (und in Fällen des Verdachtes des trafficking jetzt bestehende Höchststrafe von 14 Jahren) auf 2 Jahre befürworten. Obwohl in der Meinung der Gruppe die soziale Schande und die Nachwirkungen auf die berufliche Karriere als Folge der Bestrafung die größten Abschreckungsfaktoren gegen Cannabis-Gebrauch für viele junge Leute darstellen, so sah sie jedoch in der Reduzierung der Höchststrafen keine Minderung der abschreckenden Wirkung.

2. Dekriminalisierung, d.h. ein System, in dem bloßer Besitz von geringen Mengen für persönlichen Gebrauch kein kriminelles Vergehen darstellen würde, wohl aber die Versorgung anderer für Profit. Möglicherweise könnten Gebraucher ihre eigenen Cannabis-Pflanzen kultivieren.

3. Licensing, d.h. Konzession an bestimmte Agenten, die die Droge in gewissen Mengen an Erwachsene verkaufen dürfen, in Form eines 'poison-type' (Gift-Typ) Systems, oder ein strengeres Rationisierungs- oder Quota-Systems.

4. Legalisierung: dies würde wahrscheinlich zum gesteigerten Gebrauch führen, der hauptsächlich von geschäftlichen Interessen gedeckt werden würde. Unvorhersehbare Mode- und Geschmacksänderungen, beeinflußbar von Reklame, den Massenmedien, populären Vorbildern, wie z.B. Pop Stars, würden hier eine Rolle spielen. Die Gruppe war auf jeden Fall der Meinung, daß Legalisierung erst dann kommen könnte, wenn in der Zukunft klargestellt werden würde, daß Cannabis-Gebrauch keine wesentliche Gefahr einer Gesundheitsschädigung mit sich brachte.

Zusammenfassend kann daher vielleicht gesagt werden, daß - abgesehen von dem allmählich ansteigenden Konsum und der Liberalisierung des Gesetzes - die Lage in Great Britain nicht viel anders ist als vor 10-15 Jahren. Die Argumente für und gegen Cannabis sind dieselben geblieben, einschließlich die der bezüglichen Harmlosigkeit mäßigen, gelegentlichen Konsums für die Mehrheit, mit der möglichen Gefahr für eine Minderheit[3,16]. Und was die Legalisierung der Droge anbelangt, so wurde einem schon in den Mittsechzigerjahren oft in Diskussionen gesagt, daß sie nur eine Frage von 1-2 Jahren sein würde. Aber 10-15 Jahre später bleiben wichtige Fragen in Bezug zu möglichen Cannabis-Gefahren immer noch ungeklärt, und die Legalisierung des Cannabis bleibt immer noch in einer ähnlichen Lage wie die, in der sich Hannibal vor 2000 Jahren befand: 'Ante portas'.

L i t e r a t u r

1. GLATT, M.M.: Brit.J. Addict. 1976, 71, 290.
2. GLATT, M.M., PITTMAN, D.J., GILLESPIE, D.G. & HILLS,D.R. The Drug Scene in Great Britain. Edward Arnold, London, 1967.
3. GLATT, M.M.: A Guide to Addiction and its Treatment- Drugs, Society and Man. Med. & Techn. Publ., Lancaster, 1974.
4. CHAPPLE, P.A.L.: Brit.J.Addict. 1966, 61, 269.
5. PATON, W.D.M.: Proc. Roy. Soc. Med. 1973, 66, 718.
6. KOSVINER, A., HAWKS, D. & WEBB, M.G.T.: Brit.J. Addict, 1974, 69, 35.
7. FAIRBAIRN, J.W.: in Cannabis-Options for Control (s.Ref.15), London, 1979, S. 81.
8. Cannabis Cover Up. Legalise Cannabis Campaign, London, 1978.
9. U.K. Advisory Council on the Misuse of Drugs. A review of the classification of controlled drugs and of penalties under schedules 2 and 4 of the Misuse of Drugs Act 1971, London, Home Office, 1971.
10. Trash Rehashed. Legalise Cannabis Campaign. London 1979.
11. GRAHAM, J.D.P.: Cannabis Now. H M + M Publ., Aylesbury, 1977
12. MARKS, V.: Reported in Daily Telegraph 24.1.1979
13. Guardian 17.1.1979.
14. Drug Link (ISDD) Summer 1979, No. 12
15. Cannabis-Options for Control. ISDD, London, 1979.
16. GLATT, M.M.: Brit.J.Addict. 1969, 64, 109.

Name des Verfassers: Dr. med. M.M. Glatt
(MD, DSc, FRCP, FRC Psych.)
Galsworthy House
Kingston Hill
Surrey KT2 7LX / England

Tab. 1

DRUG TYPE	NUMBER OF SEIZURES/WEIGHT OF DRUGS SEIZED												
	1973		1974		1975		1976		1977		1978		1979***
All Controlled Drugs	12196		10817		10648		11800		13006				
CLASS 'B' DRUGS:		KGS		KGS		KGS		KGS		KGS		KGS	KGS
Cannabis-Herbal	3057	3248	4130	1980	3835	3111	3912	3169	3238	1945	3982	3780	3539
Cannabis-Plants	-	6932	-	5616	436	5290	628	9718	872	10580	820	8467	-
Cannabis-Harz	7094	6017	5124	5782	4968	2112	6108	1923	8080	2379	8242	2723*	1602
Cannabis-Liquid	-	29.1	83	3.04	191	84.6	137	67.8	126	28.5	82	26.9*	39.7

* Figures likely to be incorrect

*** 1979 Figures Taken from UK Customs Only & Do Not Include Police Figures

Quelle für die Tabellen: Veröffentlichungen des Home Office

Tab. 2

PERSONS FOUND GUILTY OF OFFENCES UNDER DRUGS LEGISLATION & OTHER OFFENCES WHERE DRUGS WERE ALSO INVOLVED - UK 1977

TYPE OF OFFENCE	All Drugs	Cocaine	Heroin	Methadone	Dipipanone	LSD	CANNABIS	Amphetamines	Other Drugs
Total found guilty of all offences	12704	307	392	346	377	277	10440	1772	1283
Offences under the Misuse of Drugs Act:									
Unlawful Production							2		
Unlawful Supply							465		
Possession with intent to supply unlawfully							326		
Unlawful possession							9061		
Cultivation of Cannabis Plant							975		
Permitting premises to be used for unlawful purposes							297		
Other Drug Act Offences							10		
Unlawful Import or Export							692		
Offences not under Drugs Legislation									
where drugs obtained or handled illegally							10		

Tab. 3

PERSONS PROSECUTED:	1975	1976	1977
For -			
Permitting Premises to be used for Activities Related to Cannabis	440	424	372
For Cultivating Cannabis	593	811	1,063
Supplying Cannabis	469	593	562

PERSONS PROSECUTED FOR POSSESSION OF CANNABIS WITH INTENT TO SUPPLY IT BY RESULT:

YEAR	PROSECUTED	NOT FOUND GUILTY*	FINE	CUSTODIAL SENTENCE	OTHER
1975	384	108	66	184	26
1976	474	144	70	237	23
1977	497	171	89	215	22

PERSONS PROSECUTED FOR POSSESSION OF CANNABIS BY RESULT:

1975	8,611	656	5,553	1,039	1,363
1976	9,289	697	6,094	1,066	1,432
1977	9,904	843	6,490	1,123	1,448

* Including proceedings discontinued, charge withdrawn, acquitted

Die Epidemiologie und das Kausalitätsproblem der Cannabis-Abhängigkeit

von O. RUBNER

Mit dem Begriff Epidemiologie ist die Ausbreitung einer Krankheit innerhalb einer umschriebenen Gruppe und innerhalb der Bevölkerung eines bestimmten Bezirks unter Berücksichtigung psychischer und sozialer Determinanten und Folgen in der Population gemeint. Für das spezielle Krankheitsgebiet der Infektionskrankheiten ist die Epidemiologie zur Forschung und Beobachtung sowohl als Arbeitshypothese als auch später nach Entdeckung der Krankheitserreger als Bekämpfungsgrundlage sehr fruchtbar gewesen.

Der Sinn solcher Untersuchungen liegt in:

1. Der Feststellung des Gesundheitszustandes einer definierten Bevölkerung,

2. Der Berechnung des individuellen Krankheitsrisikos,

3. Der Feststellung historischer Trends der Morbiditätsentwicklung,

4. Der Suche nach kausal wirksamen Faktoren,

5. Unter Umständen der Vervollständigung des klinischen Bildes und besseren Umschreibung der Syndrome.

Es besteht bei sehr einseitiger Forschungsrichtung die Gefahr, daß jeweils den infektiösen, ätiologischen Faktoren einerseits oder den prädisponierenden und provokatorischen Faktoren andererseits ein zu großes Gewicht beigelegt und diese verschiedenen Faktoren nicht in eine sinnvolle Beziehung gebracht werden. Genauso besteht die Gefahr, daß bei der Verwendung des Begriffs der Kausalität (Ursächlichkeit) Faktoren ins Spiel gebracht werden, die mit dem eigentlichen Ursachenbegriff kaum zur Deckung gebracht werden können. Man unterscheidet die spezifisch ätiologischen und pathoplastischen Faktoren von den unspezifischen Bedingungen, Prädispositionen, Präformationen, Provokationen und von den Motiven.

Ursachen sind diejenigen Erscheinungsweisen, die mit sehr hoher statistischer Wahrscheinlichkeit zum Drogenkonsum - und nur zum Drogenkonsum und nichts anderem - führen.

Auf das Problem der Haschisch-Kausalität angewendet, bedeutet das, daß die Ursachen der Haschischepidemie in einem Faktor zu suchen sind, der nur zum Haschisch-Probieren, zum Haschisch-Weitergebrauch und zur Haschisch-Abhängigkeit führt und zu nichts anderem.

Pathoplastische Faktoren sind solche, die die spezielle Ausgestaltung oder die äußere Sonderformung von Krankheiten determinieren. Bezüglich des Haschisch kann das beispielsweise sich im Inhalt der Halluzinationen oder auch in der Färbung der Illusionen äußern. Die pathoplastische Ausgestaltung kann schon einmal in der Präformation vorbereitet sein.

Die Prädisposition bezeichnet die unspezifische pathogenetische Bereitschaft zur Krankheit, muß nicht unbedingt vorhanden sein, ist aber allgemein-menschlich verbreitet, auch bei Haschisch-Gefährdeten, etwa während der Pubertätsentwicklung feststellbar inform von Neigungen zur Abkehr von der Wirklichkeit, zu Träumereien und Wunschvorstellungen; etwa bei manchen persönlichkeitsabhängigen Eigenschaften wie erhöhter Suggestibilität, sensitiv-ängstlichen, psychasthenisch-selbstunsicheren oder schwärmerischen und auch geltungsbedürftigen Ausgangsstrukturen.

Die Provokation einer Drogenabhängigkeit ist als unspezifischer Faktor häufig auslösend, aktivierend, mobilisierend und manifestierend wirksam: Beispielsweise das Gefühl der Frustration, das Erlebnis des unglücklichen häuslichen Milieus, bei mangelnder Stabilisierung der Gewohnheiten etwa in erzieherischer Hinsicht oder auch das schulische oder berufliche Versagen.
Die Motive sind die Gesamtheit der Antriebe, Bedürfnisse, Gefühle, Triebe im Hinblick auf ihr inhaltliches Ziel. Dieses Ziel kann etwa die als eine Bewußtseinserweiterung empfundene Bewußtseinsveränderung sein.

Bezüglich des Verlaufs werden die Epidemien folgendermaßen eingeteilt:

1. Die Explosiv-Epidemie (auftretend etwa bei Wasser- und Milchepidemien) und
2. Die Tardiv-Epidemie (kennzeichnend für eine sogenannte Kontakt-Epidemie, also für die Weitergabe von einer erkrankten Person zu einer anderen).

(Abbildung 1)

Diese Betrachtungen, vorweggeschickt, sind wichtig, um epidemiologische Faktoren im Zusammenhang mit der Kausalitätsfrage bei der Cannabis-Abhängigkeit richtig zu würdigen.

Schon bei dem Modell der Infektionskrankheiten wurden die drei Grundvariablen: Wirt (Empfänglichkeit), Agens (Virulenz) und Umwelt als wesentlich erkannt. Damit wird genau das Modell von Kielholz getroffen:

(Abbildung 2)

Für die Virulenz hätte hier vielleicht die suchtfördernde Komponente der betreffenden Droge, die Intensität des Angebots, der Verführung; für die Empfänglichkeit die pubertätsspezifischen Eigenschaften und die Persönlichkeitsradikale, die wir unter der Prädisposition aufgeführt haben; für die Umwelt die Faktoren, die wir unter der Provokation aufgeführt haben, zu stehen.

Nach Sosser wird als einfachste Konstruktion einer epidemiologischen Untersuchung die Fallstudie genannt, wie etwa innerhalb eines Krankenhauses, eines Volkstammes oder einer Schulklasse. Der Vorteil liegt darin, daß eine vollständige Beobachtung dieses Kollektives möglich ist, der Nachteil darin, daß eine geringere Verallgemeinerungsfähigkeit besteht.

Eine solche Untersuchung, von der beispielsweise H. Waldmann berichtete, kann für ähnliche stehen und kann im Prinzip immer wieder bestätigt werden.

(Abbildung 3)

Eine ähnliche Feststellung konnte ich in den Jahren 1967 bis 1973 machen, wobei sich das Untersuchungsgut auf eine außerschulische Gruppe bezieht, die in der gesamten Zeit allerdings sicher fluktuierender gewesen ist als eine Klasse. Bei Fehlen der hauptverführenden -Person ließ der Kurvenanstieg nach.

(Abbildung 4)

Der Verlauf der Kurven entspricht dem einer Tardiv-Epidemie und für diese ist die Ausbreitung durch Kontakte charakteristisch. Die Kurven stützen also die These, daß der wesentliche Faktor in der Ansteckung von Person zu Person liegt und daß Milieu-Faktoren mehr eine provokatorische Bedeutung zukommt. Durch solche Untersuchungen und Beobachtungen werden diejenigen Theorien falsifiziert, die allgemeinverbreiteten Umwelt-Faktoren ein wesentliches ätiologisches Moment einräumen.

Der Infektions-Charakter der Cannabis-Ausbreitung von Mann zu Mann unterscheidet sich allerdings in zwei wesentlichen Punkten etwa von einer Kontaktepidemie bei durch Erreger verursachten Krankheiten und zwar:

1. Bei diesen ist die Ansteckung ein ungewollter Vorgang im Rahmen anderer Berührungsbeweggründe, z.B. bei den auf besonderen Kontakt beruhenden Geschlechtskrankheiten. Bei den Drogen ist die Übertragung gewollt und die Gemeinsamkeit der Droge, des "Erregers", ein wesentlicher Kommunikations-Faktor.

2. Die herkömmlichen Epidemien neigen viel mehr zu spontanen Ausheilungen als Rauschgiftepidemien, oder lassen sich durch Chemo- oder Immun-Therapie gut beherrschen.
   Die Tardiv-Infektionskurve geht allmählich wieder abwärts. Der Drogenmißbrauch einschließlich der Cannabis-

produkte zeigt dagegen einen dauernden Anstieg über jetzt schon 12 Jahre hinweg. Die Ausbreitungstendenzen sind den Selbstheilungstendenzen und auch Immunisierungsvorgängen überlegen, die therapeutischen Konzepte sind nicht ausreichend.

(Abbildung 5)

Werden unabhängige Variable etwa mit Gebietsmerkmalen unterschiedlicher Art mit den abhängigen Variablen des Drogenmißbrauchs in Verbindung gebracht, so kann der Trend festgestellt werden, daß mit der Bevölkerungsdichte ein Anstieg des Drogenkonsums bezogen auf eine vergleichbare Einwohnermenge zu beobachten ist. So ist es in der Bundesrepublik Deutschland deutlich feststellbar, daß die Länder Schleswig-Holstein, Niedersachsen und Hessen eine besonders geringe Erkrankungsziffer gegenüber den volkreicheren und volkdichteren anderen Ländern und besonders der Stadtstaaten haben.

Aufschlußreich ist auch die Beteiligung verschiedener Altersstrukturen an der Rauschmittelkriminalität. Die Erwachsenen sind von einem Maximum von 90 % im Jahre 1966 auf ein Minimum von gut 30 % 1971 abgesunken, um jetzt wieder etwa 60 % einzunehmen. Ergänzend sind die anderen Straftäter den Heranwachsenden und Jugendlichen zuzurechnen. Diese Erscheinung ist dadurch verständlich zu machen, daß ursprünglich der Konsum bei Studenten und Erwachsenen gelegen hat, daß er immer mehr Jugendliche ergriff, daß aber dann die verführten Jugendlichen inzwischen in das Erwachsenenalter gekommen sind und damit einen höheren Prozentsatz der Erwachsenen-Kriminalität bedingen.

Den Ursachen der epidemiologischen Trends kommen wir durch eine mehr historische Betrachtungsweise näher. In unserem Kulturkreis wurde Cannabis in den 60er Jahren durch die Hippie-Bewegung nähergebracht. Sie erzeugte das Neugierverhalten, das von Pro-Haschisch-Publikationen angeheizt wurde. Der zunächst sporadische Einstieg nötigte die Betreffenden allmählich aus Kostengründen zum gewinnbringenden Handeln, das zur Infektion weiterer Schichten führte, wodurch der Bedarf kontinuierlich gesteigert wurde. Damit konnten Großdealer und organisierte Schmuggelbanden ins Geschäft einsteigen und über Tausende von Kilometern Marihuana, Cannabisharz und -Konzentrat in größeren Mengen transportieren.

(Abbildung 6)

Wieder wurden epidemieartig nacheinander Länder wie Großbritanien, Schweden, die Niederlande und die Bundesrepublik Deutschland von der Flut ergriffen.

Die großen epidemiologischen Wege sind auf einer entsprechenden Karte schematisch aufzuweisen. Die wesentlichen Transportmittel sind der Lastwagen über Land, das Flugzeug und das Schiff. Der Großteil der Cannabis-drogen stammt aus Afghanistan, Indien, Pakistan und Nepal. Allerdings werden in Deutschland größere Mengen aus den Herkunftsländern Türkei und Libanon beschlagnahmt.

(Abbildung 7)

Alle Untersuchungen bezüglich der gegenwärtigen Epidemiologie des Cannabis leiden unter der Tatsache, daß sich ihnen einige Schwierigkeiten entgegen stellen. Die Aera, wo Haschisch als alleiniges illegales Rauschmittel genommen wurde, selbst auch mit den legalen Rauschmitteln, wie Alkohol, nicht kombiniert wurde, war nur sehr kurz. Es kam frühzeitig zu einer polytoxikomanen Mißbrauchhaltung. Darüberhinaus sind die Erhebungen auf mehr oder weniger richtige Angaben auf Fragebögen oder auch bei Interviews angewiesen, die aus verschiedenen Gründen subjektiv gefärbt sind, ohne daß im Einzelnen hierauf eingegangen werden kann. Was wir bekommen können, sind lediglich Anhaltspunkte, die auch nicht dadurch gebessert werden können, daß wir uns auf Kriminalstatistiken stützen, die wiederum abhängig sind von den Erkenntnismöglichkeiten und der Verfolgungsintensität seitens der Polizei, von den bestehenden Gesetzen und auch von ihrer Anwendungsweise. Allen diesen Tatsachen muß man gerecht werden und man muß sie berücksichtigen, wenn man sich ein Urteil bilden will.

Andere Faktoren, die die Cannabis-Epidemiologie beeinflussen können, wie etwa die Broken-Home-Situation, lassen sich direkt überhaupt nicht messen. Wir können den Anstieg des Haschisch-Verbrauchs etwa aus dem Anstieg des Haschisch-Umsatzes, diesen wiederum aus dem Anstieg etwa der beschlagnahmten Mengen schließen. Darüber bestehen natürlich genaue Statistiken, doch in wieweit sie uns Auskunft geben über die Menge des konsumierten Cannabis, können nur Vermutungen bestehen. Beispielsweise würde eine Verringerung der Mitarbeiter in einem Rauschmittel-Dezernat der Kriminalpolizei zu einem Rückgang der konfiszierten Haschisch-Mengen führen.

Zusammenfassend kann aber festgestellt werden: der epidemiologische Verlauf der Cannabisabhängigkeit entspricht einer Tardiv-Epidemie und für diese ist der Infektionscharakter von Person zu Person charakteristisch. Diese Einsichten sind nicht nur zur Grundlagenforschung sondern auch zur Frage der Auswahl der wirkungsvollsten prophylaktischen und therapeutischen Maßnahmen entscheidend.

Name des Verfassers: Dr. med. O. Rubner
Arzt für Neurologie und Psychiatrie
Psychotherapie
Girardetallee 7
5340 Bad Honnef 1

Diskussionsbemerkung zum Vortrag Rubner

Von verschiedenen Tagungsteilnehmern wurden Bedenken geäußert, ob sich soziale Interaktions- und Lernprozesse mit der Terminologie des Bakteriologen adäquat umschreiben lassen.

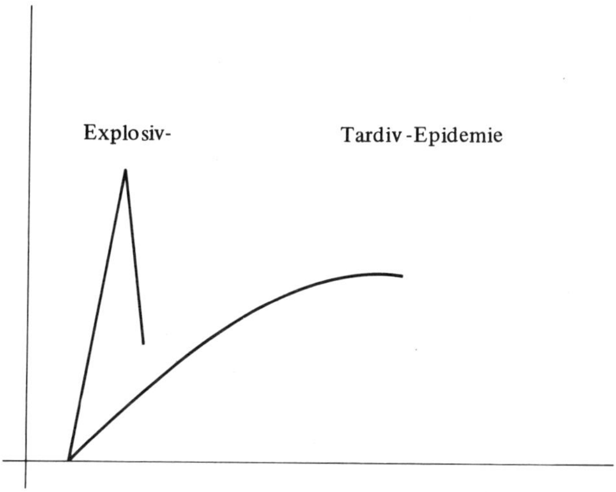

Abb. 1

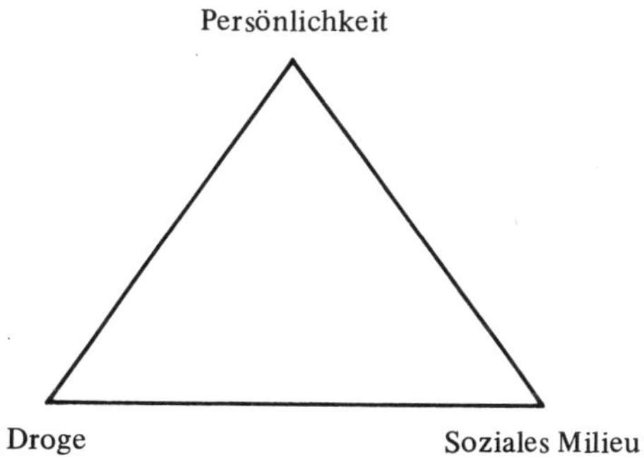

Trias der Entstehungsursache
der Drogenabhängigkeit
nach Kielholz

Abb. 2

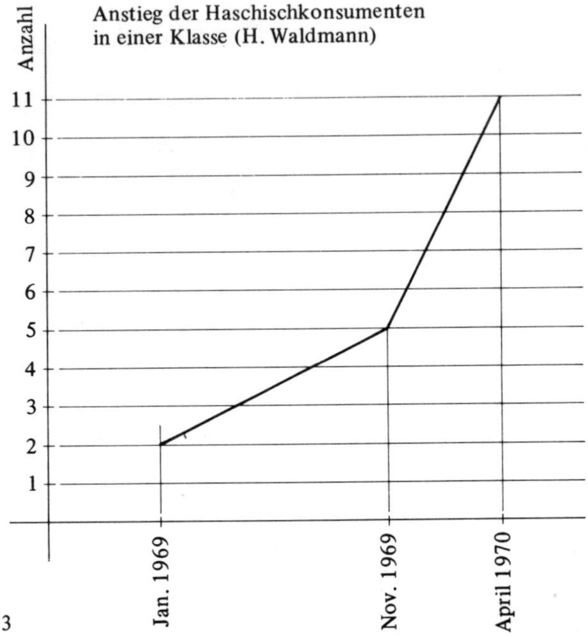
Anzahl
Anstieg der Haschischkonsumenten
in einer Klasse (H. Waldmann)
11
10
9
8
7
6
5
4
3
2
1
Jan. 1969
Nov. 1969
April 1970

Abb. 3

Anstieg der Haschischkonsumenten
in einer Gruppe
x a-Person aus dem Verkehr gezogen
18
16
14
12
10
8
6
4
2
x
x
1967
1968
1969
1970
1971
1972
1973

Abb. 4

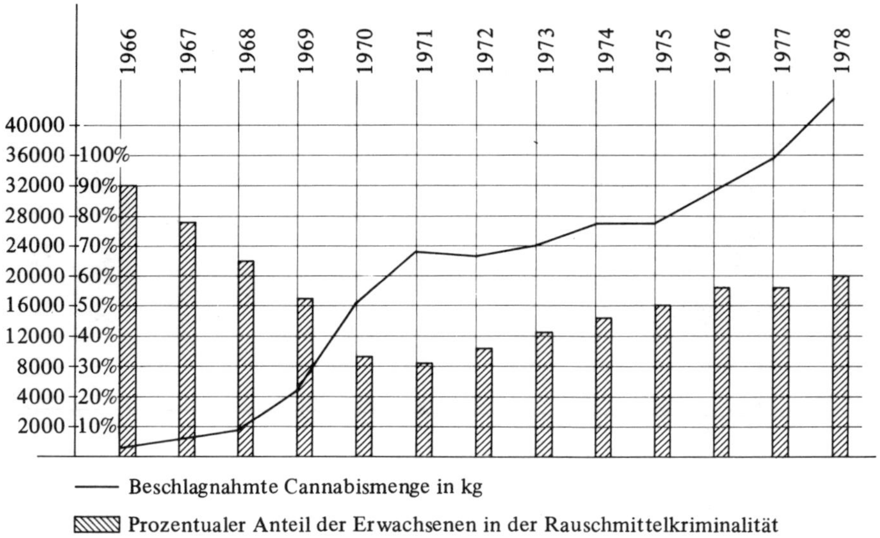
1966
1967
1968
1969
1970
1971
1972
1973
1974
1975
1976
1977
1978
40000
36000
32000
28000
24000
20000
16000
12000
8000
4000
2000
100%
90%
80%
70%
60%
50%
40%
30%
20%
10%
Beschlagnahmte Cannabismenge in kg
Prozentualer Anteil der Erwachsenen in der Rauschmittelkriminalität

Abb. 5

Abb. 6

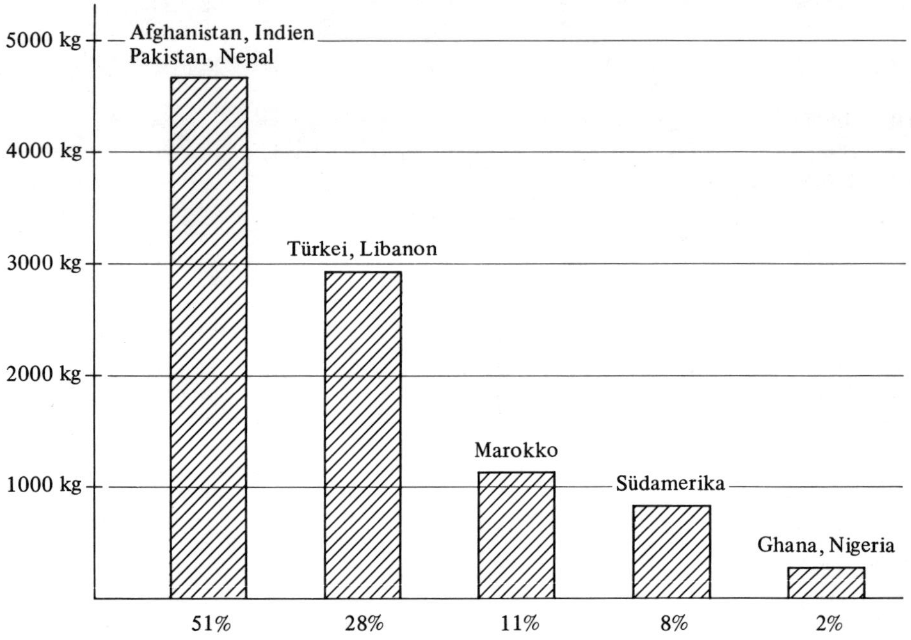
5000 kg
4000 kg
3000 kg
2000 kg
1000 kg
Afghanistan, Indien
Pakistan, Nepal
Türkei, Libanon
Marokko
Südamerika
Ghana, Nigeria
51%
28%
11%
8%
2%

Abb. 7

"Sozialer Konsum" von Haschisch? - Eine Jugend- und Gesundheitspolitische Herausforderung

von B.G. THAMM

1. Problemstellung

Die Stoffgruppe Cannabis (Haschisch, Haschisch-Öl und Marihuana) spielt seit nunmehr 15 Jahren in der Bundesrepublik Deutschland eine unterschiedliche, aber immer wesentlichere Rolle. In diesem Zeitraum änderte sich der Funktions- und Stellenwert dieser Droge; die Cannabissituation konsolidierte sich und die Verbrauchergruppen lassen sich zunehmend erkennen und deutlicher definieren.

Es ist daher nicht verwunderlich, daß fast 10 Jahre nach der letzten bundesweiten Diskussion um Haschisch, der das Hamburger Nachrichtenmagazin DER SPIEGEL im Winter 1969 seine Titelgeschichte "Die Haschisch Welle" widmete[1] und die ihren medienöffentlichen Höhepunkt in der im Frühjahr 1971 ausgestrahlten Sendung 'Pro und Contra Haschisch' des Süddeutschen Rundfunks im 1. Deutschen Fernsehen (ARD)[2] hatte, zum Auslauf dieser Dekade erneut eine Diskussion um Legalisierung, Liberalisierung bis hin zur Freigabe von Haschisch geführt wird.

Hinsichtlich der Novellierung des Betäubungsmittelgesetzes, das neu zum 1. Januar 1981 zur Anwendung kommen soll[3], haben in der Haschisch-Frage, die über ein halbes Jahrzehnt überhaupt nicht mehr aktuell zu sein schien, die verschiedensten Personen, Gruppen und Institutionen Stellung bezogen. Die Standpunkte sind noch nicht allzu deutlich, lassen sich aber, wie gehabt, in Pro und Contra differenzieren.

Während sich politisch Verantwortliche, Wissenschaftler und Praktiker vor Ort in dieser Frage noch sehr zurückhaltend verhalten, was gewiß im Zusammenhang mit der expansiv-aggressiven Heroinproblematik der letzten 5 Jahre zu sehen ist, hat die Generation der '30jährigen', der ersten Drogengeneration aus den 60er Jahren, die Diskussion wieder medien-öffentlich gemacht.
So beispielsweise durch den FDP-Abgeordneten ZUMPFORT im Mai 1979,[4] der Jugendorganisation Judos der FDP im August 1979[5] und Vertretern der Deutschen Cannabis Reformgesellschaft im September 1979[6]. Größeres öffentliches Interesse finden die spektakulären Erscheinungen, wie die Verhandlung gegen die Opel-Erbin CHRISTINA VON OPEL (Juni/Oktober 1979)[7], der Prozeß des Berliner Ex-Kabarettisten WOLFGANG NEUSS (April/August 1979)[8] oder die Festsetzung des Spiegel-Herausgebers RUDOLF AUGSTEIN in Italien (August 1979)[9]. Auf diese Diskussion, Liberalisierung: Pro und Contra, kann hier nicht näher eingegangen werden. Wohl aber soll durch eine Skizze der Entwicklung der letzten 15 Jahre und der Beschreibung des Ist-Zustandes der Cannabissituation in der Bundesrepublik Deutschland aufgezeigt werden, warum diese Diskussion neu entstanden ist, entstehen mußte.

2. Funktions- und Stellenwert der Droge Haschisch

Für die ersten Drogengenerationen der 60er Jahre war die Droge Haschisch eine exotische Droge, eine neue Substanz, mit deren Umgang es noch an Erfahrung mangelte. Der Funktions- und Stellenwert der Droge definierte sich durch das damalige Zeitgeschehen.

2.1. Wandlung der Konsum-Motivation

Haschisch (Marihuana)-Konsum symbolisierte in den 60er Jahren die Zugehörigkeit bzw. Mitgliedschaft in den angloamerikanischen Jugendbewegungen der Yippies und Hippies, aber auch der europäischen Jugendbewegungen, wie der niederländischen Provos. Der Konsum der Droge wurde unter anderem als Protest gegen die etablierte, bürgerliche, leistungsorientierte Welt verstanden ("Zerschlagt mit dem joint in der Hand die Wohlstandsgesellschaft")[10]. Haschischkonsum in der Öffentlichkeit (sog. smoke-ins) sollte gezielt provozieren, sollte politisieren. Eine Differenzierung in eine Polit- und eine Drogenszene war in der damaligen Jugendbewegung noch nicht vollzogen. Ein erstes Sprachrohr der Szene, der Berliner "Zentralrat der umherschweifenden Haschrebellen", verfügte 1969 noch über mehrere Formen jugendlicher Protesthaltungen ("High sein, frei sein, Terror muß dabei sein")[10].
Neben dem Konsum-Motiv 'Protest/Provokation' spielte zunehmend das Konsum-Motiv 'Selbsterfahrung/Bewußtseinserweiterung' (=Bewußtseinsveränderung) eine Rolle. Ideologisch eingebettet in die Bewegung des Psychedelismus nach LEARY, METZNER und ALPERT[11], literarisch beeinflußt durch HUXLEY (Die Pforten der Wahrnehmung)[12] u.a. zeitkritisch unterstützt durch junge Intellektuelle, STECKEL (Bewußtseinserweiternde Drogen)[13] u.a..

Hier soll dieser historische Exkurs beendet werden. Drogengeschichte. Das Suchen nach neuen Werten ging seit Anfang 1970 die verschiedensten Wege, von denen einer in die Sackgasse des Drogenmißbrauchs, des Heroinismus führte.
Zum Auslauf der 70er Jahre läßt sich feststellen, daß die Konsummotivationen und Gewohnheiten nicht mehr die gleichen sind. Die exotische Droge der 60er Jahre ist zur illegalen Alltagsdroge der 70er Jahre geworden. Die Konsum-Motive sind heute nicht mehr in der Ideologie der Bewußtseinsveränderung und der bewußten Protesthaltung zu suchen. Der heutige junge Cannabiskonsument gebraucht die Droge als Alltags-Stimulanz (anturnen), ständig in Griffnähe befindlich, fast immer erhältlich. Seinen Konsum sieht er nicht im Zusammenhang mit bewußter Gesetzesübertretung. Der Tatbestand des Vergehens wird verharmlost, oft negiert. Der gelegentliche, aber auch regelmäßige Haschischkonsum gehört bei jugendlichen Verbrauchern heute oft, zusammen mit der Musik zu einer Art Lebensgefühl, Lebensausdruck. Vermutungen gehen schon so weit, daß dem Haschischkonsum stabilisierende Wirkungen bei sozialen Kontakten unter Jugendlichen zugesprochen werden. Inwieweit der Haschischkonsum nach und nach zu einer Generationenfrage wird, in Ansätzen vielleicht schon ist, mag dahingestellt sein.

2.2. Thesen 'Einstiegsdroge' und 'Umsteigeeffekt'

In der öffentlichen Meinung hielten sich über lange Jahre die Thesen, daß im Rahmen der sog. Drogenkarriere Haschisch die 'Einstiegsdroge' wäre und zum 'Umsteigen auf andere Drogen verleiten' würde.
Die wissenschaftliche Meinung ist hier differenzierter.
Der pharmakologisch/physiologische Einstieg durch Erstdrogen wie Alkohol, Schnüffelstoffe, Medikamente, Tabak (BIENER)[14] wurde diskutiert. Der 'soziale Einstieg in das Drogenmilieu' gab Anlaß zu Theorien. Da die Haschisch-Szene in unmittelbarer Nähe der Heroinszene angesiedelt ist, angesiedelt sein muß, ist der Konsum dieser Droge zumindest sozial schädlich, steht er doch im Widerspruch zur gültigen Rechtsauffassung. Wenn im oben angeführten Sinne Haschisch die Einstiegsdroge wäre und den Umsteigeeffekt hätte, müßte die Anzahl der Heroinmißbraucher wesentlich über die geschätzten 40.000 bis 80.000[15] hinausgehen. Hinzu kommt die Beobachtung, daß zunehmend jugendliche Gefährdete sofort mit Heroin Berührung haben und ihre Drogenkarriere auch damit beginnen.

2.3. Haschischauffälligkeiten in der Drogenarbeit

Unter den Haschischkonsumenten hat es immer Problemkonsumenten gegeben. Mißbrauchsverhalten, soziale Auffälligkeiten mit psychosomatischer Symptomatik, psychische Störungen sind auch verschiedentlich über die Jahre beschrieben worden, so u.a. VIERTH (1967)[16], HEINEMANN (1971)[17], PIETZKER (1975)[18] und BOROFFKA (1978)[19].
Das Hauptaugenmerk der Medizin, Drogenberatung und Wissenschaft galt Ende der 60er Jahre bis Anfang '70 den Ziel-

gruppen 'Haschisch und Halluzinogenkonsumenten/mißbraucher'. Im Laufe der Jahre wurden dann immer weniger Haschisch-Auffälligkeiten gezählt. Heute sind sie, gemessen an der Anzahl der geschätzten Verbraucher, selten.
Diesem Tatbestand könnte folgendes zu Grunde liegen:

- durch beginnende Heroinproblematik (1972-1975) und expansive Entwicklung (bis 1979) werden die Akzente der Drogenarbeit (auch Bekämpfung) verschoben. Schwerpunkt der Arbeit ist die Beratung, Behandlung und Therapie von Betäubungsmittelabhängigen.

Tab. 1 Jährlicher Anteil der Cannabiskonsumenten (in Relation zu anderen Stoffgruppen-Konsumenten/ Mißbrauchern)
(Psychosoziale Beratungsstelle für Drogenabhängige, Caritasverband für Berlin e.V.)

Stoffgruppe	1973	1974	1975	1976	1977	1978	
CANNABIS* u.a. stärkere Halluzinogene	20	12	14	10	3	5	=64 Cannabis
Psychopharmaka	?	12	5	5	4	7	
BTM (Heroin)	61	88	95	124	172	269	=809 BTM (Heroin)
Politoxikomane Mißbrauch.	?	3	0	9	21	18	
Schnüffelstoffe	?	?	?	0	4	3	
TOTAL	93	115	114	148 (283)	204 (361) **	302	

* Auffällig wurden meistens Angehörige dieser Stoffgruppe, die nach einigen Jahren Konsum bereits in einer Gewöhnungs/ psych. Abhängigkeitsphase waren.

** Klienten insgesamt. Nach Stoffgruppen ausgewiesen nur die Neuzugänge des laufenden Jahres

In vielen Einrichtungen vor Ort spielt in der praktischen Drogenarbeit der Haschischkonsument keine Rolle mehr. Dies mag noch im Zusammenhang damit stehen, daß die soziale, juristische/strafrechtliche und medizinische/psychiatrische Auffälligkeit in Relation zum Heroinmißbraucher weitaus geringer ist.
Der daraus resultierende Leidensdruck ist dementsprechend bei Heroinabhängigen wesentlich höher.

- Der Erfahrungshintergrund, was den Umgang mit Haschisch anbelangt, ist weitaus größer. Was zur Vermutung veranlaßt, daß die Majorität der jugendlichen gelegentlichen Haschischkonsumenten mit der Droge ohne Verhaltensauffälligkeit umgehen kann.

- Bis auf wenige Ausnahmen (Ende der 60er/Anfang der 70er Jahre)[20,21] wurden keine regelmäßigen quantitativen und qualitativen naturwissenschaftlich-technischen Untersuchungen der auf dem Schwarzmarkt befindlichen Stoffgruppen vorgenommen, obwohl dies durch die Polizeitechnischen Untersuchungsstellen der Landeskriminalämter, Landesinstitute für gerichtliche Chemie und Universitätsinstitute für soziale Medizin möglich gewesen wäre. Pharmakologische Legenden der Drogenszene (Haschisch mit Opium), subjektive Einschätzungen der Mißbraucher (Heroin mit Strychnin) konnten sich dementsprechend in der nicht informierten Öffentlichkeit halten.

Eine These zum Rücklauf der Haschischauffälligkeiten geht auch auf den verminderten THC-Gehalt der beim Endverbraucher befindlichen Haschischsorten aus:

Zeitraum	Cannabis-Abusus psychische Auffälligkeit	Qualität der Cannabissorten auf dem Drogenschwarzmarkt	Erfahrungen im Umgang mit Cannabis
Ende der 60er Anfang der 70er Jahre	mehr Auffälligkeiten	höherer THC-Anteil	wenig ausgeprägt
Ende der 70er Jahre	weniger Auffälligkeiten	geringerer THC-Anteil	stärker ausgeprägt

Zusammengefaßt kann festgestellt werden, daß für die Drogenarbeit zum Auslauf der 70er Jahre die Haschischkonsumenten und Haschischmißbraucher zwar quantitativ die größte Zielgruppe darstellt. Im letzten Jahrzehnt ist diese jedoch im konkreten Hilfsangebot der psychosozialen Beratung, Behandlung, medizinischen Versorgung und Therapie zunehmend zurückgegangen. In Relation zum aggressiven Anstieg des Heroinmißbrauchs stellt die Haschischauffälligkeit die Ausnahme dar.

3. Konsolidierte Cannabissituation

In seinem Bericht 1978 kommt das von den Vereinigten Nationen eingesetzte Kontrollorgan für Rauschgift in Genf zu der Einschätzung, daß der Konsum von Haschisch und Marihuana wie nie zuvor steige.[22]

Aus polizeilicher Sicht ist das Drogenproblem, insbesondere das Heroinproblem (aber auch das Cannabisproblem) nicht mehr in den Griff zu bekommen. Es muß bei der Nachfrage angesetzt werden.[23] Gerade die Nachfrage der Droge Haschisch hat sich im Laufe von nur fünfzehn Jahren gravierend verändert. Mitte der 60er Jahre wurden Sicherstellungsmengen durch Strafverfolgungsbehörden in Kilogramm ausgewiesen, seit den 70er Jahren erfolgen die jährlichen Sicherstellungsmengen nur noch im Tonnenbereich (Tab.2).
Nach Schätzungen des Bundeskriminalamtes beträgt die tatsächliche Verbrauchermenge mindestens das Hundertfache. Das heißt: in der Bundesrepublik Deutschland werden pro Jahr mindestens 400 bis 900 Tonnen Cannabisprodukte konsumiert.[24] Andere Schätzungen gehen von noch höheren Verbrauchermengen aus.
Wenn man die Haschischproduktionen der Anbauländer in die Überlegungen mit einbezieht, dürften diese Schätzzahlen realistisch sein. Allein im Libanon wurden 1978 bei drei Ernten im Jahr rund 1.000 Tonnen Haschisch produziert. Ein großer Teil davon ging nach West- und Mitteleuropa.[25]
Daraus resultierend lassen sich grobe Schätzungen über die Größe der Verbrauchergruppen abgeben. Sie variieren von 0,5 Millionen (auf 1 Heroinmißbraucher 10 Cannabiskonsumenten) bis 5 Millionen (auf 1 Heroinmißbraucher 100 Cannabiskonsumenten/Deutsche Cannabis Reformgesellschaft).[26]
Addiert man die Verbrauchergruppen gelegentliche Haschischraucher, regelmäßige Haschischkonsumenten und Probierer, so scheint eine Schätzzahl in Millionenhöhe möglich zu sein. Dieser Tatbestand läßt auf eine enorme Verbreitung (Nachfrage) schließen, der sich durch Verfügbarkeit und Erreichbarkeit im Sinne der ständigen Griffnähe dieser Droge auch als konsolidierte Situation beschreiben läßt. Konsolidierung nicht nur im quantitativen Sinne, sondern auch im Qualitativen, d.h.: die Erreichbarkeit beschränkt sich nicht nur auf das subkulturelle kriminelle Drogenmilieu. Die Erreichbarkeit ist durch Verzahnung der Szene mit dem Jugendfreizeitbereich im Alltag der Jugendlichen Realität geworden. Wie konnte das geschehen?

Tab. 2 Sichergestellte Mengen von Haschisch (in Kilogramm)

Jahr	Bundesrepublik Deutschland *	Berlin (West) **
1966	135.0	0.03
1967	167.2	1.4
1968	381.0	3.0
1969	2.278.2	29.2
1970	4.332.0	172.1
1971	6.669.0	173.3
1972	6.114.0	29.5
1973	4.731.9	146.8
1974	3.910.6	31.6
1975	6.627.8	34.2
1976	5.325.9	33.9
1977	9.821.6	101.9
1978	4.7 .	88.6
1979 bis 30. Sept.	5.3	

* Zahlen Bundeskriminalamt[27]

** Zahlen Der Polizeipräsident in Berlin

In den Jahren 1972 bis 1975 wurde der bundesdeutsche Drogenschwarzmarkt auf die internationale Hauptdroge Heroin umgestellt. Im Zuge dieser Umstellung waren mehrere Trends zu beobachten, wobei einer insbesondere für die Verbreitung der Droge Haschisch bedeutsam werden sollte: die Dezentralisierung der Drogenszene.
Während in der ersten Hälfte der 70er Jahre die Drogenszene, häufig mit der jeweiligen lokalen Kriminalitätsszene verzahnt, zentral als eigenständiges Milieu (underground) oft in den Stadtinnenbereichen (city) anzufinden war, fing sie in der zweiten Hälfte der 70er Jahre sich darüber hinaus zu erweitern an. Sie 'wanderte ab', dezentralisierte sich, von den Städten auf das Land, von den City-Bezirken großstädtischer Ballungszentren in die Rand- und Außenbezirke.[29]
Sie war auch nicht mehr nur im einschlägigen Drogenmilieu (kriminelle Subkultur) anzutreffen; verzahnte sich zunehmend mit den Jugendfreizeitbereichen (Discotheken, Musik-Cafés, Freizeitheime, Jugendclubs- und -heime) und konnte auch im schulischen Bereich und anderen Ausbildungsbereichen Fuß fassen.
Über die Verfügbarkeit und Griffnähe von Haschisch im Jugendfreizeitbereich, ein zu Anfang der 70er Jahre völlig unveränderter Tatbestand, gibt es bisher leider nur Beobachtungen. Untersuchungen tun hier Not, allein um über die Verbreitung Aufschluß zu gewinnen, deren Ausmaß bisher nur erahnt werden kann.
Durch diese Verfügbarkeit und Griffnähe wurden intensiv neue Zielgruppen (insbesondere Schüler) angesprochen.
Es darf festgestellt werden, daß sich nach 15 Jahren die Cannabissituation durch Angebot, Nachfrage und Verbrauchergruppen in Anfängen konsolidiert hat und dieser Prozeß sich scheinbar fortsetzt. Zum gegenwärtigen Zeitpunkt dürften kaum harte Einschätzungen zur tatsächlichen Verbreitung der Droge Haschisch in diesen neuen, durch Dezentralisierung bedingten Jugend, Schul- und Ausbildungsbereichen abgegeben werden können.

4. Differenzierung der Konsumenten (Verbraucher) Zielgruppen

Entwicklungsbedingt reichen die Cannabiskonsumenten heute von den "Angehörigen der sozial etablierten Langzeitkonsumenten" bis zu den jugendlichen "Kurzzeitkonsumenten", die die 'drogenfreien Zeiten nur noch aus den Erzählungen ihrer Eltern kennen'.

4.1. Langzeitkonsumenten

Bei einer befragten Gruppe von 30 Personen ließen sich folgende Merkmale aufführen:
- Lebensalter Ende Zwanzig bis Anfang Vierzig (Durchschnitt 31)
- Abschluß von schulischen und beruflichen Ausbildungen
- Berufstätigkeit/feste Tätigkeiten
- Eigene Familie, Partnerschaft/Lebensgemeinschaft, 1/3 ledig, allein lebend

- Beginn des Drogenkonsums Mitte der 60er Jahre bis Anfang der 70er Jahre (Drogenkarriere 7 bis 12 Jahre)
- Sporadischer bis regelmäßiger Konsum, hedonistisch orientierte Motivation, Individual/Partnerkonsum, Gelegenheitskonsum
- selten ausgeprägtes Mißbrauchsverhalten; klare Abgrenzung zu anderen Stoffgruppenkonsumenten/mißbraucher der Szene; polyovalentes Verhalten
- wenig bis keine soziale, medizinische und/oder juristische/ strafrechtliche Auffälligkeit
- ausgeübte Berufe: Krankenpfleger, Zahnarzt, Rechtsanwalt, Sozialarbeiter, Kfz-Mechaniker, Lehrer, Erzieher, Taxifahrer, Hochschullehrer, Bäckermeister, Bibliothekar, Musiker, Krankenschwester, Journalist, Fotograf

4.2. Kurzzeitkonsumenten

Der heute um Information oder auch Beratung nachsuchende jugendliche Haschischkonsument läßt sich analog durch folgende Merkmale beschreiben:
- Lebensalter 14 bis 18 Jahre
- Berufliche und/oder schulische Ausbildungen sind in der Regel noch nicht abgeschlossen
- geringes Einkommen
- häufig noch im Haushalt der Eltern, selten in Wohngemeinschaften/Wohngruppen lebend; Integration in gleichaltrige Gruppen (Cliquen)
- Beginn des Drogenkonsums Ende der 70er Jahre (1976-1979) (Drogenkarriere 1/2 bis 3 Jahre)
- Häufig kontinuierlicher Konsum (Gruppen-Cliquen-orientiert)
- Häufiger Mißbrauchsverhalten (Phasen exzessiven Konsums); oft unklare Abgrenzung zu anderen Stoffgruppenkonsumenten/ mißbrauchern
- Häufiger soziale, seltener medizinische und/oder juristische/ strafrechtliche Auffälligkeit
- Veränderte Konsum-Motivation: in Relation zur '1.Drogengeneration' keine Protesthaltung; Haschisch wird weniger als 'Problemlöser' oder 'Möglichkeit der Bewußtseinsveränderung', vielmehr als (illegal) Alltags-Stimulanz benutzt.
- Veränderte Konsumentenhaltung/Gewohnheit: bestehende rechtliche Bestimmungen (Betäubungsmittelgesetz) haben zunehmend weniger Relevanz
- Ausbildungen/Tätigkeiten: Schüler, Lehrlinge, Jungarbeiter, Schulabbrecher, arbeitslose Jugendliche, in Einzelfällen bewußte Leistungsverweigerung

5. Zusammenfassung

Anhand der Entwicklung der letzten 15 Jahre

a. Veränderung des Stellenwertes der Droge (Konsummotive und Gewohnheiten)
b. Konsolidierte Cannabissituation (Erreichbarkeit, Verfügbarkeit/Griffnähe, Verbreitung)
c. Nachwachsen einer Drogengeneration, die so alt ist "wie das Drogenproblem in der Bundesrepublik"

muß das Cannabisproblem heute neu diskutiert werden. Eine realistische Bestandsaufnahme ist notwendig. Auch das Haschischproblem stellt ein gesamtgesellschaftliches Problem dar. Die Verbreitung dieser Droge scheint zu einer Generationsfrage zu werden, in Ansätzen zu sein. Wissenschaft und Praxis sind aufgefordert, wirkliche Entscheidungshilfen für die Verantwortlichen der Jugend-, Sozial- und Gesundheitspolitik zu geben.
Bei Berücksichtigung der Internationalisierung des Drogen-(Haschisch)problems sollten die Situationen und Erfahrungen anderer europäischer Industrienationen und der USA unbedingt mit einbezogen werden, da diese in ihren Ausstrahlungen die deutsche Drogensituation beeinflussen.
Diese Tagung darf als erster Schritt in die Richtung betrachtet werden, das Haschischproblem nicht mehr als 'drogenpolitisch tabuisierte Zone' zu verstehen und zu behandeln.

Literatur und Quellennachweise

1. Die Haschisch-Welle - Tibet ist überall
   DER SPIEGEL, 23. Jg., Nr. 46/ 10. Nov. 1969, S. 76-102
2. Sendung Pro und Contra, Thema: Haschisch (Ltg. Emil Obermann) ausgestrahlt im Frühjahr 1971, Süddeutscher Rundfunk, ARD
3. Entwurf eines Gesetzes über den Verkehr mit Betäubungsmitteln (BtMG) Ref. Entwurf: Stand 1. März 1979 (38 Seiten + 3 Anlagen) Ref. Entwurf: Stand 10. Juli 1979
4. CASPERS, R. und ZUMPFORT, W.-D.: Ökonomische Analyse gesellschaftlicher Probleme am Beispiel des Rauschgiftverbots, Jahrbuch f. Soz.wissenschaftl., Bd. 25/ 1974, Heft 3, S. 408-422
   FDP ZUMPFORT: Hasch-Monopol für den Staat, BILD, 10. Mai 1979
5. Judos fordern Legalisierung des Gebrauchs von Haschisch (dpa). DER TAGESSPIEGEL, 35. Jg. Nr. 10 318/ Sa. 1. Sept. 1979, S. 16
6. Rundfunk-Telefondiskussion 'Haschisch-Freigabe' Teilnehmer: Kris Albin (Deutsche Cannabis Reformgesellschaft/Initiative Haschisch Legal), Wolfgang Heckmann (Drogenbeauftragter des Landes Berlin/Senator für Familie, Jugend und Sport), Udo Pothast (Sender Freies Berlin) SFB, 2. Programm, Sendung Sf-Beat, Mittwoch, 5. September 1979, 18.20-18.40 Uhr
   HECKMANN, W.
   Don't legalize it! Anmerkungen zur wieder aktuellen Debatte um die Legalisierung des Cannabis-Konsums Kommunalpolitische Beiträge XIV/5, Berlin 1979
   SPIELHAGEN, W.
   Cannabis - Der lange Marsch zur Legalisierung ZITTY, 3. Jg., Nr. 21, 5.-18. Okt. 1979, S. 16 ff.

7. Prozeß gegen Opel-Erbin am ersten Verhandlungstag geplatzt (dpa). DER TAGESSPIEGEL, 35. Jg. Nr. 10 243/Mi., 6. Juni 1979, S. 22
Neue Aussagen im Opel-Prozeß (dpa).
DER TAGESSPIEGEL, 35 Jg. Nr. 10 346/Do., 4. Okt. 1979 S. 32
8. Neuss, Wolfgang, Cool bleiben (I)
ZITTY, 1. Jg. Nr. 12, 26.8. bis 8. Sept. 1977, S. 17
Neuss, W., Cool bleiben (II)
ZITTY, 1. Jg. Nr. 13/ 9.-23.Sept. 1977, S. 61-62
Bekenntnis zu Haschisch - Ehemaliger Kabarettist Neuss vor Gericht (Tsp).
DER TAGESSPIEGEL, 35. Jg. Nr. 10 213/Sa., 28. April 1979 S. 7
Der Staatsanwalt empfahl die "Droge Bühne" statt des Haschisch Strafe zur Bewährung für Wolfgang Neuss wegen Rauschgift-Besitzes, DER TAGESSPIEGEL, 35. Jg., Nr. 10 294/Sa., 4. Aug. 1979, S. 7
9. Spiegel-Chef Augstein verhaftet - Rauschgift im Koffer BZ, 103. Jg. Nr. 198/Sa., 25. Aug. 1979, S. 1,14
Augstein wegen Besitzes von Haschisch in Italien verhaftet (ped). DER TAGESSPIEGEL, 35. Jg. Nr. 10 312/ Sa., 25. Aug. 1979, S. 18
Augstein aus der Haft entlassen - Anklage wegen Drogenbesitzes nicht sicher (Ap/dpa). DER TAGESSPIEGEL, 35. Jg., Nr. 10 313/So., 26. Aug. 1979, S. 30
10. THAMM, B.G. und SCHMETZ, W.: Drogenkonsumenten im Untergrund - Drogengefährdete und abhängige Jugendliche in ihren subkulturellen Umfeldern der Drogenszene im Untergrund West-Berlins - Hilfen zum detached youth work im Untergrund, Techn. Bericht der Bundeszentrale für gesundheitl. Aufklärung Köln 1973
11. LEARY, TIMOTHY: Politik der Ektase - Die wichtigsten grundlegenden Texte zum Verständnis der psychedelischen Drogen und der psychedelischen Bewegung! Weger, Hamburg 1970
LEARY, T. und METZNER, R. und ALPERT, R.: Psychedelische Erfahrungen - Ein Handbuch nach Weisungen des Tibetanische Totenbuches, O.W. Barth, Weilheim/Obb. 1971
LEARY, T.: Psychedelische Gebete nach dem Tao-te-King God's Press, Amsterdam 1975
12. HUXLEY, ALDOUS: Die Pforten der Wahrnehmung - Himmel und Hölle, Piper, München 1970
MICHAUX, HENRI: Die großen Zerreißproben und andere Störungserlebnisse, S. Fischer, Frankfurt/M. 1970
BAUDELAIRE, CHARLES: Die künstlichen Paradiese, Hegner, Köln 1972
BENJAMIN, WALTER: Über Haschisch - Novellistisches, Berichte, Materialien, Suhrkamp, Frankfurt/M. 1972
JAECKLE, Erwin: Dichter und Droge, Benziger, Zürich-Köln 1973
13.a. STECKEL, Ronald: Bewußtseinserweiternde Drogen - Eine Aufforderung zur Diskussion, Voltaire, Berlin 1969
13.b. Vortrag am 21.6.71 im Sender Freies Berlin (Kirchenfunk, 'Das Thema'): "Das Ende des Drogenzeitalters"
13.c. Ende des Traums, in: Trug der Drogen (Hrsg. J. Buck) Siebenstern Verlag, Hamburg 1974

14. Zigarette als 'Einstiegsdroge' für Haschisch Untersuchung von Kurt Biener, Zürich, Drogen Report NRW 4/1976, S. 1
15. Vermutlich 80 000 Heroinsüchtige in der Bundesrepublik (dpa). DER TAGESSPIEGEL, 34. Jg. Nr. 10 097, Fr., 8. Dez. 1978, S. 28
THAMM, B.G.: Die Drogensituation in der Bundesrepublik Deutschland mit Berlin (West) zur Jahreswende 1978/1979, Soziale Arbeit, 28. Jg. Nr. 4, 153-158 (1979)
16. VIERTH, Günter: Psychopathologische Syndrome nach Haschisch-Genuß, Münch.Med.Wo-schrift, 109. Jg. Nr. 10, 522-526 (1967)
17. HEINEMANN, C.: Klinisch beobachtete Folgeerscheinungen nach Haschischkonsum, Med.Klinik, 66. Jg., Nr. 48, 1648-1653 (1971)
18. PIETZKER, A.: Psychotische Episoden nach Haschischrauchen, Nervenarzt, 46. Jg., 378-383 (1975)
19. BOROFFKA, A.: Cannabis und Psychiatrie Suchtgefahren, 24. Jg., Nr. 1, 28-37 (1978)
20. BSCHOR, Friedrich u.a.: Jugendliche und Drogenkonsum FU Pressedienst Wissenschaft, Nr. 5/Mai 1971
21. BSCHOR, F. u. HERHA, J. u. DENNEMARK, N.: Junge Rauschmittelkonsumenten in Berlin (West) Bericht über die Erkundungsstudie 1969/70 der Forschungsgruppe S am Institut für gerichtliche und soziale Medizin der Freien Universität Berlin Berlin 1971
22. DER TAGESSPIEGEL, 35. Jg., Nr. 10 142/2.Febr. 1979 S. 20, International Narcotics Control Board (Geneva) Report of the International Narcotics Control Board for 1978, United Nations, New York 1978
23. REBSCHER, E.: Aktuelle Rauschgiftsituation aus Sicht des Bundeskriminalamtes Fassung des auf der Drogen-Tagung 1978 des Gesamtverbandes für Suchtkrankenhilfe im Diakonischen Werk gehaltenen Referats Partner, 13. Jg., Nr. 2, 5-8 (1979)
THAMM, B.G.: Die Drogensituation... a.a.O.
24. THAMM, B.G.: Die Drogensituation... a.a.O.
25. Für den kleinen Raucher ZITTY-Interview mit der Deutschen Cannabis Reform Gesellschaft, ZITTY, 3. Jg., Nr. 21/5.-18. Okt. 1979, S. 24 f
26. KEUP, W.: Zahlen zur Gefährdung durch Drogen und Medikamente in Jahrbuch 1979 zur Frage der Suchtgefahren Neuland, Hamburg 1978, S. 65
27. Direktion Spezialaufgaben der Verbrechensbekämpfung (Hrsg.) Der Rauschmittelmißbrauch in Berlin (West) Stand: Januar 1979, Der Polizeipräsident in Berlin, Mai 1979
28. THAMM, B.G.: Arbeit mit drogengefährdeten Jugendlichen in Feser, H. (Hrsg.) Drogenerziehung Vaas, Ulm 1978 S. 163-178
THAMM, B.G.: Aufgaben und Möglichkeiten der Sozialarbeit Anmerkungen zur Situation der Drogenszene, Soziale Arbeit, 28. Jg., Nr. 9, 373-384 (1979)

Anschrift des Verfassers: Berndt Georg Thamm, Sozialarbeiter
Leiter des Referats Drogenberatung und Therapie
Caritasverband für Berlin e.V.
Psychosoziale Beratungsstelle für Drogenabhängige
Königsberger Str. 11-12,
D-1000 Berlin 45

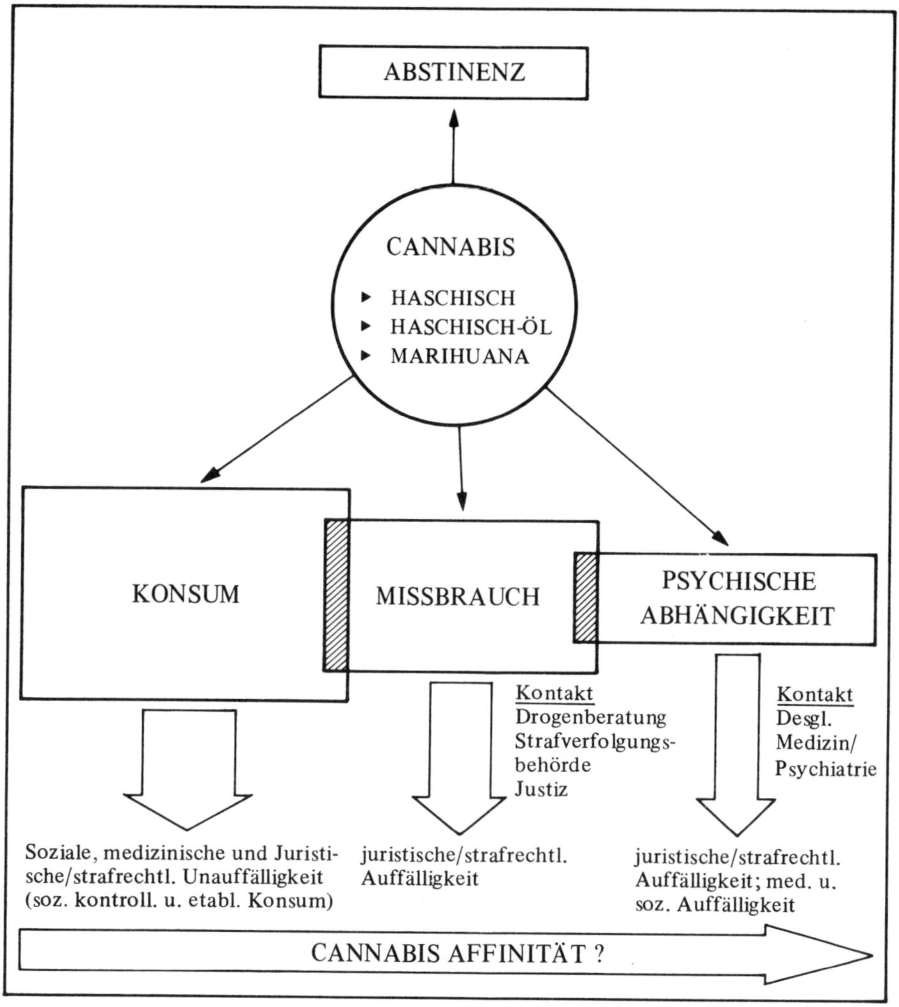

Abb. 1. Cannabis Modell

Kritische Lebenssituation und Drogenkonsum:
<u>Weiche Drogen in der Subkultur des Gefängnisses</u>
von W. KINDERMANN

I. EINLEITUNG

Eine Beschreibung der Bedingungen des Drogenkonsums im Gefängnis, der Motive, der individuellen Auslöser, der Gruppenbeziehungen, die den Rahmen für die Konsumsituation schaffen und der Zugangswege zu den Drogen ist immer abhängig von den Bedingungen des spezifischen Lebensraumes Gefängnis.
Das Gefängnis ist ein unnatürlicher Lebensraum mit einer Atmosphäre, mit Handlungsregeln, Verkehrsformen und Beziehungsstrukturen, die der Gesellschaft außerhalb nicht entsprechen, ihren Anforderungen sogar zu einem erheblichen Teil widersprechen.
Ein unnatürlicher Lebensraum muß unnatürliche Verhaltensweisen begünstigen.
Die Menschen, die im Gefängnis leben, sind keine repräsentative Stichprobe der Bevölkerung, sondern sind tendentiell labiler, haben weniger gefestigte Selbstkonzepte (Deusinger, 1979), sind gefährdeter als der Bevölkerungsquerschnitt, zu Verhaltensweisen Zuflucht zu nehmen, die die Verwirklichung produktiver Lebensziele behindern.

Die Frage, wie weit dies auf ihrer objektiven aktuellen sozialen Situation beruht, und wie weit es durch die Entwicklung ihrer Persönlichkeit bestimmt wird, soll hier nicht beantwortet werden.
Menschen im Gefängnis sind von den gesellschaftlichen Sanktionierungsinstanzen Ausgegrenzte. Ihre Selbstkonzepte sind von der Übernahme dieser Stigmatisierung deutlich geprägt.
Diese Voraussetzungen werfen für die Analyse von Drogenkonsum im Gefängnis zwei nicht zu unterschätzende Probleme auf:

1. Oberflächlichkeit dank Anekdotenreichtum

Wir wissen alle, wie leicht man zum Mittelpunkt einer Gesprächsrunde werden kann, wenn die anderen Teilnehmer erfahren, daß man mit so exotischen Leuten wie Drogenabhängigen arbeitet. Ebenso faszinierend können Schilderungen aus dem Gefängnis sein.
Drogenkonsum in der Subkultur des Gefängnisses - voilà.
Da die Angst vor der Langeweile der Zuhörer auch bei einer Fachtagung ein bedeutsames vortragsbestimmtes Moment ist, ist die Verlockung zu plakativer Deskription nicht unerheblich.

Der Gefängnisalltag ist durch vielfältige Bedingungen bestimmt:
Die besondere Form sozialer Kontrolle, das gegenseitige - schlicht räumliche - Ausgeliefertsein der Menschen, die ritualisierten Interaktionen, die oft ernsthaften, oft aber auch spielerischen Konflikte von Gefangenen untereinander und zwischen Gefangenen und Bediensteten. Die Einbettung des Drogenkonsums in dieses Bedingungsgefüge verzerrt die zu beschreibende Situation oft derart, daß schwer differenzierbar wird, was essentiell ist für z.B. die Beschreibung individueller Konsummotivation und was lediglich anekdotisch von Interesse ist.

2. Nicht eindeutige Übertragbarkeit

Die spezifischen Bedingungen der Gefängnissituation verbieten eine direkte Generalisierung der Beobachtungen, die in diesem Lebensraum gemacht werden können, etwa auf die allgemeine gesellschaftliche Situation Jugendlicher.
Der Lebensraum Gefängnis verändert Verhalten. Es ist bekannt, wie wenig die "gute Führung" eines Insassen allein geeignet ist, Vorhersagen für die Art seiner Bewältigung normaler gesellschaftlicher Anforderungen zu treffen.
Ebenso wenig läßt sich das Drogenkonsumverhalten auf andere Lebenssituationen übertragen. Selbst bei einem Heroinabhängigen, der das Gefängnis süchtig betritt und es süchtig auf dem direkten Weg in Richtung extramurale Szene verläßt, bei dem also der Faktor Sucht eindeutig über den Faktor Gefängnis dominiert, ist eine Übertragung von Beobachtungen problematisch.

Es ist sowohl möglich, daß er die Sucht im Gefängnis aufrechterhält und sich dazu der Marktstruktur der intramuralen Szene anpaßt, als auch, daß er in der Institution abstinent bleibt, z.B. weil er die Strafzeit in einer relativ drogenfreien Anstalt oder Abteilung verbringt oder sich keine finanziellen Mittel zum Drogenerwerb verschaffen kann.

Es liegt auf der Hand, daß der deutliche Unterschied im Erscheinungsbild während der Gefängniszeit keine Vorhersagen für ein unterschiedliches Verhalten unter anderen Bedingungen rechtfertigt. Dies gilt umsomehr für die Beobachtung des Konsums von Drogen, die keine körperliche Abhängigkeit erzeugen.
Ihre über Deskription und Anekdotenhaftigkeit hinausgehende Bedeutung gewinnt die Beschreibung des Konsums weicher Drogen im Gefängnis durch die verdichtete, verschärfte Form defizitärer Strukturen, Interaktions- und Beziehungsformen und Lebenssituationen, die im Gefängnis entstehen.
Bei genügender Vorsicht in der Übertragung der Beobachtung ergeben sich wertvolle Hinweise für die Analyse anderer problematischer Lebenssituationen.
Das Gefängnis produziert eigene Motivationsgrundlagen für den Konsum weicher Drogen, aber es verschärft und verdeutlicht auch solche, die unter anderen Bedingungen entstehen.

II. ZUR HISTORISCHEN ENTWICKLUNG

Drogenkonsum, wie wir ihn heute in den Gefängnissen vorfinden, ist für die Bundesrepublik ein geschichtlich neues Problem. Der Hinweis, daß es auch vor der Drogenwelle der 70er Jahre in den Gefängnissen Probleme mit Alkohol gab, begründet noch keine Entwicklungskontinuität. Richtig ist, daß die Gefängnissubkultur schon immer Wege zur Verfügung hatte, das Alkoholverbot - wie auch die meisten anderen offiziellen Verbote - zu umgehen, sei es durch das Einschmuggeln von Alkoholika und ihrem systematischen Vertrieb, sei es durch die heimliche Eigenproduktion von sog. "Aufgesetztem" oder "Schloßbräu". Richtig ist weiter, daß es auch schon vor der massenhaften Inhaftierung Heroinabhängiger Medikamentenabusus in den Gefängnissen gab. Es trifft auch zu, daß die vorhandenen Verteilungsstrukturen leicht an die "neuen" Rauschgifte angepaßt werden konnten. Entscheidend für die Situation heute ist aber vor allem, daß die Institution Gefängnis so sehr an die Jahrhunderte alte Tradition des Nebeneinanders von offiziellen Regeln und regem Handelssystem der Subkultur gewöhnt war, daß sie erst sehr spät erkannte, wie durch die zunehmende Inhaftierung Drogenabhängiger und die Angleichung des intramuralen Marktes an die Bedingungen der Drogenszene außerhalb die quantitative Zunahme von Drogenhandel und -konsum einen qualitativen Sprung im Sozialsystem Gefängnis bewirkte.

III. INSTITUTION UND SUBKULTUR GEFÄNGNIS. FUNKTION DER DROGEN

Das alltägliche Leben im Gefängnis ist geprägt durch eine Vielzahl von Verordnungen, Bestimmungen, Verboten. Im Gegensatz zum relativen Freiraum, den ein Bürger normalerweise in der Gesellschaft genießt, wird hier fast jede Handlung in irgendeiner Weise reglementiert. Viele Verfügungen regeln banale Sachverhalte, haben Sinn nur im Zusammenhang bürokratischer Perfektion, losgelöst davon wirken sie lächerlich.
Ist auch die einzelne Verfügung für den Vollzugsbürokraten von absoluter Bedeutung, so sorgt doch gleichzeitig die Vielzahl banaler Bestimmungen letztlich dafür, daß das Gesamtsystem sowohl bei Insassen als auch bei den Bediensteten an moralischer Durchsetzungsfähigkeit verliert.

In der Praxis hat sich daher die Institution Gefängnis an ein Nebeneinander von einerseits ausgefeiltem offiziellem Regelsystem und andererseits dessen ständige Umgehung durch die Subkultur gewöhnt. In einem sozialen System, das mit wenig Regeln auskommt, ist die Notwendigkeit zur Einhaltung dieser wenigen Regeln meist besonders klar. Benötigt ein System sehr viele und komplexe Regelungen, dann reduziert sich deren moralische Autorität.

Der Wust an Verfügungen im Gefängnis ist keineswegs dazu geeignet, die Insassen zu verantwortungsbewußteren Menschen zu erziehen, sondern entfremdet sie - mit dem Verlust des moralischen Wertes des Gesamtregelsystems - auch sozial sinnvollen Regeln.

Der einzelne Gefangene befindet sich in einem Spannungsfeld aus einerseits einer offiziellen Struktur, deren Normen zwar keine moralische Autorität unter der Insassengruppe haben, aber mittels Sanktionen partiell durchgesetzt werden können und andererseits der informellen Struktur der Subkultur, die ihre Normen mit Autorität und Sanktionen durchsetzt.
Dieses Spannungsfeld ist prinzipiell vergleichbar dem, in dem sich Jugendliche extramural befinden, wenn sie an gesellschaftlichen und elterlichen Normen zu zweifeln beginnen und die 'peer group' eigene Regeln definiert. Natürlich ist das Ausgeliefertsein des Einzelnen gegenüber dieser Spannung im Gefängnis weit deutlicher als extramural. Verschärft durch die von kriminellen Verteilungsauseinandersetzungen bestimmte intramurale Drogenszene favorisiert der Lebensraum Gefängnis ein Verhalten, das der niedrigsten Stufe der Moralentwicklung nach KOHLBERG entspricht, gekennzeichnet als "Orientierung an Strafe und Gehorsam. Unterwerfung unter größere Macht und Prestige oder Vermeidung von Ärger" (Kohlberg, L. 1969)
Auf diesem Hintergrund geschieht zweierlei:

1. Der Gefangene erlebt sich in einer objektiv gesellschaftlich negativ bewerteten Lebenssituation, er leidet unter der Einschränkung seiner Entfaltungsmöglichkeiten, unter der Hoffnungslosigkeit und Langeweile der Haft. Individuelle Barrieren gegenüber dem Konsum illegaler Drogen werden reduziert.
2. Drogen sind in der Gefängnissubkultur heute nicht irgendein zufälliger Faktor, sondern prägender Bestandteil und - vor allem - unmittelbar verfügbar.

Natürlich ist es Unfug, wenn etwa behauptet wird, im Knast gebe es mehr Drogen als außerhalb. Natürlich ist die Drogenbeschaffung für einen Abhängigen im Gefängnis komplizierter als draußen, wo er sowohl Geldbeschaffungsmöglichkeiten als auch die connection zum Dealer hat.
Aber die Beschaffung ist einfach genug und das Handelssystem drängt sich auf so dichtem Raum, daß niemand dem Drogenangebot aus dem Weg gehen kann.
Somit ist für den Noch-Nicht-Konsumenten die Konfrontation mit Drogen völlig anders, viel direkter als extramural.
Denkt man hier konsequent weiter, so ist der Konsum von Drogen, die in der Lage sind, in belastenden Lebenssituationen (wie z.B., aber nicht nur, im Gefängnis) subjektives Wohlbefinden zu vermitteln, psychologisch leichter erklärbar als der Konsumverzicht.

IV. HASCHISCH UND INDIVIDUELLE MOTIVATION

Wir müssen drei Gruppen von Gefangenen grob nach ihrer Drogenerfahrung unterscheiden.

1. Die Gruppe derer, die bereits vor der Inhaftierung positive Erfahrungen mit den auch im Gefängnis erhältlichen Drogen gemacht hat. Es ist plausibel, daß darunter die Mehrzahl auch in der Gefängnissituation

an Drogenkonsum interessiert ist.
Zwei Untergruppen sind m.E. zu differenzieren. Die größere Untergruppe tendiert dazu, im Gefängnis die Drogen zu konsumieren, zu denen sie auch vorher die größte Affinität hatte, andere Drogen werden, abhängig von der Marktsituation, als Ausweichdrogen genommen. D.h. Heroinabhängige konsumieren Opiate, sofern sie sie erhalten können, wo nicht, suchen sie starke Medikamente, erst danach wird Haschisch bedeutsam.
Es gibt aber auch Klienten, die in der Haftsituation eine Motivation zur Opiatabstinenz gewinnen, die das Fortschreiten in ihrer individuellen Drogenkarriere hin zu Opiaten als Reduzierung ihrer Erlebnismöglichkeiten betrachten, heroinabstinent sind und wieder intensiv und voll damit identifiziert Haschisch konsumieren.
Mehrere unter meinen ehemaligen Klienten haben diesen Weg eingeschlagen, sicherlich die meisten nicht mit dem längerfristigen Erfolg der Opiatabstinenz.

2. Die Gruppe derer, die vor der Inhaftierung intensive Erfahrungen mit Legaldrogen bis hin zur Abhängigkeit hatten und in der Haft über den Kontakt mit Konsumenten illegaler Drogen feststellen, daß z.B. Haschisch ihnen leichter, schneller oder besser die erwünschten Gefühle vermitteln kann als Alkohol.
Die spezifische Situation Haft verbunden mit der direkten Verfügbarkeit von für den Einzelnen neuen Drogen und der Möglichkeit, bei einer Gruppe von Haschern angenehmes feeling zu beobachten schafft die Brücke zum Hauptdrogenwechsel.
(Beispiel Hans. Alkoholiker. Unter Alkoholeinfluß mehrfach delinquent. Mehrfach Inhaftierung. Sozialtherapeutische Station. Kleine Gruppe. Sympathisch. Fehlt Brücke zum Zugang. Situation: Zelle, Gruppe zusammen, angenehme Stimmung, Musik, keine Aggressivität, setzt sich dazu. "Ist ja toll bei Euch". Kommunikationsbrücke Haschischangebot. Fasziniert. Wechsel der Hauptdroge zu Haschisch. Produziert weiterhin "Aufgesetzten", nun aber vorrangig, um Haschischkonsum zu finanzieren).

Ob solche Personen, deren generelle Labilität gegenüber Drogen unbezweifelbar ist, dann bei Haschisch stehen bleiben oder in ihrer Karriere fortschreiten, hängt von ihren folgenden Lebensumständen ab, manchen gelingt ein Verharren auf dieser Stufe, andere gehen weiter bis zu Opiaten.

3. Ein großer Teil von Gefangenen hat bis zur Inhaftierung keine über ein gesellschaftlich toleriertes Maß hinausgehende Drogenerfahrung. Ein Teil dieser Gruppe besitzt ausreichend starke Abwehr-, Bewältigungsmechanismen oder auch Ängste gegenüber illegalen Drogen, um die Haftsituation drogenfrei zu überstehen. Ein weiterer Teil konsumiert im Gefängnis Drogen, ohne den Konsum nach der Entlassung fortzusetzen. Dies erinnert an die

Untersuchungen von L. ROBINS (in KANDEL, 1978) über Vietnamveteranen, die in Vietnam sogar Heroin konsumierten, von denen aber ca. 95 % nach der Rückkehr abstinent blieben. Ein entscheidender Wechsel der Lebenssituation kann offensichtlich sowohl den Beginn einer Drogenkarriere auslösen, als auch diese beenden.
Dies bestätigt sich auch in einigen Daten der TUdrop Basiserhebung.
Für eine dritte Untergruppe beginnt im Gefängnis die Sucht. Etliche von meinen früheren Klienten gehören zu dieser Gruppe. Der größte Teil von denen, die ich selbst kennengelernt habe, hat seine Drogenkarriere nicht im Erwachsenen- sondern im Jugendvollzug begonnen. Dagegen scheint im Erwachsenenvollzug die Gruppe der Resistenten stärker vertreten zu sein. Dies hat sicherlich nicht mit einer anderen Vollzugsstruktur zu tun, sondern unterstreicht die höhere Gefährdung Jugendlicher. Bei ihnen können die defizitären Strukturen des Gefängnisses ihre Wirkung voll entfalten.

V. DIE EINSTIEGFUNKTION WEICHER DROGEN

Die Frage, inwieweit der Konsum von Haschisch im Gefängnis zu einem Einstieg in eine Drogenkarriere führt, läßt sich m.E. kaum institutionsspezifisch beantworten. Dies hängt wohl mehr von individuellen Dispositionen, als von situativen Bedingungen ab.
Generell teile ich nicht die Auffassung von Haschisch als Einstiegsdroge, wonach der Konsum von weichen Drogen zum Experimentieren mit härteren führt und damit Abhängigkeit einleitet.
Wohl aber meine ich, daß suchtgefährdete Personen, die - ich sage das einfach mal so ungereimt - von ihrer psychosozialen Konstitution her im Prinzip bereit zu harten Drogen sind, zunächst die Drogen, die mit der niedrigsten Angstschwelle verbunden sind, probieren.
Der gewissermaßen "erfolgreiche" Konsum der am wenigsten angsteinflößenden Droge läßt die Angst vor der nächsten geringer werden.
(Möglicherweise wäre - gäbe es diesen Weg des gleitenden Übergangs nicht - bei etlichen Suchtgefährdeten die Angst vor dem Fixen groß genug, um sie vor der Abhängigkeit zu bewahren.)
Von daher ist die individuelle Motivation (die sicherlich aus konkreten psychischen und sozialen Bedingungen resultiert) zum Konsum weicher Drogen der Schlüssel für die Gefährdung zum Einstieg in eine Drogenkarriere.
Die situativen Bedingungen des Gefängnisses können diese verstärken, genügen aber nicht als alleinige Erklärung.
Die Analyse der Biographien von Drogenabhängigen zeigt, daß es weit mehr Suchtgefährdete als Süchtige gibt.
Kritische und belastende Lebenssituationen, in denen zudem der Zugang zu Drogen leicht möglich ist, wie z.B. ein Gefängnisaufenthalt, schaffen die Voraussetzung dafür, daß bei einer größeren Zahl die allgemeine in konkrete Suchtgefährdung umschlägt.

Der Konsum von weichen Drogen allein garantiert noch nicht die spätere Abhängigkeit, aber er ist der wesentliche Indikator für solche konkrete Suchtgefährdung.

L i t e r a t u r

1. BRÖMER, EYFERTH, KINDERMANN, SILBEREISEN: "Heroinabhängigkeit unbetreuter Jugendlicher. Forschungsplan" TU-Berlin, Inst. f. Psychologie, 1979
2. DEUSINGER, J.: "Untersuchungen über Selbstkonzepte Jugendlicher", Referat Tagung Entwicklungspsychologie, Berlin 1979
3. KANDEL, D.: (Hg.) "Londitudinal research on drug use" New York, 1978
4. KINDERMANN, W.: "Behandlung Drogenabhängiger im Justizvollzug", In Mschrkrim 62. Jg. 4/79
5. ders.: "Deformationen des Sozialverhaltens bei primär und sekundär kriminellen Drogenabhängigen"; in: Keup, W.(Hg.): "Folgen der Sucht", Stuttgart 1980
6. ders.: "Bedingungen der Therapie unter Zwang", Diss. Berlin 1979
7. KOHLBERG, L.: "Stage and sequence: The cognitive-developmental approach to socialisation"; in: GOSLIN, D.A. (Ed.): "Handbook of socialisation theory and research", Chicago 1979, S. 347-480

Name des Verfassers: Dr. Walter Kindermann,
Diplom-Psychologe
Olivaer Platz 17
1000 Berlin 15

Diskussionsbemerkungen zum Vortrag Kindermann

Auf die Frage (Kleiner, Berlin), wie der Referent die Gefährdung und Belastung der ohnehin höchst problematischen Situation in vielen Haftanstalten sieht durch einerseits die BM- (Baader-Meinhoff) Häftlinge und andererseits die Btm- (Betäubungsmittel) Häftlinge, antwortete Herr Kindermann:

1. Sie haben sicherlich recht mit der Auffassung, daß die große Zahl der inhaftierten Drogenabhängigen, die sich heute meist in unstrukturierten, nur unzulänglich überschaubaren Vollzugsbereichen befinden und in der intramurale Subkultur eine eigene Drogenszene entwickelt haben, eine größere Gefährdung der anderen Gefangenen und insbesondere ein größeres Hemmnis gegenüber der Verwirklichung fortschrittlicher Vollzugskonzeptionen darstellen als die kleine - wenn auch von der Presse mit Aufmerksamkeit verhätschelte - Gruppe der vielfach isoliert untergebrachten politisch motivierten Straftäter.

2. Bin ich der Auffassung, daß die "Invasion der Drogen" durch konventionelle Sicherheitsmaßnahmen (wie z.B. stärkere Pfortenkontrollen, Glasscheibe bei Besuch usw.) nur unvollkommen eingedämmt werden kann. Es hat sich in der Praxis gezeigt, daß selbst in scheinbar optimal abgeschotteten Bereichen Drogen konsumiert werden können. Der einzige praktikable Ausweg ist m.E. eine am Konsumenten orientierte Kontrolle. Diese wäre zu erreichen über ein sorgfältig gestaltetes Urinkontrollsystem, eingebettet in ein pädagogisches Betreuungsprogramm. Es geht hier weniger um den Nachweis von Drogenkonsum, als darum, den Abstinenten die Möglichkeit zu geben, ihre Motivation zu dokumentieren und sie durch deutliche positive Konzessionen darin zu bestärken.

3. Meine ich, daß die gegenwärtig überwiegende Praxis, Drogenabhängige im Vollzug zunächst gemeinsam mit anderen Gefangenen unterzubringen und nur die, die Motivation zu Abstinenz bekunden, dann in Behandlungsstationen zu isolieren, umgekehrt werden muß. Meiner Ansicht nach sollten drogenabhängige Strafgefangene zunächst getrennt untergebracht werden und dann entsprechend ihrer Bereitschaft zu Abstinenz größere Freizügigkeiten und Kontaktmöglichkeiten innerhalb und außerhalb der Anstalten bekommen.

4. Muß natürlich klar sein, daß alle diese Probleme entstehen, weil der Vollzug in seiner historisch gewachsenen Struktur nicht geeignet für die Behandlung von Suchtkranken ist.

A n h a n g

Begriffsbestimmungen *)
von A. KREUZER

...
Nun aber zu einigen Definitionen für die von Ihnen genannten Begriffe. Es handelt sich nicht um feststehende Termini, vielmehr um sehr freizügig gebildete und verwendete Begriffe der kriminalpolitischen Diskussion. Sie beziehen sich nicht nur auf Haschisch, vielmehr auf das gesamte Gebiet der Kriminalpolitik. Deshalb will ich allgemeinere Erklärungen geben und jeweils beispielhaft einen Bezug zur Drogenfrage herstellen.

1. Die Begriffe "Liberalisierung", "Entkriminalisierung", "Entpönalisierung" werden weitgehend synonym für die kriminalpolitische Tendenz gebraucht, Strafbestimmungen zu lockern bzw. aufzuheben bzw. abzustufen.
   Beispiele für Tendenzen, die Strafbarkeit abzustufen:
   a) Verbrechenstatbestände können auf der materiellrechtlichen Stufe zu Vergehenstatbestände oder zu Ordnungswidrigkeiten abgestuft werden (Ordnungswidrigkeiten, Recht im Straßenverkehr, z.B. wohl auch in etwa die Neuregelung in Holland gegenüber dem Umgang mit Cannabis); weiter könnte man materiell-rechtlich hier auch das Beispiel) anführen, wonach in § 11 Abs. 5 BtMG das Gericht von einer Bestrafung absehen kann, wenn der Täter Betäubungsmittel lediglich zum Eigenverbrauch in geringen Mengen besitzt oder erwirbt.
   b) Die Entkriminalisierungstendenz kann sich auch verfahrensrechtlich durchsetzen, indem z.B. vermehrte Verfahrenseinstellungsmöglichkeiten (§§ 153 ff StPO) geschaffen werden.
   c) Schließlich kann sich die Entkriminalisierung darin zeigen, daß andere Kontrollwege - z.B. zivilrechtliche oder jugendschutzrechtliche oder sozialpolitische - an die Stelle der kriminalpolitischen treten.

2. Der Begriff der Kriminalisierung im engeren Sinne

   a) Hierunter versteht man im allgemeinen die Schaffung oder Erweiterung von Straftatbeständen, d.h. den gesetzgeberischen Vorgang. Verhaltensweisen als Straftaten zu formulieren und mit Strafsanktionen zu bewehren, dies in den Straftatbeständen des StGB oder der strafrechtlichen Nebengesetze, wie z.B. dem BtMG.
   b) In der sozialwissenschaft-kriminologischen Diskussion wird der Begriff der Kriminalisierung aber auch etwas anders verstanden, nämlich als der Prozeß der Anwendung einer Strafnorm auf bestimmte Taten und Täter sowie den Gang des Strafverfahrens von der Anzeige über die

Polizei und die Staatsanwaltschaft bis hin zum Urteil und Sanktionsvollzug, einschließlich der dabei zu beobachtenden Selektionen und stigmatisierenden Wirkungen.

3. Der Begriff der Entkriminalisierung wird wiederum in zweierlei Sinn verstanden:

   a) Im weiteren Sinn versteht man darunter die kriminalpolitischen Bestrebungen, das Strafrecht - wie oben geschildert - abzubauen, abzustufen, einzuschränken. Dazu kann beispielsweise auch eine Art faktischer Entkriminalisierung gehören. Diese gibt es in einigen Ländern, teilweise auch bei uns im Bereich des Umgangs mit Cannabis: beispielsweise wird in Holland und wohl auch in Dänemark der Besitz und Erwerb kleiner Mengen von Cannabis nicht mehr verfolgt. Auch hierzulande beobachten wir solche Tendenzen, die einerseits darauf beruhen können, daß die polizeiliche Kapazität beschränkt ist und zur Verfolgung schwerer Taten eingesetzt werden soll, teilweise aber auch darauf, daß die gesetzliche Gleichstellung von Cannabis- und Heroinumgang als inadäquat empfunden wird, teilweise schließlich darauf, daß man den Kleinkonsumenten von Cannabis nicht unnötig durch Strafverfahren stigmatisieren will und damit nicht "ein Volk von Vorbestraften" schaffen will.

   b) Im engeren Sinn versteht man unter Entkriminalisierung die Aufhebung eines bestehenden Straftatbestandes. Solches ist z.B. im Bereich des Sexualstrafrechts geschehen. Im Bereich des Betäubungsmittelgesetzes würde man etwa von einer Entkriminalisierung - oder "Liberalisierung" - sprechen, wenn Erwerb und Besitz von Cannabis zum Eigengebrauch aus dem strafbaren Bereich ausgegliedert werden würde, wie es in einigen Ländern geschehen ist.

Der Begriff der Entkriminalisierung lehnt sich an an die angelsächsische Begriffsbildung der decriminalization. Konzept und Diskussion der decriminalization beruhen teilweise wiederum auf dem kriminologischen und kriminalpolitischen Gedanken der nicht-sozialschädlichen "crimes without victims" (Edwin Schur).

4. Der Begriff der Entpönalisierung (angelsächsisch: degenalization) meint - soweit er nicht synonym für Entkriminalisierung gebraucht wird - die Aufhebung oder Abstufung der Strafandrohung, ohne jedoch eine Verhaltensweise aus der Strafbarkeitszone ganz zu entlassen. Beispielsweise würde man von Entpönalisierung im engeren Sinne sprechen, wenn der Gesetzgeber an der Strafbarkeit des Cannabisumganges festhielte, jedoch gemilderte Strafrahmen, insbesondere beispielsweise ein Absehen von freiheitsentziehenden Sanktionen, vorsähe. Das kann beispielsweise dadurch geschehen, daß für den Erwerb und Besitz kleiner Mengen von Cannabis zum Eigenkonsum nur noch Geldstrafen vorgesehen werden oder zwingende Verfahrenseinstellungen - beispielsweise bei

Erstauffälligkeit - vorgesehen werden würden.

Im Rahmen dieser Entpönalisierungs- bzw. Entkriminalisierungsdebatte ist vorbildhaft wiederum die angelsächsische Diskussion um "Diversionsstrategien" zu nennen: Es geht also darum, trotz der Strafbarkeit einer Verhaltensweise Strafurteile oder jedenfalls erhebliche Sanktionen,insbesondere freiheitsentziehende Sanktionen, zu vermeiden zugunsten anderer, sinnvollerer Kontrollmittel. So wurde in den USA für Drogenabhängige das TASC-Programm diskutiert (Treatment-Alternatives-to-Street-Crime). Diversionsstrategien begegnet man bei uns beispielsweise dort, wo man ein Verfahren aussetzt, um eine Therapie einzuleiten, fortzuführen usw., oder wo man Bewährungsstrafen ausspricht mit Therapieauflagen im Sinne der Einleitung einer Therapiekette bei Drogenabhängigen.

5. Der Begriff der "Decarceration" hat noch keine deutsche Entsprechung gefunden. Hierunter versteht man die Tendenz, Strafrecht dadurch einzuschränken, daß die freiheitsentziehenden Sanktionen weitgehend vermieden bzw. ersetzt werden. Dahinter steht die Erkenntnis von den geringen positiven Wirkungen und den erheblichen negativen Einflüssen sowie der partiellen Verzichtbarkeit von Strafvollzugsmaßnahmen (Umkehr der Behandlungsideologie). Es ist also eine Art "Entkriminalisierung" auf der letzten Stufe, also nicht im materiellen Strafrecht, auch nicht im Verfahrensrecht, sondern erst im Urteil oder nach dem Urteil. Freiheitsstrafen können z.B. - auch bei Drogenabhängigen - nach geltendem Recht vermieden werden, dadurch, daß etwa im Jugendstrafrecht nur ein Schuldspruch mit einer Therapieauflage in der Bewährungszeit verhängt wird, daß man gemeinnützige Arbeiten oder andere Auflagen im Rahmen einer Aussetzung zur Bewährung verhängt, daß der Strafrest zur Bewährung ausgesetzt wird oder daß der Strafvollzug anders aussieht, beispielsweise gelockert wird oder in einen Übergangsvollzug übergeht. Hierfür kennt das geltende Recht bereits sehr viele Möglichkeiten (u.a. z.B. § 91a JGG für Drogenabhängige).

Ich selbst vertrete nach langen Überlegungen des Für und Wider die Meinung bezüglich Cannabis, daß aus kriminalpädagogischen Gründen doch eine gewisse Abstufung im Betäubungsmittelgesetz nötig ist. Zum einen wissen wir ja, daß die Polizei gar nicht Kleinkonsumenten ernsthaft auf breiter Basis verfolgen kann; insofern haben wir es doch mit einer gewissen Willkür zu tun; zum anderen ist eben doch der Cannabisumgang weit anders zu beurteilen als der Heroinumgang. Die Gegenargumente, wonach ja im Bereich der Strafandrohungen eine Differenzierung vorgenommen werden könne und wonach eine klare Trennung "weicher" und "harter" Drogen nicht möglich sei, sind zwar ernstzunehmen, schlagen aber aus pragmatischen Erwägungen nicht durch. Auch in anderen Bereichen nehmen wir ja immer ad hoc Abstufungen vor; so wird etwa im Diebstahlsbereich eine Aussonderung des

Ladendiebstahls erwogen; im Straßenverkehrsrecht sind uns derartige Ausgliederungen geläufig; ...

*) Aus einem Schreiben von Prof. Dr. jur. A. Kreuzer, Giessen an Dr. Kleiner vom 30.11.1979. Mit freundlicher Genehmigung des Verfassers.

Referenten

Dr. H. Beil	Volksdorfer Damm 34 2000 Hamburg 67
Dipl.-Psych. S. Binder Dipl.-Psych. A. Czarnetzki Dipl.-Psych. C. Happe Dipl.-Psych. W. Schmitz	Westf. Landeskrankenhaus Eickelborn Postfach 6100 4780 Lippstadt
Priv.Doz. Dr. E. Biniek	Eberhard-Karls-Universität Abtlg. Allg.Psychiatrie mit Poliklinik Osianderstr. 22 7400 Tübingen
Priv.Doz. Dr. D. Gerlach	Institut für Rechtsmedizin d. Westf. Wilhelms-Univ.Münster Von-Esmarch-Str. 86 4400 Münster
Dr. M.M. Glatt	Medical Director Galsworthy House Kingston Hill Kingston-upon-Thames Surrey KT2 7LX England
E. Günther	Hansdorfer Str. 5 2070 Ahrensburg
Prof. Dr. W. Keup	J.-Schauer-Str. 16 8031 Puchheim
Dr. W. Kindermann	Techn. Universität Berlin Institut für Psychologie Dovestr. 1-5 1000 Berlin 10
KHK R. Kunze	Der Polizeipräsident in Berlin Direktion Spezialaufgaben der Verbrechensbekämpfung Gothaer Str. 19 1000 Berlin 62
Priv.-Doz.Dr. D. Ladewig	Psychiatr. Univ. Klinik Basel Wilhelm-Klein-Str. 27 4025 Basel Schweiz
Prof. Dr. B. May	Berufsgenossenschaftl. Kranken- anstalten Hunscheidtstr. 1 4630 Bochum
Dr. E. Rebscher	Bundeskriminalamt Thaerstr. 11 6200 Wiesbaden

Dr. J. Schwarz	Therapiezentrum Münzesheim Am Mühlberg 7527 Kraichtal 1
Dr. K.L. Täschner	Klinikum der Johann-Wolfg. Goethe-Universität Zentrum der Psychiatrie Heinrich-Hoffmann-Str. 10 6000 Frankfurt/M. 71
B.G. Thamm	Caritasverband f. Berlin e.V. Königsberger Str. 11-12 1000 Berlin 45
Dipl.-Psych. W.Weber	Gluckstr. 1 6450 Hanau 1
Prof. Dr. jur.A. Kreuzer	Justus-Liebig-Universität Giessen Behringstr. 11 6301 Frunwald 1